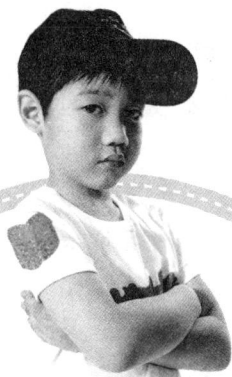

这样对孩子
说"不"最有效

—— 吴桂娟·编著 ——

理智的拒绝，是更深沉的爱

朝華出版社

图书在版编目（CIP）数据

这样对孩子说"不"最有效/吴桂娟编著. —北京：
朝华出版社，2010.11

ISBN 978-7-5054-2560-6

Ⅰ.①这… Ⅱ.①吴… Ⅲ.①家庭教育 Ⅳ.①G78

中国版本图书馆 CIP 数据核字（2010）第 224343 号

这样对孩子说"不"最有效

作　　者　吴桂娟

选题策划　杨　彬
责任编辑　赵　红
责任印制　张文东

出版发行　朝华出版社
社　　址　北京市西城区百万庄大街 24 号　　　邮政编码　100037
订购电话　(010)68413840　68996050
传　　真　(010)88415258(发行部)
联系版权　j-yn@163.com
网　　址　www.mgpublishers.com
印　　刷　北京忠信诚胶印厂
经　　销　全国新华书店
开　　本　710mm×1000mm　1/16　　　　　字　　数　252 千字
印　　张　17
版　　次　2011 年 1 月第 1 版　2011 年 1 月第 1 次印刷
装　　别　平
书　　号　ISBN 978-7-5054-2560-6
定　　价　29.80 元

前　言

人来人往的大商场里，有小孩子赖在玩具柜台前哭闹，一旁的父母在面子大失之下，不免心烦意乱地"赏"孩子一记巴掌；

宾客满堂的时候，孩子却倒地撒泼，一屋子人尴尬之余，父母把孩子拖进小房间，关起了"禁闭"……

或许，这样的场面对于每个家长来说都不陌生吧。遇到这种情况，许多父母感到束手无策，只好迁就孩子，结果是恶性循环，孩子越来越任性，提出的要求也越来越多，越来越不近情理。面对孩子越来越不合理的要求，家长应如何面对，这是一个很棘手的问题。当然，很多家长都知道要拒绝孩子提出的不合理要求，但并不知道具体怎么做。

俗话说，没有规矩不能成方圆。在生活中，家长对于孩子的某些不良行为和习惯的确要说"不"：他可能会抢小朋友手中的玩具；他可能会说那些让人脸红的脏话；他任性刁蛮，动不动就发脾气；他不顾别人感受，在公众场合大声喧哗；他不爱学习，甚至逃学；他专注穿衣打扮而分散了学习的注意力；等等。只有坚决制止了这些不良的行为和习惯，并加以引导教育，才能让孩子渐渐学会站在别人的立场上看事情、想问题，思索人生，才会设身处地为别人考虑，努力学习，积极向上，变得通情达理、志向高远。

如今，孩子已成为家庭的中心，而孩子的教育工作就成了当今每个家庭的头等大事。特别是独生子女家庭，从孩子降生开始，所有家庭成员的一切活动都自然而然地围绕着孩子。在孩子成长的过程中，教育问题往往成为家庭任务的重中之重。每个家长都希望自己的子女成龙成凤，在家长的人生字典里，孩子要聪明、美丽、勇敢、有礼貌、讲文明、爱学习、有进取心等，而这些期盼也自然成了家长在教育中最感到头疼的问题。

然而，每个孩子在成长的过程中，都像个小小探险家，对一切都充满好奇，总想去尝试，而家长总是怕孩子受到伤害，像一个尽职尽责的管家，跟在他后面说着一连串的"不"！别看这个"不"字简单，可要说得太多，或者说得不是地方，孩子要不被你管得缩手缩脚，感官认知能力、智力和思维的发展以及人格的建构等方面都会受到影响；要不叛逆心特重，等孩子逐渐长大以后也会经常说"不"，孩子和家长之间也越来越难沟通。须知，拒绝也是对孩子的爱，甚至可以说，理智的拒绝是对孩子更深沉的爱。但什么时候说"不"，该怎么说，怎么让 No 变成 Yes，还真是门学问！

本书从日常生活中频现的孩子教育问题入手，具有较强的针对性和实用性，相信能帮助家长们解决教育孩子过程中经常遇到的难题。希望我们在这里提供的方法、建议，能够成为家长朋友们教子成人过程中的好帮手！

编　者

目　　录

第一章　对孩子的不文明语言说"不"

你的孩子突然变得爱说脏话和粗话，经常骂人，或者说一些无聊的不雅之辞。他专拣那些让你生气的话说，常常噎得你不知如何应对才好，让你在人前尴尬得无地自容，甚至气得你捶胸抹泪。不管是在家里，还是在热闹非凡的大街上，他都能出口成"脏"，你禁不住大为光火。你简直不敢相信你的孩子竟然表现得如此粗俗无礼，缺乏家教！面对这个问题，到底该怎么办呢？

第二章　对孩子的不礼貌举止说"不"

有一些父母过分心疼孩子，害怕不留神伤害到孩子的心灵，认为所谓给孩子自由就是无限度地包容孩子的所作所为。还有个别父母，心情好的时候，对孩子百依百顺、放任自流；心情不好的时候，哪怕孩子稍微说个"不"字都会火冒三丈。其实，这些做法都是有弊端的，放任自流的后果更是后患无穷。家长必须为孩子树立规则，也就是说，家长应该帮助孩子划出自由和责任的界限。

第三章　对孩子的不良爱好说"不"

游戏有游戏规则，交通有交通规则，孩子来到这个世界上，就要遵循不同的规则。约束来自于规矩。父母要了解孩子的一些行为爱好，订立适合孩子年龄特点和性格特点的规矩。当孩子出现不好的行为时，除了给孩子语言的告诫外还要引导孩子去做一

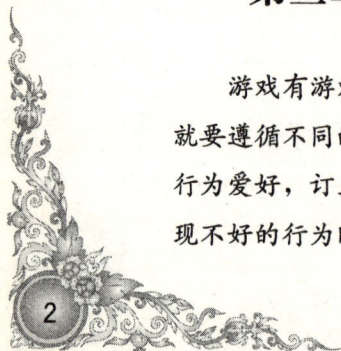

些有意义的事情，使孩子慢慢脱离不好的行为，而用有意义的行为取而代之。

第四章　对孩子不良学习习惯说"不"

在知识日新月异、社会高度发展的今天，学习显得尤为重要，每个家长都对自己的孩子寄予了很大的希望。希望孩子能够更好更多地掌握文化知识，将来能够适应社会的需要。但是很多孩子身上存在着各种不良的学习习惯，从而影响了他们的学习成绩和自身的良好发展。因而，当发现孩子的不良学习习惯时，家长一定要及时纠正，让孩子知道学习的重要性，引导他们顺利步入学习的正轨。

第五章　对孩子无休止的欲望说"不"

欲望是人与生俱来的一种心理特征，但过多的欲望，无止境的奢求，往往会导致人们犯错，这是一条亘古不变的真理。欲望定论对于每个孩子来说也同样适用，他们的心里同样有自己的美好愿望和需求。但是，为了孩子的健康成长，塑造他们健康的人生观，家长就一定要遏制孩子不合理和无止境的欲望，让他们懂得什么才是应该得到和拥有的，从而培养他们正确的人生观。

第六章　对孩子的不得体穿戴说"不"

　　每个父母都不希望自己的孩子穿着有大窟窿小裂口的"酷装"，或浓妆艳抹去上学，或一身脏衣满世界跑，或衣裤鞋帽非名牌不穿……父母的要求并不多，就是希望孩子能根据自己的年龄和身份，穿着得体地去相应的场合。

第 一 章

对孩子的不文明语言说 "不"

你的孩子突然变得爱说脏话和粗话，经常骂人，或者说一些无聊的不雅之辞。他专拣那些让你生气的话说，常常噎得你不知如何应对才好，让你在人前尴尬得无地自容，甚至气得你捶胸抹泪。不管是在家里，还是在热闹非凡的大街上，他都能出口成"脏"，你禁不住大为光火。你简直不敢相信你的孩子竟然表现得如此粗俗无礼，缺乏家教！面对这个问题，到底该怎么办呢？

1. 年幼也能出口成"脏"

骂人在成人世界里，好像是个普遍的现象，无论是哪国的语言都存在脏话"专用语"。虽然大家都知道骂人是非常不礼貌、非常没修养的，但可能由于它更能直接地表白自己的恼怒或者心理，所以一直屡"闻"不鲜。

但如果在孩子那片洁白、美好的天地里，突然也出现了这样的污点，那就太令人担忧了。随着人类文明的进步，无论是成人还是孩子，都应该杜绝这种不文明的恶习。尤其对于孩子来说，如果从小就养成了这种坏习惯，不但让家长、老师遗憾，让周围的人厌恶，就连小朋友都会远离他。因为每位家长都不会愿意自己的孩子跟这样的"坏"孩子接触，生怕自己的孩子也染上说脏话的恶习。因此，家长一定要注意孩子的言行，千万不能任由其出口成"脏"。

小花本是个挺乖的孩子，却不知什么时候染上了骂人的毛病。那天小花的爷爷到幼儿园接她回家，没想到老师却把爷爷叫到了一旁，跟爷爷说小花今天在幼儿园里骂了小朋友。爷爷听了心想，小孩子懂得什么叫骂人啊，因此并没有往心里去，但当着老师的面，也只好表态，说回去教育小花。可是一到家里，爷爷就把这件"不起眼"的小事抛到了脑后。

没过几天，妈妈去接小花，结果又让老师"留了堂"，又重申了一遍小花骂人的事情。而且告诉妈妈说前两天已经跟爷爷说过了，可是孩子却没有改正。这两天不知怎么了，动不动就说脏

3

话，其他小朋友不理解，都来问老师，小花说的话是什么意思，弄得老师都无法解释。

小花妈妈一听，可真着了急，她没有想到小花小小年纪就会骂人了，这是跟谁学的啊？回到家妈妈把小花狠狠地说了一顿，没想到，爷爷从中阻拦，"他们老师前两天跟我说来着，我都没当回事。孩子年龄还小，他哪知道那是骂人的话啊，等再大点就明白了，不用这么大惊小怪的。"

孩子见爷爷解围，便向妈妈做了个鬼脸，跑开了。妈妈看着孩子的身影，轻轻叹了口气，心想：也许孩子就是觉得这样说好玩，希望孩子真的能像爷爷说的那样，年龄再大点慢慢就不骂了。

许多家长对待小孩子骂人这件事，跟小花妈妈的心理相似，觉得孩子小不懂事，也不知道是从哪里偶尔学来的话，胡乱说说，其实他自己都不知道这些脏话是什么意思，等长大了，明白事理了，也就不骂了。甚至有些家长刻意不去理会孩子骂人，怕说了孩子，孩子反而记住了，常常挂在嘴边。正是这种侥幸心理，纵容了孩子坏习惯的养成，孩子也因此误入歧途。

小新是班里调皮的孩子之一，总是让老师跟家长操心。每天告不完的状，弄得小新的爸爸妈妈直头疼。这不，刚刚走了一个告状的家长，另一个又来了。

"小新妈，你家小新太不像话了，怎么张嘴就骂人啊！"邻居张阿姨气呼呼地进了小新家。

"噢，张阿姨，您别生气。这到底是怎么回事啊？"小新的妈妈赶紧跑过去招呼邻居。

"刚才，我的孙子跟小新玩，不小心把球扔到了小新身上。我们还没来得及道歉，他张嘴就骂。我看不过去，上前说了他两句，可好，他张嘴连我都骂，你们说气不气人！这孩子你们必须要教育了，嘴太脏了！要是再这样下去，可怎么得了！"张阿姨说完转身出了小新家门。

这时，小新刚好从外面跑了进来，妈妈生气地质问他为什么骂人，小新却不以为然地说："那怎么了，谁招着我，我就骂谁，他们就欠骂！"

话一出口，在一旁忍了半天的爸爸突然上前给了儿子一巴掌，"我让你骂！我看你以后还敢再骂！"

妈妈见状，赶紧上前拦阻，"孩子有错，你也不能打他啊。有话好好说么！"

"你就惯着吧，这孩子都是让你惯坏的。这么小就骂人，再不教育以后还不定干嘛呢！"

每次都是这样，本来是教育小新，结果却变成了夫妻大战。因此，每当一说到小新骂人这件事，小新的父母就不知道有多烦心。

骂人这种极不文明的行为，轻者伤了彼此的和气，严重的则可能会导致伤害事件发生。生活中许多人际冲突往往都是从骂人开始的，双方恼羞成怒后，就会演变成打架斗殴，甚至伤亡事件。然而，对于小孩子骂人这件事，有些家长总是不以为然，尤其是对那些刚刚学会说话的孩子，偶尔蹦出两个骂人的词，还觉得很好笑、很有趣，个别家长甚至还暗示孩子骂人。殊不知，家长的这一疏忽，久而久之养成了孩子骂人的恶习，为孩子的生活埋下了隐患。因此，决不能纵容孩子骂人的不良行为，一旦发现必须坚决制止。

拒绝好奇心理，提早正确引导

在成长的过程中，几乎所有的孩子都骂过人。一般孩子骂人大概有那么几种：随口而出，不假思索；怒不可遏，发泄不满；觉得好玩，有口无心。这也正是儿童的特点，别人骂，他也跟着骂，把骂人当成一种学习语言的途径。尤其是刚学说话的时候，好奇心强，有一种情不自禁的模仿本能。作为家长，这个时期切忌因为觉得好玩、新鲜而放纵孩子的这种行为，即便孩子是无意识的，家长也要重视，郑重其事地告诉他"这是骂人的话，不好听，宝宝不能学啊"，而决不能在听见孩子说脏话的时候，故意引逗，或者哈哈大笑。一定要把这种不文明的行为消灭在萌芽状态，不给孩子的健康成长留有隐患。

❧ 检点自己行为，净化语言环境

当发现孩子总是说脏话时，做家长的首先要反省自己的行为。在说服教育孩子之前，先要弄清孩子是跟谁学的脏话。有些家长自己平时就不注意言行，常常脏话连篇。尤其是一些家长当着孩子的面吵架时，从来都不顾及孩子，情绪激动起来便相互对骂，给了孩子错误的信号，孩子渐渐也学会了说脏话。

小孩子的模仿力很强，有些孩子在和其他小朋友玩的时候，听见别的孩子骂人，觉得好玩，也想自己试试，慢慢地便学会了骂人。

这就要求父母一定要以身作则，提高自己的修养，严于律己，为孩子创造文明、礼貌的语言环境。一旦发现孩子身旁的人语言不检点，一定让孩子远离他，以免受到不良影响。必要时，家长还可以采取一些防范措施，尽量避免孩子接触不良语言环境。孩子听不见脏话，也就学不到脏话。不仅如此，家长还要增强孩子的"免疫力"，通过讲故事、做游戏等形式，教育孩子学说文明礼貌用语，让孩子领悟到骂人是不对的。

❧ 耐心教育引导，化解三尺冰寒

俗话说，冰冻三尺非一日之寒。出口成"脏"的孩子虽然为数不多，但带来了极坏的影响。对于那种已经养成了骂人恶习的孩子来说，一两句话的教育是不管用的，克服恶习需要一个过程。家长要有耐心，循序渐进地教育，引导、帮助孩子摆脱骂人的坏习惯。

虽说家长需要及时、严肃地制止孩子的骂人行为，但绝不能打骂孩子，这样只能带给孩子更坏的影响。当家长听见孩子骂人时，自己首先要冷静，尽量避免当着众人的面大声训斥孩子，或者与孩子起冲突，分析孩子刚才骂人的原因，把他带到远离人群的地方，私下说服教育。这样既不伤害孩子的自尊心，也能让孩子在和平冷静的氛围下与家长沟通，从而取得良好的教育效果。

家长切忌因为恨铁不成钢而过分惩罚和打骂孩子，这会让孩子的幼小心灵受到伤害，导致他固执地坚守自己的错误。如果常常骂人的孩子最近不怎么说脏话了，教育有了效果，家长就要适时鼓励和奖励孩子的这种转变，让孩子知道家长的用心良苦，真正认识到自己骂人的错误。

2. 谎话连篇色不变

婷婷是个胆小的孩子，平日里说话都不大声。再加上爸爸妈妈对她管教很严，所以在家或幼儿园一直都很听话。可不知是因为什么，最近妈妈发现她不知什么时候添了爱说谎话的毛病。

这还要从上周二说起。那天下午，妈妈照旧去幼儿园接婷婷回家。婷婷背着小书包跟着妈妈一路有说有笑地回了家。到家之后，妈妈做饭，婷婷就一个人在屋里玩，等到妈妈叫她吃饭时，才发现婷婷手里拿着一个很眼生的玩具。一向严谨的妈妈马上问道："婷婷，你手里拿的是谁的玩具啊？妈妈好像从来没有见过啊！"

婷婷听到妈妈的声音，立刻把手里的玩具塞进了自己的小书包，怯怯地回答说："是小华的。"说完，又连忙补充道，"是她借给我玩的。"

"是吗？咱们家不是有很多玩具吗，你为什么还要借小朋友的啊？"妈妈继续追问着。

"咱们家的玩具都很旧，这是新出的玩具，所以借来玩。"婷婷一面解释，一面紧紧盯着妈妈。

"那好，既然是向小朋友借的，那明天可一定要还啊！"这时爸爸在一旁帮腔，"以后如果婷婷喜欢什么玩具，可以跟爸爸妈妈说。你年龄这么小，不应该随便管人家借东西的，知道了吗？"

"知道了。"虽然婷婷额头上已经渗出了小水珠，但还是老老实实地答应着。

婷婷暗暗庆幸终于躲过了这一劫，没成想，认真的妈妈却没有忘记此事。两天后刚好在幼儿园门口见到了同样来接孩子的小华妈妈。两人寒暄过后，妈妈想起了玩具的事情，"噢，对了，前天我们婷婷向小华借的玩具，她有没有还给小华？"

"玩具，什么玩具？"小华妈妈有些不解。

"就是那个黄色的变形金刚啊。前天婷婷回来，我看见她在玩，一问才知道，是从你家小华那里借的。"婷婷的妈妈解释着。

"哦，你说的是我们小华丢的那个吧？"小华妈妈恍然大悟。

"丢的？"婷婷妈妈当时就是一身汗。

"哦，我不是说你家婷婷偷的。"小华妈妈赶紧解释，"那个变形金刚，我们小华已经丢了很久了。我想，可能是婷婷在哪里捡到了。没事，让孩子拿着玩去吧。小华还有呢。"

此时，幼儿园的大门打开了，孩子们蜂拥而出，寻找自己的家长。婷婷和小华都走到了各自妈妈身边，婷婷妈妈当场确认了那个玩具的出处。原来那个变形金刚的确是小华一次不小心给丢在了操场上，被婷婷无意中发现，悄悄放在了自己的小书包里，准备回家玩两天再还给小华。

事情真相大白，虽然小华的妈妈一再表示，"无所谓，跟婷婷无关，孩子玩两天很正常。"但婷婷的妈妈心里明白，婷婷那天说了谎话，这让她的心里好一阵难受。自己平时对孩子严格要求，就是怕她在行为举止上出错，没想到还是应验了那句话，"越怕什么，越来什么"。

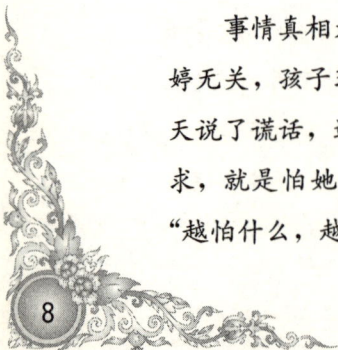

谈到说谎话，我们自然而然地就会想起"狼来了"的故事。虽然孩子说谎话这件事，我们很多成人也都经历过，但想想故事里那个害人又害己的孩子，但凡做家长的都会为此惊出一身冷汗。用谎话骗人的行为不仅伤害了他人对你的信任，更危害了自我的人格。

孩子从小就说谎话，对他今后的生活及成长还会产生非常坏的影响，周围的同学朋友都会因此而远离他，甚至到最后只能孤身一人"自圆其说"。

唐唐就是个例子。

唐唐已经是小学二年级的学生了，平时在学校里学习不错，时常受到老师的夸奖。在家更不用说了，由于天资聪颖，爸爸妈妈更是疼爱有加，时常为天降才子而感到幸福。

可是，人无完人。各方面都称得上是优秀的唐唐却有个致命的毛病，那就是爱说谎话，而且说起谎话面不改色心不跳，不知道的人，都会把他编出来的话当真。

仗着自己有几分小聪明，唐唐把父母、老师和同学骗得一愣一愣的。他每次出去玩，都骗家长说是去帮助同学学习；如果哪天不想做值日，就跟老师谎称自己肚子疼；甚至自己犯的错误，也会说成是别人干的。总之，他的谎话来得快，想说什么就说什么，从来不用打草稿。

就这样，时间一久，大家都知道他爱撒谎，和他原本要好的几个朋友，也不再跟他玩了，大家都很厌烦他，无论他说什么人家都不再信了。老师为此找了好几次家长，可是依然没有改善，唐唐的爸爸妈妈对此也不大以为然，总是认为是老师偏向，同学们嫉妒自己的孩子。甚至私下里父母二人还对儿子能巧妙地骗过别人啧啧称赞，认为自己的孩子够聪明。

但渐渐地，他们发现儿子不再像以前那样有人缘，成了班里不受欢迎的人。学校里的老师为此时常找唐唐谈话，对唐唐的家长更是有意见，觉得他们对孩子的错误行为视而不见，不积极配合学校教育孩子改正缺点。

看着不再惹人喜爱的儿子，唐唐的父母这时才醒悟，原来溺爱孩子反而会害了孩子。

了解真正动机，沟通情理交融

从上述的例子中我们不难看出家长在孩子教育中的关键作用，在对待孩子说谎这一问题上，我们首先应该了解说谎的真相。有些孩子说谎可能是因为像婷婷那样，父母管教太严，生怕自己做错了事情而受到父母的责备，不敢在父母面前表露自己的真实感受，因而，仗着胆子说谎话。其实这样的孩子心里知道说谎话是错误的，只是不得已而为之。当孩子不堪压力的时候，会以谎言来减轻负疚感。虽然这样的情况情有可原，但作为家长还是要及时纠正，并且要改变自己对孩子的态度，在孩子犯错的时候，不要责罚，要做到情理并重，鼓励孩子说真话。当孩子发现父母的态度转变了，对自己不再像以前那样苛刻，他们自然而然就会对父母说出真实的想法，不会再用谎话骗人。

对于唐唐那样聪明孩子的教育失误，主要在于父母的溺爱。在父母眼里看不到孩子的缺点，甚至缺点都变成了闪光点。这样的孩子一旦得到了父母的纵容，就会把那点小聪明发挥到极致，导致谎话连篇，而且并不自知。就像那个高喊"狼来了"的小孩，每当他看到周围的人被骗的时候都觉得别人很傻，自己才是最聪明的，到头来则是聪明反被聪明误。

其实，孩子说谎并不可怕，可怕的是父母被孩子的谎言所骗，让谎言屡屡得逞，从而助长了孩子的侥幸心理，养成说谎的习惯。因此父母要多与孩子沟通，主动了解孩子的内心世界，耐心细致地施予教育，更要及早发现孩子的这一不良行为，及早予以制止和改善。

树立诚实榜样，绝不忽视放纵

其实，孩子说谎并不可怕，可怕的是父母被孩子的谎言所骗，让谎言屡屡得逞，从而助长其侥幸心理，养成说谎的习惯。由于现今社会纷繁复杂，生活和竞争压力使很多家长容易疏忽对孩子在细节方面的关注和教育。当家长发现孩子说谎的时候，说谎往往已经成为孩子的一种习惯。而家长对孩子缘何学会了说谎，丈二和尚摸不着头脑，更容易起急冒火。因此，这个时候，家长必须要冷静、耐心。俗话说：打骂是下策，说教是中策，人格影响才是上策。既要严格要求，又要关心爱护，严爱结合，对孩子晓之以理，动之以情，以正确的态度和道德观来说服教育孩子做一个诚实的人。切记不要打骂，或者严厉地惩罚孩子，不然反而使孩子因为害怕受到责罚而不得不连续说谎。

而身为家长，更要以身作则，不要当着孩子的面说谎话。有些家长为了避免家庭争端，或是满足自己的私欲，在家人面前说谎，这就会让还不太懂事的孩子感觉，这样就不会挨骂，就会"天下太平"，自然就学着用这种方法推脱自己的责任。所以家长一定要注意自己对孩子的影响。俗话说，近朱者赤，近墨者黑。如果家长总是说谎，那又如何能作为榜样教育孩子呢？

家长绝不能忽视孩子撒谎的严重性，特别是孩子在一些小事上偶尔说谎时，家长千万不能一笑了之，否则，等于在鼓励这种错误行为。家长一定要言传身教，让孩子懂得诚实是做人的一种品德，任何情况下的不诚实都是不道德的，是害人害己的行为。

与此同时，家长对孩子的诚实也要及时给予鼓励和奖励。同时注意家庭成员间的民主、理解和沟通，让孩子对父母产生信任感，摆脱心理上的阴影，及时获得改正错误的动力、承认过失的勇气和决心，回归文明礼貌的正轨。

3. 口若悬河"小牛皮"

我们经常能看见路人口若悬河，大吹特吹，总以为这是成年人的一种虚荣心在作祟。很多人认为小孩子对什么事情都是一五一十地说，不太会

这样，那可就大错特错了。其实小孩子吹牛的本事可一点儿都不比大人差，他们甚至轻轻松松地就能把"牛皮"吹上天。

故事一：

露露平日里爱说爱笑的，因为她爱讲故事，所以小朋友们都爱跟她一起玩。而她更爱在大家面前炫耀，把自己编的故事讲给大家听。

春节刚过，幼儿园里，老师召集大家坐在一起讲故事，这次老师约定，要每个小朋友讲讲自己在春节假期里的亲身经历和所见所闻。小朋友们认真地讲述了在节日里爸爸妈妈带自己外出游玩、走亲访友以及在公园或庙会上的经历。露露在一旁紧皱着眉头，好像在努力地想着什么。轮到露露讲了，她一张口就让大家吃了一惊，"这个春节，我过得非常愉快，爸爸妈妈带我去了原始森林，我看到了老虎、狮子、大象，并和它们一起玩耍呢！"

"啊？"不仅是小朋友，就连老师也被露露的话吓了一跳，"露露，你去了哪个森林啊？"

"就是原始森林嘛，具体叫什么我也记不清了。"露露泰然自若地回答着。

"是真的吗？"小朋友们炸开了锅，"露露，那你有没有看见梅花鹿，还有狐狸什么的？""有，当然有！有好多动物呢，比动物园的多多了！"露露和小朋友们一唱一和着。

老师毕竟是成年人，见多识广，她不太相信露露的话，怀疑露露是在吹牛，但怕伤了孩子的自尊心，所以并没有打断露露和小朋友们的聊天，打算等放学的时候，问问露露的家长。

下午，家长们来接孩子，老师悄悄把露露的妈妈叫到了一旁，向她打听春节期间是不是带露露去了原始森林。

"原始森林？大冬天的，我们一家人怎么能去原始森林呢？这肯定又是露露在吹牛了！"妈妈哈哈大笑起来。

"吹牛？难道露露总是在吹牛？"老师一头雾水地看着露露的妈妈。

"唉，不瞒您说，露露确实有点爱吹牛。我和她爸爸工作忙，有时候没时间陪她。这不，春节我们两个人都加班，只好把她送到奶奶家住了几天，哪儿也没去。"妈妈有些自责，"每次，我们露露听说别的小朋友跟家长出游，就羡慕不已，怕别人说自己哪儿也没去过，就编个故事吹嘘自己去了什么地方。唉，这是我们家长的错啊！都怪我们工作太忙了。"

"原来是这样啊。"老师这才如梦初醒，马上和露露的妈妈就如何教育露露改正吹牛的毛病做了一次详谈。

故事二：

"我爸爸开的车比你爸爸的好！我爸爸开的是尼桑，你爸爸开的就是个夏利。"小勇和刚刚在一起为了谁的爸爸开的车好争执着。"胡说，我爸爸才不开夏利呢！我们家早就换车了，他现在开的是本田！"

笑笑在一旁有一搭无一搭地听着他们的争论。没想到这时小勇把注意力忽然集中到了笑笑身上，"对了，笑笑你爸爸开的是什么车啊？"

"当然是好车！"笑笑不假思索地回答着，"反正比你们爸爸开的车都好！"

"啊，那是什么车啊？"刚刚接着话茬。

"大奔！"笑笑得意地说着，"啊！那我们怎么从来都没见过你爸开大奔来接你啊？"小勇和刚刚惊讶地看着笑笑。

"切，我爸爸平时那么忙，哪有时间来接我啊！等有时间让你们开开眼！"笑笑说着准备离开。

事情偏不凑巧，笑笑的爸爸竟然来了，"笑笑，爸爸来接你了！"

众人闻声，都朝话音处望去。本以为能看见"大奔"，没想到却看见笑笑的爸爸坐在一辆三轮"蹦蹦"上，从车窗向外喊着笑笑。

这时小勇和刚刚才恍然大悟，"敢情这就是你爸爸的'大奔'

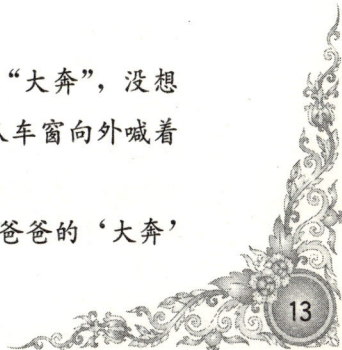

啊！哈哈！你也太能吹了吧！哈哈哈！"

笑笑满脸通红地急忙跑向爸爸的小车，身后不断传来小勇和刚刚肆无忌惮的大笑。

对于孩子吹牛这件事，有很多家长和老师认为是孩子在说谎，必须制止在萌芽状态；但也有些家长认为，孩子偶尔吹吹牛，无伤大雅，谁没有吹牛的时候，大人不也在时常吹牛吗，不必挂在心上。而更多的家长和老师对此都存在疑惑，到底孩子吹牛要不要管？如何去教育呢？其实孩子吹牛是一种内心愿望的表达，家长和老师只有读懂了孩子的内心，才能对他这种不良行为加以纠正。

读懂孩子内心，找出吹牛症结

我们说过，孩子吹牛是他内心愿望的体现，要想正确对待孩子吹牛这一不良嗜好，家长首先要读懂孩子的内心，找出吹牛的原因。

孩子一般都有好强心理，当听说别的孩子拥有令人羡慕的物品时，自己也想拥有，希望自己也被小伙伴们羡慕。为了能在相互的攀比中获胜，不惜搬出全部"家底"。但如果这样还不能获胜，有些孩子就会通过夸大其辞、编造离奇的故事或者情节来"出奇制胜"，这也就是我们所说的"吹牛"。而这种"吹牛"的实质就是说谎话，因此家长必须适时教育制止。而孩子由于年龄特点，自身认知能力有限，还不能很好地区分现实生活和虚幻生活的关系，因此常常发挥他们的想象力，把想象中的东西移接到现实，而他的话在人们听来，无疑就是"吹牛"。孩子吹嘘自己的能力和拥有的东西，实际上显露的是自己的虚荣心；有时候吹嘘自己就是想让大家跟他一起玩，就是想让大家关注他。因此，家长和老师一旦发现孩子吹牛，要区别对待，抓住实质才能有效地教育纠正孩子的这一不良行为。

杜绝攀比心理，改善人际关系

我们每个家长都知道，孩子爱吹牛既不利于正确认识自己、脚踏实地、实事求是，又不利于与人友好地交往，更不利于培养孩子诚实的品德。人们对爱吹牛的人常常会有不好的评价，产生不信任感。

对于那种为了满足虚荣心而吹牛的孩子来说，他们往往在攀比中不断地将事实扩大或缩小，说起话来既不严谨也不准确。对此，家长首先要纠正孩子的攀比心理，告诉他吹牛的坏处，这样很可能会失去别人的信任，甚至为此而付出很大的代价，做任何事情都要实事求是。

为了纠正孩子的攀比心理，家长还可以为孩子创造各种比赛的机会，让他在比赛中发现自己的长处和短处，看到竞争对手的强大，明白"三人行必有我师"的道理，不必事事都争第一，每个人都各有所长，没有永远的第一。

尽量让孩子多参加集体活动，增强集体荣誉感，在活动中感受合作的力量和人际关系的重要性，学会如何与他人交往，认识到吹牛很容易让大家远离他，从而改善他的人际关系，增加别人对他的信任度，让他学会尊重别人。要让孩子意识到，说大话、处处占上风的孩子，常常会遭到同伴的嫌弃，导致最后没有朋友。

♥ 进行换位思考，家长一马当先

由于孩子的认知能力和听说能力还不完善，生活经验较少，常常将想象和现实或家长的话混淆，不由自主地吹嘘自己。孩子的这一行为需要家长及时给予重视和纠正。否则当孩子把说大话变成一种习惯，夸夸其谈、盲目自大就会成为孩子不自觉的行为，而孩子的虚荣心也会越来越强。

因而，家长在发现孩子好吹牛的时候，首先应该纠正这一错误，还原事实的真相。尤其是孩子把父母原版的话说走了样，家长更要来个真相大揭露，以免孩子曲解自己的意思，信以为真，而在外面吹嘘。

父母在跟孩子说话的时候也一定要注意，不要常说某些目前还不能实现的主观愿望。比如，如果中了 500 万，就如何如何……这样很容易让孩子误解。要放慢语速，让孩子听明白自己的意思。

当听到孩子夸耀自己、贬低同伴时，父母一定要提醒他，引导他换位思考，告诉他每一个人都有优点和缺点，如果别的小朋友也这样评价他，他会怎么想。启发他将心比心，设想一下他人在遇到类似情况时的感受。

家长更要注意自己的言行，不管是谈生意、谈事还是聊天等，都不要在孩子面前随意说大话、吹牛，以免造成不良影响。更不要在孩子面前吹嘘自己如何如何，或胡乱许下根本不可能兑现的诺言。家长要借助孩子的"大话"，了解孩子的所思所想，帮孩子分清事实和愿望，并鼓励孩子树立美好理想，教育他从零开始，朝自己的目标努力。家长还可以经常带孩子实地参观学习，开阔眼界，了解事物的本质，从而让孩子摒弃不切实际的"吹牛"习惯。

4. 说话"没大没小"

在当今的独生子女时代，许多家长都不由自主地溺爱孩子，生怕孩子受委屈，弄得孩子在家就像个小皇帝，成天为所欲为，想怎么样就怎么样。无论家长为孩子做了什么，付出了多少努力，但在孩子眼里就是理所应当，无视家长的辛苦；更有些孩子，竟然被惯得没有长幼之分，对家长或者长辈缺乏应有的礼貌，就连"请"这样简单的词都不会说。

朵朵就是个被宠坏了的孩子，在家里跟家长成天没大没小。为了这事，爸爸妈妈没少教育她。这天周六，爸爸妈妈照例带着朵朵去爷爷奶奶家看望二老。一进门，奶奶看见孙女来了，就迎了上来，"朵朵来了，奶奶都一个星期没看见朵朵了，我和你爷爷都想朵朵了。"朵朵连理都不理，扭身冲进了屋里，一下按开了电视，自顾自地看着。

爸爸和妈妈跟爷爷奶奶打过招呼后，看见朵朵又犯了毛病，就跟朵朵说："朵朵，怎么回事，奶奶跟你说话呢，你怎么不答应啊？也不跟爷爷奶奶打招呼，怎么这么没有礼貌！"

"算了，孩子嘛，别说她了，喜欢看电视，就让她看吧。"爷爷赶紧解围。

就这样，家里人开始忙着张罗中午饭，中间爷爷奶奶偶尔跟朵朵说话，她也只是哼哈，爱搭不理的。到了吃午饭的时间，一家人坐在饭桌上，推杯换盏，有说有笑。

"嗨，把那个香椿煎鸡蛋给我拿来，我喜欢吃那个。"大家正边吃边聊，朵朵不和谐的声音让大家住了口。"快点啊，你们没听见啊？"朵朵竟然不高兴了。

"朵朵，我看你太不像话了！你这是跟谁说话呢？没大没小的！"妈妈首先发了火。

"你们这么多人，我知道叫谁啊！谁听见谁给我拿不就行了。"朵朵还满不在乎地强硬着。

"我们没有称谓啊？成天'嗨'来'嗨'去的！进门连爷爷奶奶都不叫，我看你是找揍！"爸爸本来就一肚子火，这下可爆发了。

爷爷奶奶看事态不妙，赶紧又打圆场，"朵朵，赶紧认个错，说'下次不这样了'。"

"我没错，我就是没错！你们就是成心跟我过不去！"朵朵说完大声哭了起来。爸爸气得要打朵朵，爷爷奶奶一个劲地拦着。

就这样，好好的家庭聚餐让孩子给搅和了，不但没吃好，家人还跟孩子怄了气。

在当下的家庭中可能不止朵朵一个孩子有这样不礼貌的行为，像朵朵这样的孩子其实大有人在。他们从不把家长放在眼里，不光是在家里，就是在外人面前，也表现得非常没有礼貌，让父母难堪。

乐乐活泼好动，聪明可爱，家里人都宠着他，尤其是爷爷奶奶，对这个长孙更是要星星不给月亮。就像所有被宠坏了的孩子一样，乐乐越来越没有礼貌，上幼儿园时，还知道叫"爷爷奶奶"，如今上了小学，竟直呼爷爷奶奶为"老张"、"老邢"。他这一不礼貌的行为，家里人不但没有制止，爷爷奶奶还笑说："这孩子可真有意思！"所以乐乐越来越没样了。

这天，爷爷的老战友王爷爷到乐乐家做客。王爷爷由于老有所为，和爷爷很少见面，这次能来看乐乐的爷爷，可把爷爷奶奶乐坏了，早早就准备好了，等着招待王爷爷。

王爷爷准时来到乐乐家，一进门两个老战友就相互亲切地握手问候。

"这就是你那个宝贝孙子乐乐吧，都长这么大了！"王爷爷一眼看见站在一旁的乐乐，高兴地说，"看爷爷给你带什么好东西了——"说着从包里拿出了一个礼品盒递给乐乐。

"王爷爷大老远来，还给你带礼物。乐乐，还不谢谢王爷爷！"爷爷赶紧提醒着乐乐。可是乐乐连个"谢"字都没说，上前拿了东西，就到一旁拆了包装。

"看这孩子，惯得都没样了。老王别见怪啊！"爷爷有些尴尬。

"没事，小孩都这样，认生。"王爷爷并没有太在意。

乐乐打开了包装一看，里面竟然是他想要了很久的"奥特曼"，一下子兴奋起来，拿着东西跑到王爷爷跟前，"嘿，老头，你还真会买东西啊！"

话一出口，王爷爷惊讶得皱紧了眉头。爷爷气得说不出话来，脸上不断变着颜色。乐乐好像感觉到了什么，低下头，一溜烟跑了。

吃完午饭，王爷爷临走时对乐乐的爷爷说："老张啊，也许是我多嘴，但有些话我不得不说。宠孩子没错，但要有个限度，不能一味地娇惯，会把孩子惯坏的。在教育孩子方面，我们这些做家长的还是要多学习啊！"听着老战友这肺腑之言，爷爷既惭愧又难堪。

孩子对长辈不尊重，说话没大没小，如果父母不及时加以纠正，久而久之，孩子就会养成霸道、不讲理、没有礼貌等不良习性，引起周围人的反感，进而成为不受欢迎的人。因此，家长在发现孩子表现出不礼貌的行为时，一定要加以制止，适当纠正，要让孩子知道如何尊重别人，这也是能够得到别人尊重的首要条件。

原因各有不同，学会正确表达

在纠正孩子没大没小的不良言行时，家长首先要了解孩子不礼貌的原因。有些孩子在家里备受宠爱，从来都是说一不二，当与大人理论相悖时，不管对错，他们都会任性地提出自己的观点；而有些孩子则是故意挑衅家长的忍耐极限，表现出强烈的不满、不高兴、不顺从，尤其是有爷爷奶奶等老人在家时，更是有恃无恐；而另一种孩子则是出于心直口快，不懂得用礼貌的语言表达自己的想法，更不懂得顾及对方的感受。

家长要针对孩子这些不礼貌言行的特征和原因，对孩子施行教育，及时纠正他们的这一错误行为。要让他们在日常生活中学会正确表达自己的思想感情。当孩子表现出没大没小时，家长要教育孩子如何使用文明礼貌用语，告诉他没大没小是错误的不礼貌的行为，是不会受到大家欢迎的，爸爸妈妈都希望他是个讲文明的孩子。可以用讲故事的形式，告诉他我国是文明礼仪之邦，人们从远古时代就讲究礼仪等等；还可以给他讲"孔子尊师"、"张良拜师"、"孔融让梨"等故事，让孩子在故事中受到启迪和教育，从而改正不礼貌的行为。

隔离冷静处理，耐心引导学习

当发现孩子表现出没大没小的行为时，很多家长都会觉得在众人面前颜面无存，因而恼羞成怒、大发雷霆。这种简单粗暴的做法却往往使孩子产生逆反心理，很可能导致孩子更加肆无忌惮地与家长顶撞，这样不但不利于解决问题，教育孩子，而且常常是家长爆发之后，也没弄清孩子口不择言的真实用意和原因，而后也不了了之。

因此，家长在遇见这种情况时，首先要冷静，把孩子叫到一旁，耐心地说服教育。让孩子真正认识到自己的错误，才会有所改正。家长一味地大吼大叫是很难起到正向作用的，相反只会激起孩子的反抗意识，使事情更糟糕。只有耐心细致地引导，才能让孩子在不断的学习中纠正自己的错误行为和语言。

父母模范作用，礼貌从小抓起

为纠正孩子的不礼貌言行，家长一定要以身作则，注意自己的文明用语。有些家长不注意，总是称呼父母为"老头儿、老太太"等，其实这可能是成人间的一种亲昵称谓，但是孩子由于年龄小，对语言的理解能力有限，就会错误地认为这样的称呼是正确的，因此就很可能学着如此称呼，引起大家的反感。而在公共场所，家长更不能大声吵闹，对他人要有礼貌，为孩子起到良好的示范作用。

要想让孩子成为文明礼貌的典范，就要从小教育孩子懂文明、讲礼貌，对他人常常使用"请"、"您好"、"谢谢"等文明用语；教育他要尊重别人，不能随意数落别人的缺点；不断地提醒孩子在长辈面前要谦虚谨慎，文明有礼。也可以带着孩子观察和体会文明礼貌的重要性，在现实生活中找出一些事例，让孩子自己判断对与错，自己判断某一语言或行为是否是文明礼貌的，这样才能让孩子切身体会到文明礼貌的重要性，从而纠正没大没小的不良言行。

5. 没把门儿的 "小贫嘴"

说到"贫嘴"，自然而然跳入我们脑海的就是大家都熟悉的"贫嘴张

大民"，那个成天唠唠叨叨、油嘴滑舌的小人物。这个可爱的人物给人最深的印象就是——嘴贫，并借他的贫嘴说出了世间的万物百态。

但这毕竟是影视作品，是着意刻画出来的人物。而对于我们生活中的孩子来说，要是也有着这样的毛病，估计做家长的没有不着急、不担忧的。

奇奇人如其名，对什么都好奇，什么都好打听，成天围着大人问来问去的。有时候"贫"得让爸爸妈妈闹心。

这天，爸爸带着奇奇去游乐园玩，正巧遇上了单位的同事刘阿姨，于是爸爸不免和刘阿姨寒暄几句。奇奇由于曾经在爸爸的单位见过刘阿姨，所以一看见刘阿姨，就像是看见了久别的"亲人"，开始兴奋起来。

"刘阿姨好！"奇奇忙打断爸爸和阿姨的谈话，主动与刘阿姨搭讪，"您还记得我么？"

"呦，奇奇！"阿姨赶忙跟奇奇打招呼，"阿姨怎么能忘了你这个小大人啊！"

"阿姨，我都想您啦！我还记得您上次跟我讲的那个故事呢。"奇奇的话匣子一打开就有些收不住。

"噢，阿姨有时间再给你讲一个啊。"刘阿姨笑着对奇奇说。

这时，刘阿姨的男朋友走了过来，跟奇奇的爸爸相互打了招呼后，两个人就准备走了。

"叔叔好！"奇奇可是从来都不认生的，"叔叔你会讲故事么？"

"会啊。"刘阿姨的男友冲着奇奇笑了笑，"你是奇奇吧？"

"嗯，你怎么知道我的名字啊？"奇奇瞪大了眼睛，"对了，我知道，是刘阿姨告诉你的，是吧？"

"奇奇真聪明！"刘阿姨的男友一边笑着一边摸了摸奇奇的头。

"那当然，我爸爸和妈妈都说我聪明，就连幼儿园的老师都夸我聪明呢！"奇奇得意洋洋起来，"叔叔你知道我为什么这么聪明吗？那是因为我妈妈说，我在她肚子里的时候，她就开始给我讲故事、说诗歌了。所以我现在会很多唐诗呢！不信，我现在就给你背——"

爸爸一见奇奇的"老毛病"又犯了，赶忙拦住儿子的话题，"奇奇，阿姨和叔叔还有事呢，下次你再背啊。"

"没关系，背一首小诗很快的。"奇奇说着就开始自顾自地背了一首唐诗。

"这孩子啊，就是有点贫。"爸爸无可奈何地看着刘阿姨和她的男友，"耽误你们时间了。"

"没事，小孩子爱说话是好事哦。"刘阿姨礼貌地笑了笑。

奇奇一听阿姨夸奖他，更来了精神，"我爷爷常夸我能说会道，还说我以后凭着张嘴就能吃饭，奶奶也说我将来——"

奇奇的喋喋不休，让刘阿姨和男友站在一旁走也不是，留也不行，爸爸看到两人颇为难的样子，赶忙制止奇奇，"好了，奇奇，阿姨要走了，下次再跟阿姨聊啊。赶紧跟阿姨、叔叔再见！"

"奇奇再见啊！"刘阿姨和男友看见奇奇的爸爸给他们使了个眼色，赶忙打声招呼离开了。

"你这孩子啊，怎么话这么多啊！跟谁都说个没完，阿姨着急办事去哪。"爸爸真是不知道该说什么好了。

"爸爸，我不是跟谁都说，刘阿姨我认识啊！上次我在你办公室跟刘阿姨聊了很久呢。"奇奇又不解地问，"爸爸，别人都夸我嘴甜、能说会道，可你为什么不喜欢我说话啊？——"

此时，爸爸只有一脸无奈和茫然地看着奇奇，心想，这孩子这么贫，可怎么办啊？

这是很多聪明孩子容易犯的一个错误，由于他们好奇心强，总是在不自觉的情况下，不分场合地问这问那，表达自己的想法和意愿，常常自认为自己的意识是正确的。与家长老师抢着说话，自顾自地发表意见和建议，从不考虑和尊重别人的感受，有时令人颇为反感。

萍萍是个有名的"小贫嘴"，什么事情在她嘴里就像倒豆子，噼里啪啦地说个不停。这天妈妈带着她出去，路上遇见了以前的邻居，不免寒暄几句。当对方问到萍萍家目前的近况时，妈妈还没搭腔，萍萍这个"小贫嘴"就忍不住了，"阿姨，您是问我们家啊？我们家现在可好了，爸爸升了职，比以前挣钱多多了。我们家最近还买了汽车。对了我妈妈说，我们马上就要买房子了——"

听着女儿一五一十地跟邻居阿姨聊个没完，妈妈心里别提多别扭了，说也不是，不说也不是，又不能打断孩子，怕邻居疑心，只能在一旁哼嗨搭腔，一点办法都没有。

萍萍好不容易抖落完家底，妈妈赶紧跟邻居告辞，拉着萍萍快速离开，"你这孩子，妈妈不是说过吗，家里的事情不要随便对外人讲。你怎么老是记不住？"

"阿姨不是外人啊，她和咱们以前是邻居啊！"萍萍纳闷儿地强调着。

"但是阿姨和咱们家并不是非常熟悉啊。妈妈不是说过，家里的很多事情都是咱们家的隐私，不能随意外传。"妈妈一脸的不高兴，"我看啊，你这孩子就是太贫了，以后家里的事情不能让你什么都知道。"

萍萍不再说什么了，在她的心里，她觉得大人都很"虚伪"，明明是事实，还不让说。

其实，孩子"能说"、"贫"，并不一定就是件坏事，但是他若把这种本领用错了地方，那就会经常管不住嘴而说些不该孩子说的话，从而令他人尴尬或反感，所以家长对待孩子贫嘴行为要区别对待，正确引导。俗话说，好钢用在刀刃上。让孩子在适合的环境和条件下，充分发挥"爱说、能说"这一特长。

分清贫嘴本质，挖掘孩子潜能

其实，贫嘴的孩子一般都聪明伶俐，反应较快。因此家长应该正确看待孩子嘴"贫"这个问题，引导孩子多提问题，多给孩子讲些待人接物的故事和礼仪，让孩子在角色中体会自己的做法是否妥当、适时。只有父母正确对待这个问题，才能帮助孩子正确处理自己的行为。更重要的是家长要弄清孩子"贫嘴"的原因。

孩子正处于发育和成长阶段，对外界的万事万物都非常好奇，总是想弄明白自己不懂的事情，一肚子的"十万个为什么"。但是由于孩子对人际关系及交际礼仪知之甚少，更由于他们的单纯和直率，有些问题可能会使大人颇为尴尬，难以坦白或准确地告诉孩子，所以在这种情况下，孩子充满好奇和多余的话语很容易引起大人的不耐烦。其实这不能完全怪罪于孩子，他只是想弄清自己不了解的事实，而从某种意义上讲，孩子的这种打破沙锅问到底的表现，是一种积极的思维方式，是一种探索的表现。只不过他们的方式方法不甚得当，或者说探寻的方向有些偏差。

因此，家长在了解孩子的这一本质之后，应该正确看待孩子"贫嘴"这件事，从积极的角度去挖掘孩子的探索精神和勇于追求的勇气，从而引导他这种积极的因素向好的方面发展。比如，家长可以带爱提问、爱思考的孩子去参观博物馆或展览等，让他去探寻未知的世界，充分满足他的好奇心，激发他对知识的渴求欲望。

当孩子摆脱身边无聊话题，对知识感兴趣时，无论有多少问题，无论多么"贫"，大家也都不会反感，反而会非常乐意接受或给他讲解。

❤ 理解教育孩子，发挥聪明才智

对待"贫嘴"的孩子不能一味地训斥，要用朋友一样的态度跟他沟通，让他明白也许他的"贫嘴"会给家庭和父母带来不必要的麻烦，影响家人的心情和正常生活；还可以给他列举一些事例，说明"贫嘴"的坏处，让他体会到自己在不恰当的时候耍嘴皮子是一种不良表现，而且要告诉孩子，不是每个人都喜欢他这样口无遮拦，每个人都有自己的隐私和秘密，不愿完全暴露给别人；过于"贫嘴"的孩子会被周围的人所反感，如果不自觉地改掉这种行为，朋友就会离你远去，不再受人欢迎，成为"讨

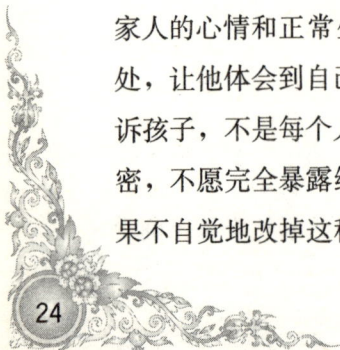

人嫌"的孩子。从而让他反省自己的这一行为。只有孩子真正从内心意识到这是一种不恰当的行为，他才会自觉自愿地改正。

其实家长还应该看到"贫嘴"的孩子暗藏的潜质和能力。看到他们能说会道背后较强的语言表达能力和快速反应能力，并发挥他们的这一才能，把他们的能力引向正轨。比如，家长可以引导爱说的孩子创作故事，或者学习表演、朗诵、唱歌等才艺，充分调动他们嘴上的功夫。而那些反应迅速、常常能举一反三的孩子，更要挖掘他们的潜能，多尝试学习新知识，鼓励他们对某一领域进行研究，让他们的才能有用武之地。

只有理解了孩子"贫嘴"这一行为，充分发现和发掘他的这一潜能，才能把孩子的"坏"习惯向好的方面转变，发挥孩子的聪明才智，正确引导孩子走出人们的误解，不再因为"贫嘴"而"讨人嫌"。

6. 言语"小·暴徒"

"语言暴徒"，什么意思？很多人可能不理解。其实所谓的语言暴徒，就是说话横冲直撞，不假思索，语言中存在大量的暴力倾向，恶语相向，让人耳膜受创。俗语说："良言入耳三冬暖，恶语伤人六月寒。"如果孩子从小也沾染上了这种恶习，总是恶语伤人，顶撞他人，那会是什么样子呢？

明明这孩子还算是不错，可就一个暑假，也不知道在哪里学的，说话非常难听，不容人说他不好，还经常对人恶语相向，弄得爸爸妈妈丈二和尚摸不着头脑。

这天，一家人吃过晚饭，爸妈正在看电视。明明写完了作业，准备睡觉，于是，她在自己的房间大喊，"妈，赶紧过来，我要睡觉了，帮我铺床！"

妈妈正看到剧情的关键时刻，就随口应了一声，"你自己先把书包收拾好，妈妈马上过去啊。"说是这么说，但并没有起身。

"妈，你干吗呢？我叫你没听见啊？你耳朵聋了？怎么还不过来呀？"明明似乎有些急了，"一天到晚就知道看什么破电视剧，一点正事都不干！"

妈妈听见女儿教训自己，有些不高兴，"你这孩子，怎么跟家长说话呢？自己的事情自己干！"

"好，你不是不过来吗，一会儿我就把电视砸了，看你们还看不看！"明明叫嚣着走出自己的卧室。

"你这孩子，越说越不像话了，还敢威胁家长。你给我过来！"爸爸在一旁气愤地起身向女儿冲了过去。

一场家庭战役即将爆发。

孩子这种表现在语言上的暴力行为，无疑让周围人瞠目，尤其令父母伤心。家长不知道孩子为什么要说这些"狠"话，且威胁他人。其实，孩子这种不礼貌的行为并不一定是自己的本意，很可能只是一种模仿。

故事一：

小剑平时最爱看电视，尤其是武打片，看完后还喜欢模仿电影中的人物，经常让大家捧腹。可是没多久，家人就笑不出来了，他们发现小剑说话越来越超乎他们的想象，越来越有暴力倾向，还经常把自己置身其中，时刻展现着剧中人物的言行。

一天，小剑和小朋友玩游戏。玩着玩着，两个人为了一个皮球吵了起来。

"这是我的，就不给你玩。"小朋友抱着皮球一边说一边往家走。

小剑见此情形，上前一步拦住了小朋友，"这是你的不假，但我就是想玩，你怎么着吧？"

"我把它拿回家，我看你还怎么玩？"小朋友很是不高兴。

小剑不依不饶，"你要是不给我玩，我就抢！再不给，我就揍你，我看你给不给！"

"你敢，我告诉我妈妈去。我爸爸妈妈都在家，我看你敢进我家。"小朋友还嘴。

"你家怎么了，有什么了不起！我告诉你，如果今天你不乖乖把皮球给我玩，我就杀了你和你全家！你给还是不给，啊？"小剑怒目圆睁使劲盯着小朋友。

小朋友吓得"哇"的一声大哭起来。孩子的妈妈们闻讯赶来，相互劝着。当问清事情的真相时，小剑的妈妈气得不知道说什么好，只能连连向人家道歉。

故事二：

一个叫小龙的孩子，由于妈妈不幸去世，他跟爸爸和爷爷奶奶一起生活。爷爷奶奶心疼孙子是个没娘的孩子，所以格外宠爱。但小龙却不领情，他从心里认为，当初妈妈出车祸去世都是因为爷爷奶奶造成的。他们老是当着爸爸的面说妈妈的不是，害得爸爸妈妈时常吵架。结果妈妈一气之下，离家出走，才酿成了大祸。

为此，他时常对爷爷奶奶冷言恶语。不管爷爷奶奶如何赎罪似的给他买这买那，好吃好喝地伺候他，但他仍然稍有不顺心就说："你们两个老家伙，不用假装好心，我妈妈就是你们给害死的！你们等着，总有一天，我要让你们给我妈妈陪葬！"每当二老闻听此言，都心寒不已，经常为此悄悄落泪。他们多么希望小龙有一天能理解爷爷奶奶的苦心。

从上面的这三个故事中，我们不难看出孩子的语言暴力所带来的危害和教育的重要性。如今，家长所承担的不仅仅是孩子的个人教育问题，更承担着社会责任。飞速发展变化的社会让现代的家长们要面对越来越复杂的儿童心理变化，解决更多的教育难题，不能再像自己的父辈那样简单地处理孩子的问题。我们所需要的是更科学，更个性化、人性化的家庭教育。

对于如何教育和纠正孩子语言中的暴力行为，家长需要不断自醒，用心研究孩子的心理，从而规范和纠正孩子的这一不良行为。

🕊 重新理解"暴力"，及时制止惩戒

在孩子的语言有些失控的情况下，作为父母绝不能把孩子的观点、愿望和感情的言行轻易与"暴力"画等号。其实有些孩子只是出于模仿，并不一定真的明白这些话语的意思；而有些孩子为了表达自己对父母的不满和愤懑，使用恶劣的语言顶撞家长，很可能就是一种对不平等的申辩。因此，为了教育孩子更好地与人交流、沟通，父母要引导鼓励孩子学会用恰当的语言表达自己的感情和意愿。

但无论父母或者别人，如果不能接受孩子说的话或不能容忍孩子说话的语调和内容，应该马上向他表明你的立场，让孩子懂得表达自己意愿的同时，要尊重别人。在纠正孩子的这一不良行为时，家长只是指责孩子粗鲁的语言，而不应指责孩子本人。同时，要给孩子重新选择的权利，让他重新思考刚才说的话是否正确，是否有不妥之处。一旦孩子意识到自己的错误并加以改正，家长一定要鼓励和表扬孩子，用实际行动教会孩子如何尊重他人。

如果孩子经常恶语伤人，对家长的说服教育置之不理，家长也可以给他一些必要的惩戒，暂时取消他的一些权利，如在一定的时间内不许去找朋友们玩儿等。但惩罚不宜过重，以免伤害了孩子的自尊心，引起孩子的不满，甚至必理更逆反。而含糊的警告或者空洞的威胁起不到任何作用，而且还很可能助长孩子的出言不逊这一恶习。

🕊 "良言"教育优先，鼓励安慰为上

孩子的言语"暴力"，虽非真正的行为和心愿，也许只是觉得这样的"狠"话，可以让别人顺从自己的意愿。孩子往往并不能预见他们不文明、不尊重他人的语言会造成什么样的后果，但实际上很可能导致孩子周围的

朋友远离他，甚至伤了父母的心。

为此，家长要教育孩子懂得尊重他人，可以带着孩子参与角色扮演游戏，让他扮演不同阶层的人，让孩子知道人人平等、互相尊重的道理；家长要培养孩子的公正公平观念，从事例和故事中培养孩子的公正意识，教育孩子要待人公正，做事公平，这样才有利于孩子今后的发展；家长要教育孩子树立男女平等的观念，通过游戏和书籍帮助孩子明白在当今社会上男女平等，打破以往男尊女卑的传统观念；家长要教育孩子学习交友技能，让孩子主动与小朋友交往，通过各种健康的途径，结交朋友，相互接纳，共同分享友情；家长一定要让孩子了解恶语伤人的后果，可以让他扮演或者转换角色，亲身体会自己言语的恶劣和伤害他人可能产生的严重后果；家长可以主动创造"和平环境"，让孩子自主提出解决各种纠纷的方法，家长评判和启发孩子，告诉他哪种解决问题的方法最有效，让孩子明白自己"暴力"语言的错误性；家长还可以通过激发孩子的爱心来教育和纠正孩子的不良语言行为，如带孩子参加一些公益实践活动或家人、同学的生日纪念活动等，让孩子懂得友情、亲情和关爱的重要。

家长以身作则，规范孩子言行

如果家长尊重孩子和他人，那么孩子也能尊重别人，这就是我们所说的言传身教。为此，从孩子学说话开始，家长就应教他学会说"请"、"谢谢"、"对不起"等文明礼貌用语。

家长永远是孩子模仿、学习的"首席"老师，有些家长在教育孩子及自身言行方面却是双重面孔、双重标准。家长在教育孩子努力进取时，自己却得过且过、懒散无比；教育孩子品德高尚、与人为善，自己却经常恶语伤人、蛮不讲理；在教育孩子尽职尽责、淡泊处世时，自己却急功近利、不择手段。这类家长都会在无形中忽略了家长应有的榜样作风，而对孩子的教育也就成了空洞无力的说教，形成一纸空文，不但起不到教育的作用，反而让孩子越发对家长产生不信任感。

而一些家长粗鲁霸道的行径和教育行为，更让孩子得不到家庭里的平等和公正待遇，这就很可能使孩子的语言更加肆无忌惮。因此家长更应该注重提高自身素质和修养，提升家庭教育水平。

在教育和纠正孩子粗暴的不良言行时，家长一定要有耐心。一旦教育有效，就要及时鼓励、引导孩子，这是规范孩子行为最有效的方法之一。当孩子称赞别人、讲话友善或是努力地控制自己不说"狠"话时，父母要及时给予表扬并肯定孩子这种行为的正确性。

在教育和纠正孩子粗暴的语言时，最重要的是家长和孩子间的心灵沟通。孩子有心事、有难题、疲倦或是遇到困难时，家长就应该随时充当孩子的良师益友，为他们提供温暖的港湾和坚强的后盾。家长要经常鼓励和赞赏孩子获得的成绩，真正了解他的喜怒哀乐，让孩子在爱的关怀中，走出语言"暴力"的阴影。

7. 自以为是嘲笑人

在社会上就是有那么一些人，自以为很了不起，对他人从来都是肆意嘲笑，而这一举动也经常遭到他人的白眼和反感。而对孩子来说，从小就生活在优越的环境里，虚荣心和骄傲情绪也在影响着他们的人际交往。有些孩子便常常自以为是，对其他小伙伴不是嘲笑就是讽刺，导致周围的小朋友对他这种行为极其不满，悄悄远离他。

小军什么都一学就会，爸爸妈妈总是夸奖他聪明，小军也因此沾沾自喜。

这天，幼儿园里上手工课，老师教大家折纸鹤，小军学得快，老师教了一遍，他就能折出来了，老师夸奖他学得快、折得好。于是小军得意地看看这个小朋友折好了没有，看看那个小朋友是不是折错了，拿着自己折的纸鹤满屋子转悠。

恰巧班里有个叫小淑的女孩子，怎么弄都折不出来，急得满头大汗，老师又专门仔细地给她讲解了一遍，让她不要着急，慢慢折。虽然别的小朋友已经拿着自己的小纸鹤在那里玩着，而小淑却依然努力地一遍一遍地折着。

这时，小军走了过来，看见小淑还没折好，就笑话她说："你可真笨！这么简单的事情都做不好！"

"我还是……还是有点不会。对了，小军你帮我看看这个地方怎么折啊。"小淑不好意思地说。

"反过来往上折不就行了，真笨！"小军不耐烦地说。

"怎么反过来啊，我怎么往上折不了啊？"小淑还在认真地请教着。

"你这个笨蛋，教你多少回你也不明白！我可没功夫教你这样的笨蛋！"小军说着拿着自己的纸鹤在小淑面前晃了晃，"我看你一辈子都折不出这么好的纸鹤。"

小淑被小军一阵数落，终于忍不住"哇"的一声哭了。其他的小朋友都跑过来劝小淑，"小淑，你别哭，我们帮你。"

这时出去拿玩具的老师闻讯赶来，"这是怎么回事啊？小淑，好孩子，跟老师说为什么哭啊？"老师上前一边给小淑擦眼泪，一边询问。

"都是被小军气的！"

"小军说小淑是笨蛋。"

"小军不教小淑，还说她！"……

小朋友们纷纷向老师告状。

"小军，你为什么说小淑啊？老师不是说过，小朋友之间要团结有爱么？"老师严肃地批评小军。

"她本来就笨么，还怕人说！"小军很不服气，"这么简单的东西都不会，不是笨是什么？还有脸哭！"

"小军，不能这样说小朋友。"老师走到小军身边，劝导着，"对于任何事情，我们大家都有不会的时候。要是你不会，别的小朋友说你，你是不是心里也不好受啊？"

"我才不会像他们那么笨呢！我妈说了，我聪明，学什么都一学就会！"小军边说便用手指着其他小朋友。

"他总是自以为是，我们以后不跟他玩了！"小军的话激起了小朋友们的愤怒。

老师一阵说服教育，安抚了小朋友们后，决定找小军的父母谈谈。

下午，小军的妈妈来接孩子，老师就把上午发生的事情告诉了小军的妈妈。没想到，小军妈妈却不以为然，"哎，老师您别见怪，小军这孩子就是有点爱炫耀。也难怪，这孩子确实比其他孩子聪明些！"

"聪明的孩子就更要好好教育，别让聪明耽误了孩子啊。"老师觉得小军的妈妈太袒护孩子。

"行，我们回去一定说小军啊。不好意思，家里有事，我先带孩子走了啊。"说完不等老师回话，妈妈就带着小军离去了。

老师望着小军和他妈妈远去的身影，心中无限感慨和忧虑。

孩子的言行经常受到周围环境及人的影响，优越的生活条件和先天的聪明才智导致有些孩子目中无人，总爱嘲讽他人，不懂得尊重他人。如果家长对这一不良行为姑息迁就，不及时制止、教育，久而久之孩子形成了习惯，很可能导致孩子在人际交往上出现偏差，令孩子生活在孤立无援、没有朋友的孤独世界。因此，家长要及时发现和纠正孩子的这一不良言行，以使孩子健康成长。

莫要娇惯纵容，不宜置之不理

孩子总是嘲笑和讽刺他人，这一不良行为的形成，大多是由于这些孩子的家庭条件比较优越，且孩子自身的能力较强，家长过分娇惯纵容，让孩子自觉比他人优越。一旦不良的优越感产生，就会导致孩子目中无人，对其他无论是生活或是能力方面都远不如自己的孩子表现出轻视，对他们嗤之以鼻，总是觉得自己是世界上最棒的，是那些"天生愚钝"的孩子无法超越的。于是对那些孩子就会表现出不友好，甚至是嘲笑、讽刺他们。

家长或老师一旦发现孩子的这种不良行为，切莫置之不理。有些家长觉得自己的孩子确实优秀，可能不妨有些小卖弄，而孩子嘲笑的对象确实在某些方面表现得"很笨"或是"很差劲"，这些都没有什么大不了。殊不知家长的这一想法很可能助长孩子的这一不良习性，一旦这种不经意的错误语言成为习惯，那就很可能对孩子今后的发展和人际关系造成很大的麻烦，导致孩子失去朋友，失去集体。

及时干预制止，适度表扬奖励

孩子在嘲笑和讽刺他人时，家长和老师一定要及时干预，立即劝阻或制止。这不但可以有效防止事态蔓延，更是对孩子的言行及时进行规范、教育。家长和老师可以通过给孩子讲故事、看有意义的影视作品或组织互助活动等方法，让孩子从中亲身领略幸福生活来之不易和助人为乐的重要性，懂得帮助别人，与他人共同分享也是一种幸福，帮助孩子树立正确的是非观，从而改掉孩子的这一不良行为。

老师和家长对待优秀的孩子则应适度表扬，不能把他们捧上天。要让他们学会严格要求自己，谦虚对待他人。家长要循循善诱，就事论理，让孩子从小懂得如何做才是尊重他人，教育和培养孩子站在别人的角度去思考问题，逐渐摆脱"以自我为中心"的意识。教育孩子学会利用自己的聪明才智帮助别人解决困难，从而得到他人的尊重和喜爱。

家长树立榜样，切莫推波助澜

家长一旦发现孩子嘲笑讽刺他人，首先不要忙着教训孩子，要先反省一下自己的行为。有些家长可能在不经意间，当着孩子的面说了其他孩子的坏话，甚至有些虚荣心强的家长常常拿自己的孩子与别的孩子作比较，而故意贬低别的孩子，助长了自己孩子的"嚣张气焰"，因此当孩子自己在评价他人时，也会表现出嘲讽的态度。

所以，家长一定要注意自己的行为，为孩子做个好榜样。对于思想还不成熟的孩子来说，嘲讽他人也是他们的一种竞争意识的表达，他们运用学习、运动、操作能力等方面分出高低上下，借以炫耀自己的能力强，用嘲讽的方式显示自己在某一方面占了上风。随着孩子语言能力的增强，孩子很可能把自己的价值观念加入嘲讽里，表示对某人表现的评价。

不论孩子的评价是否正确，但这种言行都是不尊重人的，势必会引起被嘲讽、挖苦的人的不满。如果经常不负责地评论他人，那这样的孩子一定不受大家欢迎，甚至遭到大家的厌弃。

因此，家长一定要注意孩子的不当言行，及时纠正，切莫推波助澜，正确分析原因，找出自身差距，为孩子树立榜样，让孩子懂得尊重他人的重要性和助人为乐的意义，帮助孩子去除嘲笑心理，这将有助于完善孩子的个性，有利于孩子的健康成长与不断进步。

8. 接下茬儿的"小画眉"

"接下茬"是许多孩子的一种习惯，从心理学和教育学的角度分析，"接下茬"虽说往往是思维活跃、反应迅速的表现，但是，由于很多孩子接下茬不分场合、时间和地点，随意脱口而出，扰乱了别人的正常思维和正常秩序，那么"接下茬"就是一个不折不扣的"毛病"，应给予及时的干涉、制止。尤其是在课堂上，这种行为不仅会干扰老师的教学进度和教学内容，更严重的是干扰了同学们的正常思维和听讲。

小宝刚刚上小学，聪明好学，反应很快。可就是有个毛病，老师每次在课堂上讲课，她总是爱在下面接话。有一次，老师在课堂上把昨天作业中大多数同学都出错的一道题写在黑板上，正要给同学们讲解，小宝忍不住在下面大声说："老师这道题不用讲了，我都会了。"

老师严肃地看了看小宝，"小宝同学，你会不等于大家都会，很多同学对这道题都不理解，所以老师要在课堂上给大家讲解一下。"

"这么简单的一道题也要讲啊，不会就问我好了！"小宝还在不自觉地说着。

"小宝同学，请你不要打扰别的同学听讲。"老师有点生气了，同学们也怒视着小宝。小宝只好不再大声，但还是小声在下面嘀咕。

小宝这个接下茬的毛病，颇让老师头疼。在一次家长会上，老师把小宝的这个毛病反映给了小宝的妈妈。

"哎，老师我跟您说吧，这孩子哪儿都好，就是太贫。老爱接下茬，在家也这样。我们也说过他好几回了，可她就是改不了，弄得我们也没有办法。"小宝的妈妈无奈地说。

小宝的这种"接下茬"行为，在课堂上很常见。许多像小宝一样聪明的孩子，总是在不恰当的时候，抢着表白自己的想法，让周围人不能接受，甚至反感。

小莲那张小嘴啊，那叫一个快，就像白话小说中那个"快嘴李翠莲"。本来就是快嘴，最近又添了个"接下茬"的毛病。不管在幼儿园还是在家，大人的话还没说完，她马上就有下文。弄得爸爸妈妈都不知所措，一再提醒她，小孩子不能随便乱插言，可她总是管不住自己的嘴。

这天，邻居刘阿姨来找妈妈帮忙办点事情，"小李，你们单位有打印纸么，再帮我从你们单位拿点儿，我儿子在家用得可快了！"

妈妈其实是个原则性很强的人，很不愿意帮这个忙。一是，纸是公家的，不好用于私人；二是，上次就迫于面子答应了刘阿姨，结果自己掏腰包买了纸。所以这次无论如何要拒绝。

"哦，这事不太好办。现在打印纸都归办公室专人管了，我不太好拿啊。"妈妈为难地找着理由。

"妈妈，你不是办公室主任么？你不是说办公室里所有的东西都归你管么？那些纸，难道连主任也不能拿么？"谁想到小莲在一旁接了下茬。

"主任也要按章办事啊，也不能随便拿公家的东西啊！"妈妈当时一急，实话脱口而出，说完就有些后悔，"刘姐，您别管了，明天我送涛涛一包纸。"

"算了，不用了，我们怎么能让你掏钱买呢！"说完刘阿姨面有不悦地走了。

看着邻居悻悻而去，妈妈生气地对小莲说："你这孩子，没事接什么话啊？真不懂事！"

小莲被妈妈数落了一顿，心里委屈，心想，自己没说错什么啊！妈妈本来就是办公室主任，本来就能管那些纸啊。妈妈为什么不让我说呢？

前面我们已经说明，"接下茬"不见得是一件坏事，它很可能是孩子主动思维的结果。只是他们的说话方式和场合不对，引起了不良的后果。

❧ 弄清"接下茬"原因，区别对待引导

有些孩子可能是因为不自信，特别夸耀自己也是不自信心态不自觉的一种表现形式；而有些孩子在成长的过程中缺乏家庭关爱，自我意识没有得到很好的认可和肯定，在缺少"关爱"的潜意识里想通过自己的表现获得关注；再就是有些孩子具有叛逆心理，对某门课不喜欢或者对某个老师厌烦时很可能就用这种办法报复；而对于那种想引起别人关注的孩子来说，"接下茬"，一般就是爱出风头，想引起老师和同学们的关注。

了解了孩子"接下茬"的原因，作为家长或老师就要区别对待，对症下药。要给这样的孩子以更多的关爱和关注，时刻提醒孩子在他们提问题或者说话的时侯，要先思考，考虑清楚了什么该说，什么不该说时再发言。而对于那些思维敏捷、聪明的孩子来说，就要正确引导他们上课不能影响别人，更不能影响老师讲课，对于老师传授的课程，一个人懂了，不等于所有人都明白，要有全局观念和集体意识。这样才能引导孩子逐步改正爱"接下茬"的毛病。

善于利用特长，充分发挥潜能

对于爱"接下茬"的孩子，如果家长善于利用他们的这一特点，便很有可能激发孩子学习热情、促进孩子智力水平的提高。

爱"接下茬"的孩子往往理性思维能力强，但形象思维能力差，注意力不够集中，又由于天性好动，所以意志力比较差；孩子爱"接下茬"，说明他们喜欢表达，但缺乏表达前的深思熟虑，也就是说话不过脑子。为此需要有的放矢地对孩子加以训练。家长可以利用孩子善于表达的欲望，让孩子进行类似口头作文的训练，利用演讲和朗诵等形式培养孩子的形象思维，并使其形成良性循环；针对孩子自制力差这一特点，适当地调节控制，如在课堂上，可以让他在文具盒里放张纸条提醒自己，每当自己想"接下茬"时，就看看纸条上"不要打断老师的讲课、不能影响同学听课"等文字，提醒自己保持安静、遵守课堂纪律；还可以对爱"接下茬"的孩子委以重任，发挥孩子的表达特长，培养孩子的组织能力，扬长避短，从而转变孩子不合时宜的"接下茬"行为，"化腐朽为神奇"。

读懂孩子内心，尊重激发兴趣

对家长来说，爱孩子就要走进孩子的内心世界，读懂孩子的心理活动和思想感情，要用孩子的眼光看世界，用孩子的大脑去思考，用孩子的感情去体验，只有这样，家长和老师才能真正了解孩子的内心、兴趣、特长和潜能。对学习内容或所见事物感兴趣但忽视了纪律，和智商较高、思维敏捷、比别的孩子更容易忘乎所以的孩子，要特别引起家长注意，家长千万不要一味地压制，要激发孩子的学习兴趣。对于积极思考、积极发表见解和议论的孩子，家长要采取保护、表扬和鼓励的态度，充分发挥孩子的积极性，进一步挖掘孩子的潜能，适时地告诫他们守纪律的重要性，告诉孩子在不合时宜的场合不能乱"接下茬"，教育他们要有合作精神。家长还可以用奖励的形式，跟孩子做个约定，让孩子自觉地遵守自己的诺言。这样爱"接下茬"的孩子就会比以前说话谨慎，渐渐克服爱接话的毛病。

家长对待孩子要有一颗平常心，和孩子打成一片，这样更利于与孩子平等地交流，只有更好地掌握孩子的内心世界和他们的思想，家庭教育才能获得良好的效果。

9. 学舌的"小·鹦鹉"

所有的人都是从"学舌"开始学会说话的。从说话的萌芽状态，爸爸妈妈就教孩子说"爸爸、妈妈、爷爷、奶奶"等，然后发展成为"吃饭、玩具、阿姨、叔叔"等等。渐渐地孩子会说的话越来越多，慢慢开始模仿家人说成句的话语。

这大约就是人们学习说话的一个简单而复杂的过程。但是一般2岁以后的孩子就不需要再学别人说话了，这时他们已经开始有了独立思维的能力，虽然这个能力还很不完善，但毕竟是一种自我表现的能力，他们能够通过简单的语言顺利表达自己的思想和愿望。

然而，这时有些孩子也开始学会传话，他们就像"鹦鹉学舌"那样，把别人的话传到父母耳朵里，或者把父母的话传到他人耳朵里，其中有些不宜"学舌"的话难免会造成很多不必要的误解和麻烦，颇令家长头疼。

故事一：

小武就是这样一个孩子，总是爱在家人间传话，弄得家人间常常因此恼气。这不，周六爸爸妈妈加班，小武又被送去奶奶家疯玩了一天。

晚上爸爸接他回家，妈妈早已在外面订了餐，一家三口在餐厅欢聚。小武可能是中午吃得太多，晚上有些没胃口，边吃边玩。妈妈一边劝小武好好吃饭，一边有意无意地询问奶奶那边的情况，"小武，奶奶怎么样啊？今天都谁去奶奶家了，姑姑、姑父去了么？"

"奶奶家今天可热闹了，姑姑、姑父带着姐姐都去了。"小武绘声绘色地说着，"奶奶做了一大桌子菜，可好吃了。"

"对了，奶奶和姑姑吃饭的时候还提起你了呢。"小武吃了口菜继续说着。

这时爸爸感觉有些不对，忙阻止小武，"小武吃菜，别乱说话啊。"

"孩子要说就让他说，小孩子从来不说谎话的。"妈妈瞪了一眼爸爸，"小武，奶奶和姑姑说妈妈什么了？"

"她们说你就爱乱花钱，不是买衣服，就是在外面吃饭，不会过日子。"小武一边说，一边看着妈妈的脸色不断地变化着。

"别听孩子乱讲。"爸爸赶忙给妈妈夹菜，"咱们过自己的日子。肯定和老人观念不一样嘛！"

妈妈气得把筷子放到一旁，"我就知道你姐姐来了准没好事，就爱背后说人！我买衣服怎么了？我花的是我自己挣的钱，不行啊？"

"看，都是你惹的祸。爸爸说过多少回了，小孩子不要乱传闲话，你就是不听！"爸爸眼看着高高兴兴的饭局被儿子搅和了，心里别提多生气了。

故事二：

闹闹人如其名，平时爱打爱闹，没个消停，爸爸妈妈都为此操心生气。本来就不让家长省心的闹闹最近又添了新毛病——学舌。每天跟小朋友也好，跟家里人也好，老是像鹦鹉一样学别人说话，弄得大家都烦他。

下午，闹闹出去玩，碰上了幼儿园同班的小虹。两个人玩着玩着，闹闹开始犯了毛病，细声细气地学起小虹，"你干吗啊？"

小虹有些生气，"你怎么学我说话啊？"

"你怎么学我说话啊？"闹闹还学着。

"你再学我说话，我就不跟你玩了。"小虹说着就往家走。

闹闹追着说，"你再学我说话，我就不跟你玩了。"

"你真讨厌！"小虹真的有些急了。

"你真讨厌！"闹闹看着涨红了脸的小虹，一点也没有觉悟，继续学着她的语调神态。

"哇……"小虹大哭起来。妈妈们赶紧跑来问究竟，"闹闹学我说话。"小虹哭诉着。

闹闹妈妈狠狠地批评了闹闹，可是闹闹却做了个鬼脸，跑开了。

孩子两岁左右，刚刚学会说话不久，可能就会磕磕巴巴地传话了。那时家长大都会觉得很好玩。但是随着年龄增长，他就会像个传话筒一样，把幼儿园里的事情、老师的话以及小朋友之间的事情传到家长耳朵里。有时还在无意间将爸爸妈妈、爷爷奶奶或者亲戚朋友之间的话传来传去，有时甚至会引起家庭纠纷。

而有些孩子单纯地重复别人的语言，别人说什么，他就说什么，也许最初他是觉得这样好玩，但如果这一行为长此以往，变成一种习惯，不仅对孩子的人际关系产生不良影响，更不利于孩子语言的发展。所以家长和老师一旦发现孩子喜欢学舌，一定要制止和纠正，以免造成不良后果。

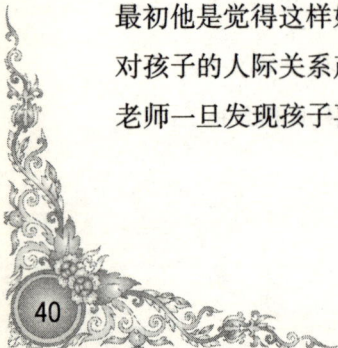

纠正学舌习惯，提高语言能力

很多人都会认为，孩子长到一定程度，自然而然地就能说会道了。其实不然，现代生活环境让很多孩子的交际空间减少了，与人交流的机会也相应减少，这就要求家长帮助孩子学习说话的技巧，让他迅速地接收新知识，学会用语言与人和谐交往，快乐健康地成长。

其实孩子掌握语言的过程，是一个从具体到抽象的发展过程。因此，两岁以前的孩子基本上出于"鹦鹉学舌"的语言状态。但是经过这一过程之后，孩子渐渐学会了用语言来表达自己的思想感情，这时如果再有意无意地简单地重复他人的语言，时间长了，形成习惯，就会使孩子失去对语言的兴趣，阻碍孩子交流的欲望和语言的发展。不仅如此，孩子的这一行为还让周围的人非常反感，对孩子的人际交往造成很大的障碍，因此家长一旦发现孩子跟人"学舌"，不管他是觉得好玩，还是故意气对方，都要及时纠正制止。

家长可以通过讲故事、讲寓言等形式帮助和教育孩子，让孩子了解自己的"学舌"行为的错误性。同时努力提高孩子的语言能力，让孩子多听、多看、多读一些经典和精彩的文字，并从中领略语言的重要性，让孩子明白，简单地重复他人的语言，只会让语言变得贫乏没有创意，让自己的思维停滞，是让周围的人反感的无聊行为。

对传话说"不"，及时纠正教育

对那些爱传话的"小鹦鹉"，家长要坚决杜绝孩子这一传话行为。因为这既不利于孩子的人格形成，更不利于孩子成长。孩子天性不善于撒谎，他们把家长、老师、朋友等之间的话语来回传递，很可能使大家产生误会而引起纠纷。而当孩子的这一行为成为习惯时，即使孩子没有误听误传、没有夸大其词，只是实话实说，但孩子周围的人就会因怀疑孩子的品德，而远离他。因此家长一定要对孩子的言行负责。

试想，孩子的这一行为最初来自哪里呢？家长对此一定要进行深刻的反思。也许当初家长为了获知孩子的长辈、亲属或者老师对自己的看法，而鼓动孩子回来反馈这样的信息；也许有些家长自己就很"八卦"，事事打探，在众人中相互传递，对孩子起到了"负榜样"作用。渐渐地孩子也养成了传话的不良习性。因此家长在教育孩子改正这一行为的时候要注意自己的言行，为孩子做好榜样。

由于孩子的认知能力有限，对于他人的话语并不了解真实含义，分不清轻重和好赖话，只是真实、简单地重复他人的话语，对所能引起的事端并不了解。因此，作为家长，为了避免不必要的纠纷和可能引起的误会及不良影响，必须及时制止、纠正孩子的这一行为。家长要教给孩子如何待人接物，如何尊重他人的见解和评价，告诉孩子无论出于什么目的，都不能做一个"传话筒"，规范孩子的言行，培养孩子的社会意识和正确处理人际关系的办法，并告诉孩子，很可能因为他一句不经意的传话，造成人与人之间的矛盾，导致周围人不愿与他交往，从而影响他在众人中的形象和信誉度。让孩子真正认识到乱传话是不对的，从而有效改正这一不良行为。

10. 肆意喧哗的"小喇叭"

"啊——"小梅看见周围小朋友都睡了，就跑到大厅里，大声地唱起歌。老师赶紧跑过来，把小梅叫到一旁，"小梅，你怎么不睡午觉啊？"

"老师，我睡不着。"小梅认真地说，"我晚上还要去少年宫演出呢!"

"那你也不能现在练歌啊。"老师似乎理解了小梅的心情，"别的小朋友都在睡觉呢，你这样会打扰他们的。"

"那我小声唱还不行么?"小梅坚持要唱，"如果我现在不练，等会儿他们醒了，就该打扰我练歌了。"

"小梅，听老师说，"老师叫小梅坐下，语重心长地说，"现在是小朋友午休的时间，你不能因为个人的原因而打扰别人啊。你在这里唱歌，会把别的小朋友吵醒的，你说对吗?"

小梅无奈，只好跟着老师进了休息室，躺在了自己的床上。可是等老师一走，她就又不自觉地在床上哼起歌来，而且声音越来越大。

周围的小朋友纷纷被她吵醒，大家都不高兴地说小梅"讨厌"。

如果我们看到某个孩子在大庭广众之下肆意乱喊乱叫，打打闹闹，估计大家都会皱起眉头，并怪罪孩子的家长没有教育好孩子。我国一向以文明古国著称，在文明礼貌上有许多规范，这需要大家自觉地遵守。孩子也是小小的"主人翁"，同样肩负着维护文明礼貌的责任，在公众场所大哭小叫，不但影响了孩子自身形象，更侵犯了他人的权益。

果果是个淘气的孩子，总是爱玩爱闹，而且不分场合。

为了陶冶孩子的情操，开发孩子的智力，妈妈带着果果去听音乐会。一路上果果兴高采烈，看看这儿，看看那儿，觉得什么都新鲜。

妈妈在进音乐厅之前，一再告诫果果，要遵守音乐厅的规则，不能大声喧哗，不然台上的叔叔、阿姨就会受到干扰，不能演奏好乐曲。果果一再点头答应，并保证自己不乱说话。

演出开始了，随着悠扬的乐曲，人们陶醉在优美的音乐中。起先果果确实没有发出半点声音，安静地坐在座位上听音乐。可是没等第三支乐曲演完，果果就有些坐不住了。他开始扭着小屁股，东张西望，时不时地小声对妈妈说话，"妈妈，这是什么曲子啊？我怎么听不懂啊？"

"果果，你刚才可是向妈妈保证过不说话的啊！"妈妈看到果果蠢蠢欲动，就小声提醒他，"乖孩子，好好听，这乐曲多美啊！"

果果只好又忍了一会儿，可就在妈妈刚刚回到音乐的旋律中时，果果开始找各种理由，一会儿"妈妈我要上厕所"，一会儿"妈妈我要喝水"，而且声音越来越大。

周围的人都把目光投向他们母子。妈妈一个劲地说着果果，但果果就是不听，竟开始大声地嚷着要回家。这时，场内的管理人员马上把他们母子请出了音乐大厅，说这样会影响演员的发挥和观众的观看，如果果果不能安静地听演奏，建议妈妈带着果果离开音乐厅。

这期间果果不停地大叫，非要离开。无奈，妈妈只好气恼地带着果果走出了音乐厅。

果果出了音乐厅，如释重负，欣喜若狂地大声喊叫着，引得路人回头观看，妈妈生气地指责果果不听话，让他不要喊叫。可是果果却根本不理这一套，依然我行我素，就像刚从笼中逃出的小"野兽"。

路上不时有行人在他们背后指指点点，小声地说孩子没有教养，家长缺乏管教，让果果的妈妈很是难堪。

中华民族自古尚礼，并且礼仪与文明相连，礼仪代表的是文明的程度。因此，孩子应该成为"礼仪之邦"传承者，而不是无礼的终结者。像果果这样不顾场所大喊大叫的行为，令我们的文明礼仪荡然无存。作为家长更应为此深思，如何教育孩子懂礼仪、讲文明，并及时改正孩子肆意吵闹的不良行为。

🕊 增强公德意识，杜绝大声喧哗

面对孩子在公众场合大肆喧哗这一不文明的行为，家长一定要及时制止和纠正。

要知道，在任何一个文明的国度，大家都是依礼办事，都要懂得文明礼貌、尊重他人。由于孩子年龄小，可能对此尚无自觉的意识和自我约束能力，每每在公众场合随心所欲大呼小叫；还有些孩子出于好奇心理，对没有见过的东西难免问这问那，惊呼不已；再有就是小孩子们在一起的时候，这种情况更容易发生，本来孩子就爱说爱闹，几个孩子在一起那就更没法安静了。

面对孩子这一特性，家长和老师要耐心引导，从小事做起。多给孩子讲解关于文明的故事，利用做游戏、讲故事、让孩子例举不文明现象等方式教育孩子要讲文明、懂礼貌、遵守规章制度，让孩子认识到社会是个大家庭，我们只是这个大家庭中的一员，我们的言行不能妨碍其他成员，大家要相互理解、友好相处，从而增强孩子的公德意识。

家长起带头作用，提升礼仪修养

很多孩子社会公德意识淡薄，主要来源于家庭的教育不到位，甚至可以说家长没有起到带头作用。其实家长就是孩子的一面镜子，家长怎么做，孩子就怎么学。如果家长平时就不注意自己的行为，在公共汽车上和同伴肆无忌惮地大聊特聊；在大庭广众之下大声地狂打手机；在饭店等公共场合大声劝酒行令；甚至在家里不分时间场合大唱卡拉OK，以致影响邻居的休息。这些行为不但妨碍了他人，而且损坏了家长自身的良好形象。

这些行为一旦潜移默化地移植在了孩子身上，就会形成一个恶性循环，造成孩子文明礼仪的缺失。而孩子长此以往地不分场合，自行其是，不顾他人感受，肆意妄为，就会遭他人厌弃，成为不受欢迎的人。

有些家长非常宠孩子，即使孩子大喊大叫影响了他人，他们也熟视无睹，认为小孩子就是活泼、淘气，不必理会。如果有人对孩子这一行为加以批评的话，还会引起家长的极度不满或怒气。殊不知，家长的这一宠爱方式很可能害了孩子，让孩子在无形中成为不讲公德、不受欢迎的人。

孩子在公共场所肆意大声喧哗，看起来事情虽小，危害却很大。在公共场所大声喧哗是没有修养的表现，会给周围人带来不必要的烦扰。为此，每一个人包括孩子在内，都应该注意自己的言行举止，注重公德的修养。

家长要让孩子从小就懂得尊重他人，理解他人，培养孩子良好的道德观念，杜绝孩子沾染不良习性，净化孩子的心灵，从而让孩子健康快乐地成长。

第二章

对孩子的不礼貌举止说"不"

有一些父母过分心疼孩子，害怕不留神伤害到孩子的心灵，认为所谓给孩子自由就是无限度地包容孩子的所作所为。还有个别父母，心情好的时候，对孩子百依百顺、放任自流；心情不好的时候，哪怕孩子稍微说个"不"字都会火冒三丈。其实，这些做法都是有弊端的，放任自流的后果更是后患无穷。家长必须为孩子树立规则，也就是说，家长应该帮助孩子划出自由和责任的界限。

1. 从小就爱咬人

提到"咬人"，很多人自然就会想到一些几个月大的小宝宝。宝宝咬人最常见的原因是长牙，而"咬"这个动作能缓解他们出牙期间的牙床酸痛、发痒等不适。12个月以内的宝宝正处于"口欲期"，嘴比手指要敏感得多，所以"咬"也成了他们探索世界的方法之一。对他们来说，不管是咬人，还是咬其他东西都是一种发现游戏，从中可以体验到各种物品的软硬度、质地、温度和味道。当然，偶尔的情绪发泄也可能会导致宝宝咬人，那是因为他们还不能用语言清晰地表达自己的情感。

然而对于已不再是婴儿、完全能够用语言来表达自己喜怒哀乐的孩子来说，"咬人"就是一种错误的行为，必须受到制止。

"你家静静怎么回事，看把我们小兰给咬的……"晓芳夫妇看到小兰的妈妈拉着满脸泪水的小兰来告状，赶紧又赔不是，又是哄小兰。待客人走后，爸爸一把把女儿静静拉到身边，"你怎么回事？跟你说过很多回了，怎么老是咬人啊！"看到爸爸火冒三丈的样子，静静吓得哇的一声大哭起来。晓兰看到这种情景，心疼女儿，赶忙拉过静静哄。老公一看晓芳又袒护女儿，更加气不打一处来，"你就惯着吧，早晚孩子让你给宠坏了！"说完赌气出了家门。看着老公远去的身影和还在抹泪的女儿，晓兰心里说不出是一种什么滋味。

其实咬人这种事情在幼小的孩子堆里非常普遍。大多数孩子在上幼儿园时都曾经咬过别人，而且自己也曾被别人不友好地咬过。虽然这种现象很常见，但大多数家长还是会为此火冒三丈和大伤脑筋。而且常常咬人的孩子在小伙伴里也不受欢迎。为此我们一定要帮助孩子改掉这种坏习惯。

家长应该让孩子知道咬人是不对的，小朋友、爸爸妈妈、爷爷奶奶都不喜欢这样；或者以讲故事、情景表演等形式，使孩子意识到咬人的孩子是不受欢迎的，同时多观察，多引导。一旦孩子有进步，就及时鼓励表扬，让孩子变得懂事明理，养成良好的行为习惯。

🕊 辨清事情原委，耐心教育引导

大多数孩子咬人很可能是因为他还不能用语言处理某种情况。比如，当他感到害怕、生气或沮丧，或者当别的孩子咬了他时，他很可能会咬人。这是由于年纪小的孩子比较势单力薄，当面对别人的伤害或者攻击时，只能用这一原始行为表达自己的不满。

如果孩子在这种情况下有了咬人行为，家长一定不要不问青红皂白就责骂甚至打孩子。一定要弄清事情原委，对孩子进行耐心的教育和引导。教孩子如何使用语言表达愤怒的情绪，而不是用攻击性的手段保护自己；在遇到自己不能解决的问题和威胁时，可以向老师或爸爸妈妈寻求帮助。但一定要告诫孩子咬人行为的错误性，并对他进行约束。

🕊 保持温和，态度亲切

虽然你可能已经跟孩子说过"不许咬人"，但你不可能阻止孩子再次发生咬人事件。尤其是当你亲眼目睹孩子咬人时，作为家长很可能会大为光火，甚至不能控制自己的情绪，非常想训斥孩子或用暴力阻止他。这时，你一定要控制好自己的情绪和行为，及时制止孩子这一错误行为的同时，要尽量安抚受伤的孩子。而如果是自己的孩子受到了这样的伤害，作为家长更不能因为心疼自己的孩子，而任意责怪和恐吓对方，要态度亲切、温和地教育孩子咬人，这种行为是不对的，让孩子领悟到自己的错误行为。

🕊 密切关注，防微杜渐

当孩子时常出现咬人现象，经常有家长或老师告他的状时，家长就要从根本上引起注意，密切关注孩子是否有暴力倾向，观察孩子的心理健康状况，正确分析孩子时常咬人的原因。站在孩子的立场，耐心主动地与孩子谈心，了解孩子的咬人心理。必要时可以请教有关专家，或者和孩子的老师一起分析孩子的这一问题，共同帮助孩子矫正这种错误行为。甚至可以陪着孩子和其他小朋友一起玩耍，以便观察和及时纠正孩子的咬人行为。

🕊 规范自我行为，避免孩子纠纷

当发现孩子有咬人的习惯时，很多家长都埋怨、迁怒于孩子。其实作为家长也应该反省自己的行为给孩子带来的影响。很多家长在发现自己的孩子被咬时，痛心疾首，恨不得替孩子出头；而当自己的孩子咬了其他小朋友时，虽然表面上大声训斥，但是内心却沾沾自喜，觉得自己的孩子没有吃亏，仿佛占了便宜。这种思想非常危险，不仅不利于对孩子的教育，不能帮助孩子正确认识错误，更不利于孩子日后与他人的交往，不利于孩子与其他人建立良好的伙伴关系。

其实，很多孩子咬人的原因并不复杂，也许就是因为一个玩具、一个游戏。这就需要家长和孩子及时对话和沟通，正确处理孩子的情绪。而一旦发现孩子咬人，家长就惩罚甚至打骂孩子的行为更不可取。研究表明，那些时常受到父母惩罚的孩子，比起同龄的伙伴往往会表现出更多的侵犯行为，这是因为时常惩罚孩子的家长也是在向孩子进行侵犯。因此，家长更应注意自身行为，给孩子做个好榜样。

家长和老师还应该在玩具和用品分配以及各项安排上，考虑到孩子的特性，尽量避免孩子间的纠纷。对于不同个性和发展水平的孩子，要采取不同的教育方式，引导孩子摆脱不良行为。

2. 拦不住的 "人来疯"

在当今这个竞争的年代，家长们都想方设法开拓孩子的视野，增加孩子的见识，希望孩子性格开朗大方，在人面前不犯怵。而有些孩子天生就不惧生人，反而人越多，他越来劲。每当家里有亲戚、朋友来访，他总是在人们面前跑来跑去，手舞足蹈，还时常打断大人间的谈话，非要大人跟他玩，有的孩子甚至当众 "杂耍"，非要让大家的注意力都集中在他身上。虽说孩子不认生是好事，但要总是这样 "人来疯"，不但让家长尴尬，更会让他人产生反感心理。

楠楠是个活泼可爱的小姑娘，平日里就很好动。总是爱在大家面前表现自己。特别是有人来家里做客时，那更是她展现 "才华" 的好时机。

这天周六，妈妈的好朋友晓萌阿姨来家里做客。晓萌阿姨常年在国外工作，这次好不容易回来与妈妈见面一起叙叙旧。妈妈为了和多年未见的好友见面可是一通忙活。一大早就起来布置房间，为晓萌阿姨准备饭菜、茶水，还特意嘱咐楠楠不能 "人来疯"。

10点钟，晓萌阿姨终于来了。多年不见的两个好姐妹一见面，就兴奋地抱在一起，相互问寒问暖，好像有说不完的话。楠楠见到晓萌阿姨更是热情，又是问好，又是让座。"阿姨好！我给您拿水果。" 着实让晓萌阿姨感动了一番。

妈妈和晓萌阿姨坐定，开始聊各自的生活和感受。俩人没谈多久，楠楠就坐不住了，拿着自己画的画从书房跑过来，"阿姨，您看我画的好么？"

"呀，真不错。"晓萌阿姨赞赏着。

"我从小就学画画，教我的老师都说我有天赋。这还不是我最好的，最近我还有一幅作品获奖了呢！我给您拿去！"说完就跑回书房。

"楠楠，不用拿了。阿姨好不容易来一趟，妈妈还有好多话要跟阿姨讲呢，等下次再让阿姨看好不好？别打扰妈妈和阿姨。"妈妈知道楠楠又开始犯"人来疯"毛病了，于是赶紧制止。

"不打扰，阿姨喜欢看。"

"妈，你来帮我一下，那画在上面我够不着。"楠楠丝毫没有退步的心思。

"你这孩子，真是的。"妈妈不想在晓萌阿姨面前发火，于是起身来到书房，帮楠楠拿了画给晓萌阿姨看过。在一片赞许声后，楠楠满意地拿着画回了书房。

没想到妈妈和晓萌阿姨刚说两句话，楠楠就又跑过来，非要给晓萌阿姨唱歌，歌唱完了，还非要表演舞蹈，在妈妈和晓萌阿姨面前跑来跑去，问这问那，不停地打断大人的谈话。最后弄得晓萌阿姨都有些不知所措了。

就这样，好不容易的一次朋友见面，时间全被楠楠给"霸占"了，妈妈心里那个气就别提了。等到送走了晓萌阿姨，妈妈不禁对楠楠发起火来，"你这孩子，我怎么说都不听。妈妈好不容易和晓萌阿姨见面，本想好好聊聊。现在全让你给搅和了，你怎么这么'人来疯'啊！"

此时，楠楠却一脸委屈，"我没有么！"呜呜地哭起来。而此时妈妈心里也是又生气又无奈。

如今，由于生活节奏快、压力大，难得有个和朋友相聚的机会和时间。此时，家长都希望自己的孩子有礼貌，懂事理，与亲朋好友相处得体融洽。可是，往往事与愿违。就像上面案例里那样，一旦遇上"人来疯"

的孩子，往往频频打扰大人之间的交谈，令主客都尴尬，甚至会让亲朋好友觉得孩子缺乏教养。这应该说是家长的失职。正所谓"养不教，父之过"。面对孩子这种"人来疯"的状态，家长更应该对症下药，找到妥善的解决办法。

🕊 事先作好准备，及时管教制止

不管是在陌生场所，还是拜访朋友，或者家里来客人，有些孩子往往会表现得异常活跃，甚至做出许多令人讨厌的行为，不断地挑战大人的耐心和极限，这也就是我们常说的"人来疯"。

有些家长过分宠爱孩子，导致孩子无论在哪里都无所顾忌，为所欲为。而有客人到来或外出做客时，家长暂时无法顾及孩子，被宠坏的孩子会觉得受到了冷落，因此常常出来干扰，以便引起大人们的注意。

为了避免孩子的"人来疯"行为，在参加聚会或有人来访之前，家长一定要事先告诫孩子，并对他的行为加以约束。家长可以跟孩子"约法三章"，制定规矩，明确告诉他在哪种情况下应该安静、有礼貌，并把对他的期望和可能会实施的措施告诉他，这不仅是让孩子有个心理准备，更是家长制定的"家规"原则。如果孩子没有遵守这些约定，在客人面前依然把持不了自己，过于吵闹，作为家长，当时一定要采用一些惩罚手段来管束他。通常这种情形下，没有人会因为你管教孩子而指责你。相反，如果家长当时听之任之，反而会让客人产生缺乏家教之感。不仅如此，在日常生活中，家长就应该让孩子知道什么样的行为是没有礼貌的，如果做出了没有礼貌的行为会面临什么样的后果。只有这样才能约束孩子的行为，让他真正了解自己"人来疯"行为的错误性。

🕊 了解孩子心理，多替孩子考虑

在大都市里，平日里孩子只和父母或爷爷奶奶在一起，在家里所做的事情都比较规律，家庭气氛比较沉闷，过于单调的生活，可能会使孩子感觉百无聊赖。所以一旦家里来了客人，或者孩子到了陌生的环境，气氛发生了变化，多了几分新鲜的刺激，打破了平时的安静、乏味气氛，孩子很可能会觉得新鲜而一下子兴奋起来，主动与客人说话，拉着客人做自己喜欢做的事情。

还有些孩子，表现欲非常强，总是希望能得到大家的夸奖。由于平日里自己的那些小成就爸爸妈妈早已看在眼里，不足为奇，于是好表现的孩子就特别希望能在陌生人面前表现一番，从而得到他们的赞美和夸奖，满足自己小小的虚荣心。

这时，家长对待孩子的态度就要和蔼有加，多从孩子的角度出发，替他们着想。那些工作较为繁忙、无暇顾及孩子的家长，应该在节假日多带孩子出门，逛逛公园、商店，拜访亲友，让孩子的感官得到充分的刺激，让他感觉碰到陌生人十分正常、司空见惯，这样他们就不会在家里来了客人或随父母出去走亲访友时表现得过于活跃了。而对于好表现的孩子，家长也不要吝啬自己的表扬，多给他们一些鼓励，但一定要告诉他们"一山还比一山高"，这样他们才能进步得更快。

注意自己的态度，给孩子适当的空间

其实，对于孩子"人来疯"的表现，家长也不能全都怪罪在孩子身上。他的这种表现很有可能是家长自己造成的。比如，有些家长在客人夸奖自己的孩子时，总是显得十分高兴，有时还会鼓励自己的孩子将擅长的技艺表演给客人看，以此来炫耀自己的"成功"教育。而孩子在受到家长和客人的鼓励之后，同样会感到十分得意，久而久之，自然就为孩子埋下了"人来疯"的种子。

再有，有些家长望子成龙心切，平日里对孩子管教得非常严厉，态度不好，孩子的自由活动时间大大减少。然而只要家里来了客人或是带孩子外出做客，家长出于爱护孩子的心态，不愿在客人面前指责和批评孩子，对孩子的要求也会尽量满足。当然客人更会尽量顺着孩子的意愿和行为，不会像父母那样总是禁止孩子做想做的事情。所以虽然面对的是陌生人，

但孩子反而会觉得轻松自在，可以尽情玩耍，想做什么就做什么，放纵过了头也就成了"人来疯"。

因此，作为家长，我们要时刻注意自己的行为和态度，别忘了你可能就是孩子情绪的风向标。而在安排孩子的日常生活时，我们要考虑到孩子的感受，与他们多交流，多与孩子一起游戏，释放孩子的压力。多给他适当的自由空间，不要过多地限制孩子的游戏时间，适当地让他们多玩一会儿。尽量让孩子在家里感受到民主的气氛，让他们活泼好动的天性得到充分的释放，那他们就不会在爸爸妈妈无暇顾及他们的时候趁机"发疯"了。

3. 家长的 "眼前花"

"眼前花"是北京的一句土语，是个贬义词。就是形容一个人有事没事地老在别人面前转来转去的，有点碍眼、讨人嫌的意思。其实，说某某是"眼前花"不单单指孩子，但孩子可能是由于年龄的原因，爱缠着家长，而有些孩子更是无论家长有事没事、忙与不忙，都缠着家长寸步不离，弄得家长心烦意乱，而且耽误了重要的事情。

雯雯是个胆小的孩子，虽然都4岁了，但还不敢一个人睡觉。每天寸步不离地缠着妈妈，无论妈妈做什么，她都跟着。妈妈也总是因此无奈地笑称她就是个"眼前花"。

由于爷爷奶奶和外公外婆都在其他省市且身体都不好，不方便过来照顾雯雯，所以自从有了雯雯后，妈妈一直在家做专职太太，自己一个人带孩子，从没离开过雯雯身边。眼看雯雯已经4

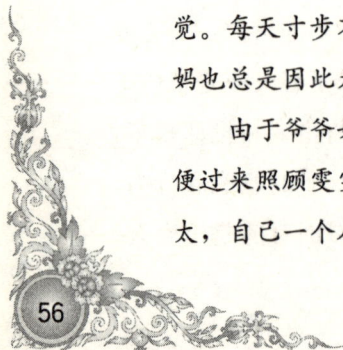

岁了，而且越来越离不开妈妈，爸爸出主意说让雯雯上幼儿园，这样可以锻炼一下雯雯的独立性。妈妈觉得有道理，就打算送雯雯去幼儿园适应一下集体生活。

去幼儿园的第一天，雯雯就一脸的不高兴，推三阻四地非要妈妈也一起陪着去，妈妈和爸爸耐心地开导了很久，她才答应。

妈妈好不容易把雯雯交到了老师手中，刚跟雯雯说完"再见"转身要走，雯雯就上前拉住妈妈的裙摆，死活要跟妈妈回家。妈妈怎么劝都不行，老师也上前跟雯雯讲道理，还让其他小朋友拿玩具叫雯雯一起玩。可不管用什么方法，雯雯就是不让妈妈走，一个劲地大哭大闹。"传染"得别的小朋友也跟着大哭。老师怕影响其他小朋友的情绪，也怕雯雯着急生病，只好让雯雯的妈妈先把雯雯带回家，好好跟她商量好了，明天再送来。

没办法，妈妈带雯雯回了家。一进家门雯雯就像只小蝴蝶一样欢快起来，依偎在妈妈身边，"妈妈——""妈妈——"地叫着，弄得妈妈哭笑不得。看着女儿离不开自己的样子，妈妈下定了决心，一定要送雯雯去幼儿园。

第二天，妈妈又带着雯雯去了幼儿园，和昨天一样雯雯又哭又闹就是拉着妈妈不放手。但是今天妈妈没有心软，"雯雯，昨天你不是已经答应爸爸妈妈了么，今天到幼儿园和小朋友玩。雯雯是个好孩子，不能说话不算数啊！"妈妈耐心地劝导着雯雯，"妈妈答应雯雯，下午妈妈第一个来接雯雯，还给雯雯买动画书，好吗？"

"不好，我要跟妈妈回家！"雯雯哭闹着，"我什么都不要，我就要跟妈妈回家。"

"雯雯，老师一会儿给你讲好听的故事，好不好？"老师也哄着雯雯，"你看小朋友们都看着你呢，他们都等着和你一起玩呢。"

小朋友们也懂事地过来拉雯雯一起玩。这样众人劝说半天，老师才将雯雯拉进了幼儿园教室，妈妈终于如释重负地走出了幼儿园，雯雯的哭声却还不断地回响在她耳边。

妈妈本以为，只要自己狠下这一次心，以后孩子就可以不再缠着自己了。没想到，刚刚过了下午2点钟，老师就打来了电话，"雯雯妈妈吗？请您赶紧到幼儿园来一趟，雯雯病了！"

妈妈放下电话赶紧跑到了幼儿园。看见女儿满脸泪水地躺在小床上，嘴里不断地喊着"妈妈"，雯雯妈妈眼泪扑簌簌地落了下来。"雯雯妈妈，您也别太着急了，孩子第一次上幼儿园都会有些不适应，可能有些上火。刚才医生已经给孩子看过病了，说没什么大碍，就是有点急火，您带孩子回家调养两天就好了。"

雯雯妈妈感激地点了点头，抱着雯雯回了家。

晚上，爸爸和妈妈坐在孩子的床边，看着躺在床上玩儿玩具的女儿，相互叹了口气，"这以后可怎么办啊？孩子总是离不开家长，长大了可怎么办啊？"妈妈小声地跟爸爸商量。"没关系，咱们慢慢来吧，我看这不是一时半会儿的事啊！"爸爸焦虑地回答着，"不过从这以后，咱们不能再这样惯着孩子了，必须要让这个小'眼前花'独立。"

爸爸妈妈相互点了点头。

这些被家长戏称为"眼前花"的孩子，一刻也离不开家长，只要见不到就大哭大闹，直到见着家长才会安定下来，有些孩子甚至睡觉时也必须和家长同床，否则就不肯入睡。如果长此以往，孩子一天天地长大，但还是改变不了这个习惯，依然缠着大人，那么做家长的就必须探寻一下孩子这一过度反应的原因，并耐心地解释、劝导，逐渐培养孩子的独立性。

转移其注意力，培养独立习惯

现实中，有很多孩子长期视家长为依赖对象，成天"眼前花"一样地缠着家长，一时一刻都不放松。而过分的依恋也会成为过分的依赖。离不开父母、离不开家的孩子长大后大多性格懦弱、乖僻，生活能力和人际交往能力都比较差，因此很难适应社会的激烈竞争。其实，孩子的成长过程就像竹子一样，一层层剥去外衣，渐渐摆脱父母的"保护伞"，一点一点脱离对父母的依赖，逐渐形成具有独立个性的人格。因此，家长从小就要教育孩子独立自强，培养他的独立习惯。

对像雯雯一样不想离开家长、不喜欢上幼儿园的孩子，家长可以在大部分小朋友还没有到来之前，就把孩子送去。但家长不要马上离开，要先和幼儿园老师沟通，说明孩子的情况，并陪孩子一起与老师和其他小朋友一起做游戏，等孩子被他喜欢的事物吸引时再离开。这时，孩子的注意力已经转移，家长走了也不会影响孩子的情绪，孩子就不会又哭又闹了。这样经过一段时间，孩子对家长的依赖自然会渐渐减退。

2岁以上的孩子思想里已经有了自己做事的欲望，但由于年龄和认知能力较差，常常会把想做的事情办糟。这时，家长千万不要严厉批评，剥夺孩子做事的权利，或者代替孩子做事。否则，孩子容易产生失败感，以后会更加依赖家长。家长一定要多鼓励他们，让他们在失败中总结原因，从而自己将事情办得更好。

给予自由空间，引导认知领悟

对过度依赖家长的孩子，家长要进行耐心的、有意识的教育，千万不要认为孩子还小，需要或依赖家长是很正常的事情，等孩子长大了自然而然就会脱离父母的"保护伞"。这种观念是非常错误的。如果家长在无意中不断地帮助孩子，不给他独立认知的空间，那么孩子就会形成更加依赖的心理。

家长在孩子成长的阶段，应该有意识地"疏远"孩子，给他们一个自己活动的空间。不要孩子一哭闹，就赶紧抚慰。更不要事事提醒孩子，什么都不让孩子插手，即使是孩子力所能及的事情，也替孩子代劳，生怕孩子遇到坎坷和困难，甚至不离他左右。这会让孩子习惯于有一双无形的眼睛和大手在身边保护他，一旦没有了，孩子就会因不适应而感觉没有安全感。

家长要尽量帮助孩子逐渐理解"独立"在人生中的重要作用。家长可以引导孩子观察小动物，让他们看到小动物一旦长大就要离开父母，自己独立觅食、生活；还可以给孩子讲"狐狸的故事"，一旦小狐狸长大，老狐狸就会把小狐狸轰走，让它们自己生活。从而让孩子明白长大了就不能再依赖家长，要学着离开父母，独立生活。

摆脱过度依恋，学会社交本领

一般说来，随着孩子自主性的增强和活动能力的提高，孩子会逐渐摆脱父母，变得越来越独立。但如今，城市里的孩子大多住在高楼里，平时除了去幼儿园、学校，其他时间很少和同龄孩子一起玩耍，所以他们的性格很可能因此变得胆怯、孤僻、不善交往，缺乏安全感和自信心。这时如果父母再过分关照，会使孩子依恋过度，成天缠着父母，寸步不离。为了避免或克服这一不良习惯，家长应该尽量为孩子提供一些玩具、图书或绘画工具，有意识地让孩子自己一个人玩。当孩子独自游戏时，父母可逐步拉大与孩子之间的空间距离和时间间隔，让孩子渐渐适应与父母的短暂分离。

家长还可以邀请邻居或亲友的孩子来家里做客，或者带着孩子到亲戚朋友家做客，满足孩子结交朋友、与人交往的需求；可以多带孩子去旅游、看展览，开阔孩子的眼界，增强他们对世界和社会的认知度。这样就会分散孩子对父母的依恋，帮助孩子形成健全的人格。

4. 垃圾、纸屑随手飞

乱丢垃圾是最不文明的行为之一，会影响整个社会的形象和正常的秩序。不乱丢垃圾、纸屑，不随地吐痰等是一个公民首先应该具备的文明

素质。

因此，每个社会成员必须养成良好的卫生习惯，主动维护公共卫生，而这一点必须让孩子从小就得以养成。

故事一：

洪洪虽然都上幼儿园大班了，却还是爱乱扔垃圾。每次吃完东西，他总是把包装纸随手一扔，从不顾及周围的环境与卫生。

这天，爸爸带着洪洪上幼儿园，由于起来得有点晚了，来不及在家吃早点，就给洪洪买个汉堡带到幼儿园里吃。洪洪坐在幼儿园里，拿着汉堡吃了个满脸花。吃完后，把包装纸一团，扔在了地上。

这时，正在打扫地面的张师傅看见洪洪旁若无人的举动，就走上前去，"小朋友，吃完东西，怎么能把包装纸随处乱扔呢？"

"包装纸又不能吃，不扔干吗？"没想到洪洪却不以为然，"伯伯扫地正好能扫走啊。"

"洪洪，老师说过不能乱扔垃圾，"这时王老师正好走进来，"洪洪赶紧把你扔的包装纸捡起来，放到垃圾筒里。"

洪洪看看老师，无奈地捡起了包装纸，扔进了纸篓。老师拿了湿纸巾走到洪洪身边，一边帮他擦着嘴边的残留物，一边说，"张伯伯每天都辛苦地帮助大家打扫卫生，我们应该尊重和珍惜伯伯的劳动成果，保持好环境卫生，不乱扔垃圾，小朋友们对不对？"老师说完环顾着所有在场的小朋友。

"对！"大家异口同声地回答。

此时，洪洪涨红了小脸，低下了头。

故事二：

萧萧也总是爱随手乱扔东西，妈妈不止一次说过她这个坏毛病，可是她根本就没听进去。这天，她吃完香蕉，随手就把香蕉皮扔到了地上，没想到这时正好奶奶端着洗好的水果进了屋，没注意一脚踩在了香蕉皮上，一个趔趄，差点摔倒，水果撒了一地。

"这是谁扔的香蕉皮啊?"奶奶气得大声叫着,"家里没垃圾桶啊?"

妈妈闻声跑进了屋,"妈,您怎么了?"

"也不知道谁扔的香蕉皮,差点让我滑了一跤。"奶奶说着,指着地上,"你看看!"

妈妈低头一看,"这准是萧萧干的,这孩子怎么说都不听!"说着赶紧捡起了香蕉皮。

"萧萧,在哪儿呢?"妈妈把奶奶扶到沙发上坐下,"香蕉皮是不是你扔的?"

"是啊。怎么了?"萧萧闻声从她的卧室跑了出来。

"妈妈跟你说过多少遍了,你怎么还乱扔东西啊?刚才差点把奶奶滑倒,多危险啊。"

妈妈气愤地说着,"我告诉你啊,这是最后一次!让我再看见你乱扔东西,我就罚你天天扫地!"

"爸爸吃瓜子,也乱扔皮,你为什么不罚他扫地啊?"萧萧愤愤不平地说,"你这叫欺负人,哼!我告诉爸爸去。"说完头也不回地跑出了门。

看着不听话的萧萧,妈妈和奶奶无奈地摇了摇头。

很多人都认为乱扔垃圾不是什么大事,那只不过是生活小节。其实不然,古人曾经说过,"勿以善小而不为,勿以恶小而为之",这就是说,任何事情都是以小见大,如果在小事上不注意,也很容易影响大事。尤其是对孩子来说,如果从小养成乱扔垃圾的不良行为,那么在"细节决定成败"的今天,很可能就会因这个不起眼的小节而遭到大家摒弃。

规范文明行为,提高综合素质

文明是人类社会最基本的道德规范,是一个人素质的综合体现。俄国著名教育学家乌申斯基曾经说过:"良好的行为习惯是一种资本。"而良好的行为习惯可以转化成为一个人内在的性格和情操,它不仅是个人修养的体现，更是整个社会和民族整体形象的象征。在激烈的社会竞争中，人们除了必要的能力外，越来越注重个人的修养和文明程度，这也是综合评定一个人的优劣的重要环节。

其实，有些孩子乱扔垃圾、纸屑，是因为在他们的心里没有意识到这一行为的不妥，他们常常误以为没什么大不了，甚至有些家长也对此不以为然，并没有真正意识到这一小小的坏习惯可能会给个人及至社会带来不好的影响。因此，家长对于孩子不文明的行为应该及时给予纠正教育，让孩子认识到这一行为的不良影响，改掉坏习惯。

从小事做起，防溃于蚁穴

乱扔垃圾，这一在大家眼里小小的、不值得一提的不良行为，很可能就是孩子今后人生的一大缺憾。俗话说，千里之堤，溃于蚁穴。试想，如果每个孩子从小都对乱扔垃圾这一行为不以为然的话，若干年后我们的环境将是什么样子？那时我们很可能生活在垃圾遍野、蚊虫乱飞、污秽不堪的恐怖世界。所以，世界上很多国家都对这一不文明的行为制定了不同的惩罚方式，目的就是为了让大家懂得社会文明和环境整洁的重要性。

可见，从小教育孩子懂文明、讲礼仪，养成良好的文明习惯是多么的重要。孩子正处在人生的成长阶段，是人生观和世界观形成的关键时期。这一时期孩子的所作所为将潜移默化地影响孩子的一生，从而造就他们的自身素质和能力，良好的习惯无疑对提高孩子的综合素质起着至关重要的作用。社会需要孩子们有一颗"美化生活"的心，需要他们用心装扮整个世界，不断完善孩子的道德水平，努力用双臂构建孩子的人生大厦。

遵守社会公德，身心全面发展

作为社会中的重要成员，每一个孩子都肩负着服务社会的重要责任，只是单纯地掌握知识技能，而不注重道德修养，就不能成为一个身心全面和谐发展的有用之才。乱扔垃圾、纸屑看起来微不足道，却反映了一个人的道德意识和品质。

　　因此，家长要从小教育孩子保护环境、讲究卫生、不乱扔垃圾，同时，家长也要做好自身的表率作用。其实孩子的一些不讲卫生、乱丢垃圾的不良习惯来自于周围的环境和家长的言传身教。有些家长不太注重自己的言行，吃完东西把包装纸或果核等随意乱扔；还有些家长甚至认为保洁员就是打扫卫生的，如果地上没有垃圾，那要保洁员干吗？而这些不良思想和行为渐渐影响着孩子，正所谓"上梁不正下梁歪"，久而久之就会淡化孩子的环保意识和公德心。因此，家长必须以身作则，可以通过演讲、扫除、讲故事等形式激发起孩子保护环境的意识，引导孩子从我做起，从现在做起，从身边小事做起，自觉遵守社会准则，规范自己的言行，做文明的传播者和践行者，并用自己文明的言行去影响家人、他人和社会，从而告别各种不文明行为，争做构建文明社会的小使者。

5. 为所欲为的"破坏大王"

　　"哗啦……"一阵东西落地的声音。奶奶快速从厨房跑进屋一看，满地的零件，不知从何而来，"唉呀，我的小祖宗，你又把什么弄坏了？"奶奶在寻遍了全屋之后，目光落在了一个老式的钟表上，这可是当年奶奶的陪嫁，虽然年头已久，有些老旧不堪，但由于意义深重，所以奶奶一直像宝贝一样收藏着，并时常拿出来擦拭、欣赏。

　　这不，奶奶今天刚刚擦完，还没来得及放好，宝贝孙子来了，奶奶一高兴就把这茬给忘了，赶紧忙着给孙子做饭去了，没成想就这么会儿工夫，心爱的座钟就被这个小家伙给拆了个七零八落，把奶奶心疼得眼泪都快掉下来了。

"怎么回事？小伟，你又把什么给弄坏了？"爸爸闻声也从里屋跑了出来。一看，奶奶心爱的座钟瘫散了一地，赶忙蹲下身一个个拾起小零件，生怕遗漏了什么。"你这孩子就是个'破坏大王'，什么东西到你手里也好不了！赶紧跟奶奶道歉！"

"奶奶，对不起！我不是故意的，我就是想看看这是什么东西。"小伟低着头说着。

"算了。"奶奶无奈地摇着头，"这东西我珍藏了几十年，也该扔了。"奶奶说着不知不觉眼泪掉了下来。

"妈，您放心，我一定给您把它修好啊！"爸爸一边安慰奶奶，一边怒视着儿子。

小伟看见奶奶伤心的样子，也赶紧过去安慰，"奶奶，都是我不好，我老是管不住自己，以后我再也不动您的东西了。"说着说着也哭了起来。

看着祖孙俩抱着哭作一团，爸爸心里也不好受，赶紧收拾好地上的零件，找人修理。

在回家的路上，爷俩没有说一句话，爸爸心里一直在想：这孩子也不知道怎么了，老是爱拆东西，家里零七八碎的都让他拆遍了，怎么说都不行，今天又把奶奶的老古董给拆了，真是气死人了！要是这么下去，家还不让他给拆了啊，回去一定要好好教育教育他！

其实，小伟的爸爸想错了，小伟爱拆东西并不一定是件坏事，也许是孩子的好奇心使然。而对什么都好奇的孩子，具备着与一般孩子不同的探索精神。家长需要做的是如何将孩子的好奇心理引向正轨，并鼓励孩子探索未知的精神和勇气。

但有些孩子毁东西，可就没那么简单了，这也许就是他们的小"暴脾气"，这不聪聪家又闹起来了。

"哗啦啦"一个大花瓶落在地上砸了个粉碎。聪聪站在一旁，两手插着腰，气哼哼地看着地上的玻璃碎片。

爷爷拿着簸箕赶紧跑了过来，"聪聪，这孩子，怎么说犯脾气就犯脾气啊？怎么能动不动就摔东西呢？"爷爷一边扫着地上玻璃一边说，"看你妈妈回来我不给你告状！"

"哼，谁让你们不让我玩这个花瓶？"聪聪强词夺理。

"花瓶是小孩子玩的吗？我看你是越惯越不像样了。"正好妈妈从外面进来，恰巧听见爷孙的谈话。

"聪聪我告诉你，如果你以后再乱摔东西，我就对你不客气！"妈妈生气地教训聪聪，"小孩子家家的，稍不如意就摔东西，跟谁学的臭毛病！"

"哇啊——"聪聪被妈妈狠狠地说了一顿，委屈地大哭起来。这时爸爸也刚好下班回家，看见宝贝儿子站在那里大哭，而爷爷在那收拾碎片，就明白了八九不离十。

"儿子，别哭，告诉爸爸这到底是怎么回事啊？"爸爸赶紧过来安慰儿子。

"这孩子，现在稍不如意就摔东西，这不刚把花瓶给摔了，我正说他呢。"还没等聪聪申辩，妈妈就先开了口，"这孩子摔东西的臭毛病，也不知道跟谁学的。"

"还不是跟你学的！"爸爸边给儿子擦眼泪，边没好气地说，"你不是就爱摔东西吗？孩子不是跟你学的，还是跟谁学。从来都没给孩子做过榜样，训孩子倒有一套！"

"你，你就惯着吧，早晚孩子让你给惯坏了！"妈妈说完生气地进了自己的卧室。

看着儿媳妇赌气回了屋，儿子没事一样哄孙子开心，爷爷在一旁只有叹气。

在孩子的成长过程中，都有一段"破坏"期。未知世界的诱惑和他们强烈想探索的好奇心，导致他们对一切东西都好奇，他们会利用每一次接触物品的机会，摸一摸、尝一尝、闻一闻。为了能更好地研究一下，他们甚至用摔一下、拆一下的方法，来看看这些东西会产生什么样的反应。因此，当家长发现孩子有这些行为时不必太过紧张，可以耐心地诱导他们。

但对于那些被宠坏了的、拿东西撒气的孩子，家长就必须及时制止和纠正这一错误行为了。

保护好奇心理，挖掘探索智慧

有许多家长都会发现自己的孩子有"破坏"行为，他们对什么都好奇，总是猜测着"电视里是否真有个会说话的小人儿在表演"、"钟表里的指针为什么会转动"、"手机为什么会传来说话的声音"等等，所以孩子总是想把令他们好奇的这些东西打开，看看里面的构造是不是和他想的一样，为此，孩子不但制造了"破坏现场"，也给家长带来了麻烦。

其实这是孩子对世界认知的一种手段，他们通过触摸、拆卸，甚至打碎来了解事实的"真相"。正因为如此，家长要在避免孩子受伤和保护好贵重物品的前提下，帮助、鼓励孩子去感知和探索这个世界，挖掘他们的潜质，为他们的探索精神提供正确的帮助和引导。

家长可以利用孩子的好奇心理，给孩子一些组合式的玩具，鼓励孩子尝试组合不同的造型。还可以让充满好奇的孩子充当"修理工"，家长在修理家中物品的时候，不妨让孩子共同参与，在确保没有危险的情况下，可以让孩子亲自动手操作。但如果孩子显得很"笨拙"，一定不要责备孩子，因为孩子的手脑配合能力还很不协调，这时家长要帮助和鼓励孩子完成自己的"冒险"游戏，并告诫孩子什么是危险的，绝对不能做，什么是力所能及可以尝试的。

家长还可以给孩子买有关科学知识的画册等书籍，当孩子对某些东西产生好奇时，家长可以通过图册等告诉孩子他想知道的一切。并给孩子讲道理，让他们知道不是所有的东西都要拆了才能明白其中的道理，有很多知识是可以通过书本学来的，从而既增强孩子的学习意识和兴趣，又减少孩子的破坏性"探索"行为。

纠正"破坏抗议"，耐心施以小戒

由于孩子的手脑配合还很不协调，所以孩子也经常在四处触摸的过程中，产生打翻玻璃杯或其他易坏物品的危险动作。大部分孩子的这种行为并不是故意的，因而家长在责怪孩子的同时要让孩子懂得什么是危险。虽然孩子是无心之过，但为了培养孩子认真负责的态度，一旦毁坏了东西，也要给以小小的惩戒。例如，可以让孩子拿抹布擦干净他打翻的杯子溅到桌子上的水渍；让孩子帮助家长拿簸箕和扫帚，清扫地上的碎片。但家长无须严厉地责备孩子，毕竟孩子不是有意的，这些"破坏"也许就是他的一种尝试，是孩子学习与外界相处的一种方式。

然而对那些"野蛮"的孩子来说，是故意用"破坏"来表达自己的不满或抗议。家长一旦发现孩子的这种行为，就必须多留心孩子最近的动向。其实，孩子外在的破坏行为很可能是他内心困扰的一种表现。有些孩子有这种"破坏"行为是因为觉得孤单，也许只想引起家长的注意。

因此，对待这种搞"破坏"的孩子，家长应该为他们提供一个宽松的活动空间。可以让孩子多结交朋友，与小朋友玩耍；多参加集体活动或游戏；也可以多跟孩子谈心聊天，了解孩子的烦恼和需要。

总之，对孩子的"破坏"行为不必大加惩罚，而是要让孩子领悟，哪些是他应该做的，哪些事他做了会得到别人的称赞，而哪些事会对自己或别人造成伤害，从而将好奇心强的孩子探索未知的方式方法引入正轨，使以"破坏"来发泄情绪的孩子知道自己做事的限度和应该遵守的法则。

6. 胡编乱造起绰号

记得上小学的时候，几乎班里所有的同学都有"外号"。像"杜鹃花"、"小白鸽"等等，这些还无关大雅，但像什么"肥猪婆"、"耗子"、"小妖精"等等，让人听着不仅不顺耳，而且还常常反感。而班里就是有几个爱给人家起外号的家伙，他们常常利用他人的缺点胡编乱造给别人起绰号，这些绰号被同学一通乱叫，四处传播，简直就是扰乱视听，弄得同学之间常常为此而不高兴，甚至打架。

　　瑶瑶名字很好听，可就是有点胖，她也常常为此烦恼。也不知道谁嘴欠，竟然给她起了个"肥猪婆"的绰号，结果一传十，十传百，弄得整个年级都知道了她的这一绰号，那些讨厌的男生也常常大庭广众之下大叫她"肥猪婆"，弄得瑶瑶非常丢脸，发誓一定找出那个给她起外号的人。

　　事有凑巧，这天中午瑶瑶到学校食堂打饭，由于她来得有点晚，食堂里排了很长的队伍，瑶瑶排在队尾，随着队伍一点一点往前蹭，这时一个声音传到她的耳朵里。

　　"嘿，那个'肥猪婆'的绰号绝了，用瑶瑶身上可是太形象了，哈哈！"

　　瑶瑶向前张望，看见离她不远处，他们班的小鹏正在和一个人说话。

　　"那是，咱是谁啊？那也号称'绰号大王'，哈哈！"瑶瑶定睛一看，终于认出了说这话的不是别人，正是她的同桌小毛。

　　看来真应了那句话：要想人不知，除非己莫为。瑶瑶终于找到了"罪魁祸首"，没想到这家伙竟然还敢明目张胆地在这里谈论。瑶瑶火冒三丈，快步走上前去，一把抓住小毛的胳膊，"小毛，你说，是不是你给我起的外号？"

　　小毛没有想到瑶瑶会突然出现在他面前，"是我，又怎么样？"这时候他仍然强硬着。

　　"你太不道德了，为什么要给我起外号？"瑶瑶不依不饶，"你必须给我道歉！"

　　"怎么了？难道我说得不对吗？你个'肥猪婆'！"小毛非但不道歉，还恶狠狠地说瑶瑶。

　　"你，我告老师去！"瑶瑶都快哭了。

　　"'肥猪婆'，你就会告老师，你去啊，去啊！"小毛甩开瑶瑶抓住他的手，和小鹏扬长而去。

瑶瑶哭着跑到了班主任老师的办公室，"刘老师！"刚叫了一句老师，就呜呜大哭起来。

"瑶瑶，怎么了？"刘老师赶紧过来安慰，"好孩子，别哭，告诉老师到底是怎么回事啊？"

"刘老师，小毛给我起外号，"瑶瑶抽泣着，"我让他向我道歉，他还骂我！"

"哦？跟老师好好说说。"刘老师耐心地安慰着瑶瑶。

于是，瑶瑶从头到尾把小毛给她起外号这件事情的经过说了一遍。

刘老师把小毛也叫到了办公室，核实了刚才瑶瑶所说的事情，并批评了小毛。小毛在老师的教育下承认了自己的错误，主动向瑶瑶道了歉，并向老师保证今后再也不胡乱给同学起外号了。

而另一个孩子也有同样的不良嗜好和行为，同样引起周围人的厌恶。

佳佳虽说是个女孩，但最近却很招人讨厌，原因是她总是胡乱给人家起外号。不仅是同学、朋友，就连老师、家长她也不放过。

这天，佳佳放学回到家里，妈妈早已准备了可口的饭菜，她狼吞虎咽地吃着，妈妈看见佳佳这副吃相，不禁说道："佳佳，慢点吃。吃饭要细嚼慢咽，不然对身体不好。"

"我知道，可是那老妖婆留的作业太多了，不快点吃，一会儿该做不完了。"佳佳边说边大口吃着。

"老妖婆？什么老妖婆，佳佳你说谁呢？"妈妈皱起了眉头。

"我们语文老师。她就像个老妖婆一样，成天让我们写作文，简直就快疯了！"佳佳自顾自地说着，"这外号是我给她起的，有创意吧？"

"佳佳，你这孩子怎么这么不尊重人啊，怎么能胡乱给老师起绰号呢？太不像话了！"妈妈有些生气。

"那又怎么了？我又没当着她的面叫。不过自从我给她起了这个外号后，同学们都知道了，私下里都这样叫她，哈哈！"佳佳根本就不觉得有什么不对。

"你这孩子，我告诉你，如果你再这么叫老师，我就惩罚你！"妈妈真的生气了，"从这件事上说明你的品质有问题。"

佳佳看见妈妈真的生气了，低下头默不作声，心里却不服：不就是个外号吗，至于这么大惊小怪的吗？妈妈为了这点小事也太激动了，还上纲上线的，唉！

给人起外号这件事情，的确不能等闲视点。如果是友好亲昵的绰号，一般容易被对方接受，也能拉近相互之间的距离；但恶意或侮辱性的绰号，很可能就会给对方心灵造成巨大的伤害。因此，如果孩子爱给他人起不友善的绰号，家长一定要予以制止和纠正。

引导教育合一，教育情理交融

有些孩子爱给别人起绰号，可能也没有什么恶意，只是根据他人的外貌或者表现"赠予"他人另一个名称。但这个名称如果是贬义的、甚至是侮辱性的，那对于对方来说就是一种极不文明和不尊重人的表现。对孩子的这一不良行为，老师和家长要引导和教育合二为一。家长可以用故事、寓言或者典故，说服教育孩子，晓之以理，动之以情，告诉孩子这种行为可能造成的严重后果和对对方的伤害。老师可以利用主题班会等形式，让孩子们谈谈自己名字的由来，让每个学生都对名字有一种神圣的感觉，让孩子明白尊重他人的名字跟尊重他人及其父母一样的重要。

因为孩子给他人起绰号，很可能只是出于好玩，对于他们这种无心的表现，周围人可以谅解。但是如果是有意而为之，家长就要探寻究竟，如果是孩子之间所谓的矛盾引起的一种报复行为，家长就应该力争化解孩子间的矛盾，让孩子们和好如初，那么所谓的绰号也就不复存在了。

尊重理解他人，提高孩子修养

俗话说，金无足赤，人无完人。每一个人都有自身的优点和缺点，如果将他人的缺陷当做取笑的对象，无疑是对人的不尊重。由于孩子的是非判断能力还不完善，难免常有给人起绰号这种幼稚和不负责任的行为，而"懒鬼"、"倔驴"等绰号则很可能对当事人造成心理伤害。这就需要家长对孩子的这种行为及时制止和纠正，让他设身处地站在对方的立场上，亲身感受如果有人把他的缺陷或缺点用绰号的形式取笑，那么他的心里会是什么样的感受，让孩子切实认识到自己这一行为是错误的。

从小教育孩子如何尊重别人，告诉他尊重别人就等于尊重自己。如果时常不尊重他人，终究会被周围的人所抛弃。即使是为了好玩而起的绰号也会产生严重的后果，甚至因为这些绰号导致打架斗殴，从而造成双方的人身伤害。而带有嘲讽、侮辱意味的绰号还可能造成同学或朋友的自尊心受损，给他们的心灵带来更大的伤害。这样不仅伤害了他人，而且自己的行为和品格也会被贬低，受到周围人的厌弃。

家长不要把孩子爱起绰号这一行为当做小事，往往一件小事就能反映出孩子的内心世界和他的行为意识。为了让孩子的身心得到良好的发展，家长就要规范孩子的行为，提高他们的品格修养和交际能力，使孩子以友善的态度与他人相处。

对于那些被起外号的孩子，家长也要及时给予安抚，开导孩子不要因此而气馁伤心，把它当成自己成长过程中的一次小小的磨炼，自尊心遭受的严重打击正好是对自己意志力和承受能力的锻炼，只要坦然面对，表现出坚强的自信，就没有人能贬低你，而那些无聊的"绰号"也就会自行消失。

7. 乱翻东西的"小·欠手"

一位心理学家曾经说过，"播下一个行动，收获一种习惯；播下一种习惯，收获一种性格；播下一种性格，收获一种命运。"这就说明一个良

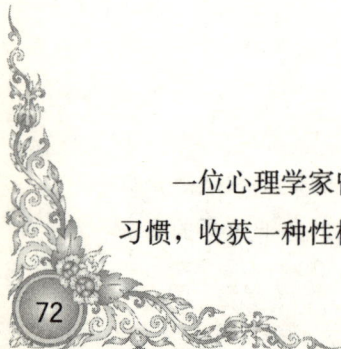

好的行为习惯需要从小培养和形成，如果在孩子时期不注意培养他们的良好言行，那么孩子将来的成长以及在社会中的表现总会不尽如人意。

　　孩子爱胡乱翻别人的东西就是一个不好的习惯，这一行为颇让人反感。因为私人物品自有它的私密性和价值，而孩子由于尚不具备"隐私"意识，所以很容易在没有得到同意的情况下，就随意翻他人的东西。家长一旦发现孩子的这种行为一定要立即制止，千万不要觉得孩子小不懂事而听之任之。

　　阳阳是个好动的孩子，无论在哪儿都很活跃。上个星期天，小姨约妈妈到她家做客，妈妈自然带上了宝贝儿子。一进小姨家的门，阳阳就没闲着，动动这儿，翻翻那儿，一刻都不停，弄得妈妈和小姨老是提醒他。

　　小姨刚刚结婚不久，家里一切都是新的，屋内陈设干净、整齐，许多小摆件非常雅致。这些对阳阳来说无疑是特别的新奇。他在屋里来回转着，四处张望，每一个物件他都要上去摸摸、拿起来看看。小姨起先还没有太注意，但看见阳阳不断地拿这拿那，心里就有些不悦了。虽然妈妈一个劲地告诫阳阳不许乱动，但也只是嘴上说说，并没有真正去阻止阳阳。阳阳还是肆无忌惮地胡乱地翻着东西。突然，"啪"的一声，小姨最喜爱的水晶花瓶在阳阳手里落了地。

　　"阳阳！"小姨一下从椅子上站了起来，"你这孩子老乱翻什么？"

　　这时妈妈看见那个漂亮的水晶花瓶在地上已成了碎块，也着了急，"阳阳，妈妈跟你说过不要乱动小姨的东西，你怎么不听话啊？"

　　"我只是想看看嘛。"阳阳似乎并不是很在意，"它太高了，不好拿，我一使劲它就掉下来了。"

　　"真是的，我这花瓶可是朋友从国外带来送我的。"小姨一脸不高兴，"你这孩子越说你越乱动，这下可好，花瓶让你弄坏了，你说怎么办吧？"

"不就是一花瓶吗？回头我们赔你！"这时妈妈看到小姨责怪自己的宝贝儿子，心里着实不高兴了。

"这孩子都让你们惯坏了，乱翻别人的东西也不管！"小姨可不管这一套，看着地上自己心爱的花瓶，"赔？我都说了，这不是国内买的，你们拿什么赔？"

"不就是个破花瓶吗，你这么大人了至于吗？为打碎个花瓶跟孩子过意不去？"妈妈红着脸跟小姨吵了起来，"你放心，无论在哪里买的我们都赔！"

"你就惯孩子吧，错了也不承认，早晚把孩子惯坏了！"小姨并不示弱。

正在厨房做饭的小姨夫听见屋里的动静，便走了过去，见姐俩正在吵着，赶紧上前劝，"怎么回事？姐，你别跟她一般见识，别生气！"

妈妈此时已经收拾好自己的东西，带着儿子正往屋外走，"你们家我们呆不起！"说完不顾小姨夫的劝阻，带着儿子愤愤离开了小姨家。

此后，姐俩为了这件事情很长一段时间都不说话了。

就是这个胡乱翻东西的"小毛病"导致了一场家庭矛盾。虽然说小姨的教育方法有些急躁，但作为家长，阳阳的妈妈放纵孩子的"手欠"行为更令人深思。虽说孩子爱动东西的习惯，很可能被家长看做是孩子认知世界的一种方式，但对于他人来说，这却是一种侵犯。如果家长对此不给予及时教育和纠正，这一毛病也很可能酿成大错。

其实，好奇是孩子的天性，如果引导得当，那将引领孩子探索未来，取得成就并走向成功；但如果家长对孩子的好奇心理没有很好地引领，这种好奇则很可能会演变成一种不良的习惯，而使孩子成为不受欢迎的人，影响孩子的人际关系，甚至还会影响到孩子的身心健康发展，所以家长当发现孩子有乱翻东西的行为时，一定要及时做出正确的判断，进行合理有效的教育，纠正孩子乱翻东西的习惯。

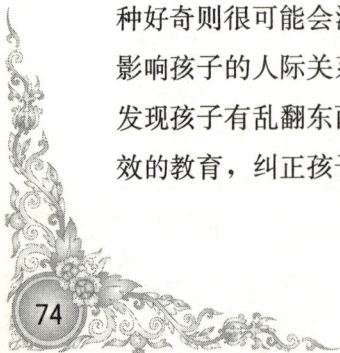

引导其注意力，时刻提醒教育

当家长发现孩子有乱翻东西的习惯时，既不要生气发火，也不要视而不见。对于年幼的孩子来说，单纯的说教很可能起不到决定性的作用，因此家长可以选用其他有效的方法予以提醒和制止。譬如，在孩子乱翻别人的东西时，家长用其他令孩子感兴趣的东西或事物引开孩子的注意力，以此制止孩子乱翻东西的行为。然后告诉孩子在未经他人允许的情况下，不能乱翻他人的东西，这是一种不礼貌的错误行为和表现。如果想要他人的东西或者对他人的物品好奇、喜欢，很想看一下或者玩一下，可以跟物品的主人说明，可以友好礼貌地问对方"我可以玩一下吗？""我能看看吗？"或者"能把你的好玩意拿出来让我看看吗？"在征得他人同意后再看、再玩。如果对方不愿意，那就不能勉强，更不能趁对方不注意而偷偷将东西拿出来或翻出来玩。

事先提醒约定，事后教育引导

为了教育和阻止孩子不乱翻他人物品，在带孩子出门做客之前，家长一定要事先告诫孩子要有礼貌，未经他人允许就乱翻别人的东西是一种不礼貌的错误表现，所以到了别人家一定要遵守规矩，不能乱动别人的东西。为了更好地督促孩子实现诺言，家长不妨承诺孩子，如果在别人家表现良好，可以给他买些玩具、糖果或者带他到好玩的地方以资奖励。不仅如此，还要告诉孩子应该做什么，不应该做什么；如果孩子没有按约定做事，出现了不礼貌的行为，那就自动取消原本约定的对他的奖励，予以小小的惩戒，并在事后告诉他取消约定的原因，引导孩子反省自己的错误行为，让孩子自觉地约束自己，改正乱翻他人东西的毛病。

孩子先做榜样，学会交际分享

为了教育和纠正孩子乱翻他人物品这一不良习惯，家长首先要引导孩子学会分享，即愿意把自己心爱的东西拿出来与其他小朋友或者家庭成员一起分享。为了培养孩子与人分享的习惯，家长可以有意让孩子和家里长辈一起吃、一起玩，或做些互换角色相互请吃、请玩的游戏，让孩子在游戏中体会分享的快乐，并明白在分享他人物品时要征得别人的同意，这样以后再到别人家做客的时候，孩子自然就知道未经允许不可以乱动他人的物品了。

切记，家长对孩子不能过分宠爱，好吃的、好玩的也不要让孩子一个人享用，要有意地让孩子体会与大家一起分享的快乐。更要教育孩子在人际交往中"乱翻别人的东西"、"自私自利不愿意帮助别人"等行为和习惯是不恰当的，是令人讨厌和不受欢迎的，要教育孩子使用文明礼貌用语，控制和规范孩子的行为，培养孩子知书达理、谦让宽容的良好品质。

8. 撒泼打滚闹翻天

"我就不嘛，我就要看电视，我就要看电视！"莱莱在地上不停地翻滚着，哭闹不止。弄得奶奶不知所措，"好，看，看啊，小祖宗，你别闹了！爸爸上夜班刚回来，要是把你爸爸吵醒了，起来又要揍你了！"奶奶无奈，只好给莱莱打开电视。

莱莱就是这样一个小孩儿，不论什么，只要不高兴就撒泼打滚，大哭大闹，直到自己的要求得到满足，否则决不善罢甘休。弄得全家人着实为他这个毛病头疼。

这天爸爸下夜班，正在屋里睡觉，莱莱却非要看电视，奶奶怕打扰爸爸睡觉，所以没有答应，结果莱莱就拿出了他的"杀手铜"闹了起来。奶奶没办法，只好给孙子打开了电视。

谁想到，菜菜得寸进尺，看完电视，还非要在屋里玩球，奶奶让他出去找小朋友玩，他把头摇得像泼浪鼓。奶奶气得把球拿出了屋。这一举动又触动了他的"天赋"，菜菜整个人往地上一躺，手脚蹬踹着，哭闹不止，气得奶奶直跺脚。

爸爸终于被菜菜吵醒了，怒气冲冲地从卧室里出来，"菜菜，你怎么回事啊？没事老闹什么啊？"

"我没闹，奶奶不给我球。"菜菜看见爸爸出来了，强词夺理。

"你这孩子，没看见你爸爸睡觉啊，非要在屋里玩球，我能给你吗？"奶奶生气地教训孙子。

"妈，您别理他。这孩子就是成心，非不让我睡安稳觉！"爸爸气愤地说。

"哇，"菜菜觉得委屈，又大哭起来，而且一屁股坐在了地上。

"你给我起来！"本来就一肚子气的爸爸，这会儿可真的发起火来，"我看你这孩子真是惯得没样，今天我要不好好教育教育你，我就不是你爸爸！"

说着，上前一把拉起菜菜，在菜菜的屁股上狠狠地打了一巴掌。

挨了打的菜菜更是像杀猪一样，嚎啕不止。奶奶看见爸爸真的打了孙子，又不禁心疼起来，赶紧过来劝……祖孙三人乱作一团。

这样胡乱闹腾的孩子的确让人厌烦。无论在家还是在外面，总有这样一些孩子，只要不高兴就撒泼打滚、嚎啕大哭，而且越当着众人越来劲，弄得家长颜面扫地。这种耍赖的毛病一旦形成习惯，不仅无益于孩子的身心健康，更不利于孩子形成良好的品质和文明的行为。因此，家长千万不要再娇惯和放纵孩子这样肆意乱为。

"冲啊，杀啊！"湘湘和小朋友兴高采烈地在楼道里打闹着。

这时邻居王奶奶从屋里出来，"湘湘啊，爷爷奶奶身体不好，中午需要休息，到外面玩，好吗？"

"我就在这里玩。"顽皮的湘湘冲王奶奶做了个鬼脸，又开始在楼道里跑叫起来。

王奶奶看见湘湘这样肆无忌惮而且没有礼貌不禁摇头叹气，无奈走进了屋。

湘湘和小朋友楼上楼下地跑着，在楼道里大声地喊叫着，弄得很多邻居探头察看。楼长孙奶奶正巧路过，看见湘湘他们这样疯闹打扰了邻居，就走过去制止湘湘，"孩子们不要在楼道里闹了，到外面去玩，不要打扰楼里爷爷奶奶睡午觉啊。"

别的小朋友低着头往外走去，只有湘湘就是不走，还大喊其他小朋友回来接着玩。

"湘湘，你怎么这么不听话啊？"孙奶奶有些生气，"这样可不是好孩子啊！"

"我们玩碍着你什么事了，我们就玩，你管得着么？"湘湘没有礼貌地强词夺理。

"这孩子，回头我告诉你妈妈去。"孙奶奶有些生气了。

"你告去，你欺负小孩，啊——"湘湘说着，倒在地上，翻滚着大哭起来。

孩子的哭声惊动了更多的邻居，大家纷纷出来观看、议论着，弄得孙奶奶不知如何是好。湘湘的爷爷也闻讯出来，看见孙子在地上撒泼打滚地哭叫着，赶紧上前拉起湘湘，"这是怎么回事啊，玩得好好的怎么哭了？"

孙奶奶把刚才的情形跟湘湘的爷爷说了一遍，周围的邻居也纷纷说湘湘不懂事，弄得爷爷觉得自己在老邻居面前没了面子，连连向大家道歉，并向大家保证回去一定加强对湘湘的教育，然后赶紧拉着湘湘回了屋。

孩子玩得高兴开心是件好事，也会令家长欣慰。但是孩子的高兴和玩乐不能建立在他人的痛苦之上。如果孩子的玩乐行为影响了其他人的休息，那这种欢乐对于别人来说无疑就是一种折磨。就像上面两个故事里的小主人公，他们的行为已经妨碍了他人的利益，而由于家长平时的娇惯和纵容，一旦有人制止他们的不良行为，他们就用撒泼耍赖来抵触，不但让家人气恼，更让周围的人认为孩子的家庭教育很失败。为此，对于那些稍不顺心就爱"撒野"的孩子，家长一定要及时纠正、教育，以免让孩子这一坏毛病影响了他今后的成长。

❤ 分析孩子心理，转移孩子注意

孩子不如意就撒泼打滚，大都是因为需要未被满足，或是不愿做事情，故而以哭闹要挟家长。而大多数家长不愿意看到孩子哭闹，尽管费尽口舌，但孩子依然哭闹不止，由于经不住孩子的折腾，万般无奈之下，只好满足孩子的要求。长此以往，孩子掌握了家长的感情和脾气，这种"撒野"行为就成了他们获得满足的一种工具，而这样的孩子长大以后，也会变得刁蛮、任性、固执己见。因此家长在发现孩子有这样的不良习惯时，一定要加以制止和教育。

从儿童心理角度分析，孩子的不随意注意较为突出，注意力很容易被转移。家长可以利用这一点，在孩子撒泼打滚时，用神秘、惊诧的语言或表情，将孩子的注意力转移到别的事情上去。比如，当孩子撒野时，可以惊讶地对孩子说："快看，那里好像发生了什么事！"然后可以再对这一事物进行一定的渲染，使之吸引孩子的注意力。但这时，切记不可以欺骗或者哄骗孩子。将孩子的注意力转移，并不等于欺骗孩子，而是想办法让他不再哭闹。如果当时没有什么值得孩子注意的事情，家长可以使用其他的方法规劝孩子，如和孩子一起玩游戏、讲故事，或让孩子帮助家人做点事情等等。

❤ 暂不理睬孩子，冷静分析情况

如果孩子大哭大闹一直持续，什么方法都无法改变他的这一行为，家长千万不要因为生气而打骂孩子。家长可以暂时不予理睬，或者干脆不理孩子，任他哭闹。其实很多家长都低估了孩子的观察力，孩子很早就掌握了察言观色的本领，撒泼打滚本来就是孩子要挟家长的一个法宝，而一旦孩子发现这个方法不奏效时，便会改变策略。孩子在哭闹过后发现家长面无表情，不为所动，就知道自己的不正当要求不会被答应，便会产生一种畏惧感，怕惹怒了家长会挨打受骂，因此，孩子的行为必定会有所收敛。而当孩子停止哭闹，祈求家长谅解时，家长一定要和蔼可亲，抱着孩子跟他说明原因，讲清道理，这时孩子对家长的批评教育就会很容易接受。

家长在教育和纠正孩子的撒野行为时还要注意，一定要冷静分析孩子的要求是否合理。如果是合理的要求，就在孩子安静下来后，与孩子进行讨论，并予以实施。但一定要让孩子知道什么是合理的要求、什么是不合理的要求，合理的要求可以通过态度温和的和平协商方式来解决，而不合理的要求即使用撒野的方法，也不会被采纳。这样，以后孩子的要求不被采纳时，他也不会再选择撒泼打滚这招了。

家长宠爱有度，摆脱偏执固执

如今，基本上都是独生子女之家，所以父母对孩子的宠爱有时真的是有些过了头，其实孩子的行为就是家长态度的体现，大多数得不到满足就撒泼打滚的孩子都是家里的宠儿。因此家长对孩子的教育和指导尤为重要，不要一味地惯着孩子为所欲为，一旦孩子养成了刁蛮、固执的习惯，就很难改正。家长对固执、不讲理的孩子一定要有耐心，告诉孩子所有的事情并不都是一帆风顺和按照自己的意愿进行的，人生一定会有许多的坎坷和不如意，因此孩子在生活中要懂得取舍，要多听周围人的意见，经常自我反省，不能一味地按照自己的意愿行事。在自己做事情之前一定要考虑是否侵犯了他人的权益，要懂得尊重他人。

但家长一定要记牢，在孩子无理取闹、肆意妄为时，无论他有多野蛮、多固执，家长也不要迁就，在必要时一定要实施家长的权力，让孩子明白他们不可能生活在为所欲为的世界，社会对每一个人都是有约束的，这样才能让孩子的身心更好地健康发展。

9. 在墙上随意 "作画"

故事一：

"这是谁啊，又在墙上乱画？"幼儿园的刘爷爷看见教室的一面墙壁上刚画上去的歪歪扭扭的蜡笔画，不禁喊道。

小柯怯怯地从一个角落里，双手背后慢慢走了出来，"刘爷爷，是我。"

"小柯啊，又是你。幼儿园里不是有纸吗？为什么还往墙上画啊？"刘爷爷一边拿布擦着墙壁，一边问小柯。

这时，老师也走了过来，看了看被小柯画花了的墙，认真地看着小柯，好像也在等着他的回话。

"我觉得墙很大啊，在上面画画很痛快。"小柯认真地说着，"再说了，电视里的画家好多都在墙上作画的。"

"哈哈，"老师和刘爷爷不约而同地笑了起来，"原来小柯要当画家啊。"

老师蹲下来，握住小柯的手，"小柯，老师告诉你，就是画家也不能随意在墙上作画啊。你想想看，教室里的墙面是大家的公共财产，如果小朋友都在墙上乱画，那不就是破坏公物吗？再说，这样乱的墙面，多影响教室的整洁啊？"

经老师一说，小柯红着脸低下了头，"老师，我以后再也不在墙上乱画了。"

"小柯真是个好孩子！"老师欣慰地点了点头，然后从柜子里拿出一摞白白的图画纸，"小柯，来，老师教你画画好吗？"

"好！"小柯高兴地跟老师一起画画去了。

故事二：

每到同学们交换座位的时候，大家都不想坐笑天曾经坐过的课桌。那是因为他的课桌太花哨了，上面画满了卡通画。别说，笑天还真有两下子，那些卡通人物在他的笔下栩栩如生、完美可爱。可是这样一张课桌，班里却没人爱坐，因为那些画作实在不容易擦掉，满满当当地铺满了整个桌面，让人看着就闹心，哪儿还有心思学习啊。所以每次换座位，笑天都只好搬着自己的桌子来回移动。

这件事终于被班主任马老师察觉了。有一天，马老师在同学们都放学后，特意到笑天那个特殊的课桌前参观了一下，看着上面画满了的图画，笑了笑，还点了点头，他决定跟笑天做一次长谈。

第二天，刚上完自习，班里的小苗就大喊起来，"笑天，你太不像话了，把自己的桌子画满了，还画别人的！"

大家闻声纷纷跑过去观看，呵，变形金刚中的擎天柱，英姿威武地站在了小苗的课桌之上，小苗一边生气地嘟囔着，一边拿抹布擦着。可是怎么也擦不掉，气得小苗把抹布甩到一边，都要哭了。而同桌笑天却始终没有做出任何反应，在一旁默不作声。

放学后，马老师正好借此机会找到了笑天，温和地询问了他为什么要在课桌上"作画"。笑天生性内向，并不解释也不多说，只是告诉老师他喜欢画画。老师并没有批评笑天，而是拿出了一张参加绘画培训的通知书，并告诉笑天老师已经给他报了名，希望他努力学好。

笑天感动地哭了，并向老师保证再也不在课桌上画画了。此后，笑天的课桌不知怎地突然干净了，上面的图画消失得无影无踪。而笑天的那些画作都摆在了学生绘画展览的展厅里。

这两个故事中的小主人公在最后都明白了自己乱写乱画的错误，主动改正了这一不良行为。而故事里老师的做法也启发我们应该如何教育孩子爱护公物，培养孩子的公德心和道德品质。在培养孩子优良品质的同时也不抹杀孩子的天赋，就需要家长和老师的共同努力。

🕊 鼓励孩子天赋，提供替代物品

透过孩子乱写乱画这一行为，家长和老师都不难看出，这样的孩子肯定喜欢写字和画画，只是由于孩子的无知让他们选错了地方，在墙上或者其他物品上随意乱画，从而破坏了环境和公物，引起大家的不满。

家长一旦发现孩子的这一行为，在制止的同时，应该考虑到孩子的这一爱好和天赋，给这些喜欢画画的孩子提供纸张、美术用品等替代物品，让他们充分发挥擅长绘画的天分。

家长可以给孩子准备纸张、笔记本、铅笔等，告诉孩子要在本子和纸张上写画，并鼓励孩子写字，即使他认识的字较少，但如果孩子对这些纸和笔感兴趣，依然会在上面认真地写画。对于会写字的孩子来说，为了满足他们的书写愿望，可以平时让孩子帮着家长记录一些东西，加强对书写的练习。这样不仅可以锻炼孩子的书写能力，还能够帮助孩子从练字中领悟书法艺术。

🕊 提供美术用品，提供书写地方

对于那些爱画画的孩子，如果家里有条件，家长可以为孩子准备一个绘画箱，在里面放上必需的美术用品和纸张，并给孩子安排一个类似书房的地方，让他在那里自由享受绘画的乐趣。但家长一定要提醒孩子，千万不要把颜料和画笔随处乱扔，或者随意弄脏其他物品，在画画的同时要保持室内的整洁，让孩子从小养成保持整洁、讲卫生的好习惯。

为了更加开阔孩子的视野和增加孩子的空间概念，家长还可以提供黑板、旧的大挂历等物品，让孩子在上面作画或者书写；如果孩子喜欢在宽阔的地方施展才艺，家长可以选择让孩子在地面等能够擦掉痕迹的物体表面写字画画。但是写、画完毕后一定要让孩子主动帮助家长把地面等擦干净，以养成孩子爱劳动、讲卫生的好习惯。

为了鼓励孩子的这一爱好，家长还可以发挥自己的才智，把孩子的画做成简易的展板挂在墙上，给孩子提供充分展示自我的机会，这样既改变了孩子乱写乱画的习惯，又鼓励和支持了孩子的爱好。

把握关键时期，发挥孩子特长

其实，好习惯的培养需要循序渐进，培养孩子爱护公物和讲卫生、爱清洁的好习惯应该有计划分阶段一步一步实施，它要靠老师家长以及社会的共同努力，并不是一朝一夕就能完成的，需要长期不懈的努力。任何教育都有关键期，对于孩子来说幼儿园阶段就需要特别加强对孩子的教育和引导。为了孩子的健康发展，培养孩子的优良品质，一定要从小抓起。

其实，小孩子从拿起笔的那一天起，就已经开始乱涂乱画了。随着孩子年龄的增长和活动能力的加强，他们不满足于小小的纸片，开始在墙壁、沙发、桌子等等地方留下他们的"即兴之作"。

对于胡乱涂鸦，大家看法各有不同。有些人认为，这样可以发展孩子的想象力、创造力，练习手腕部诸多关节与小肌肉群的协调动作等；有些人则认为这是孩子不讲卫生、没有规矩的不良表现。其实孩子的乱涂乱画，是他们宣泄内心情绪的一种表达方式，画画可以表达孩子的喜怒哀乐，表达他们心中的愿望。

虽说孩子的这种创造性活动有益孩子的发展，但如果没有节制，不分场合、地点地胡乱涂画，只会给家长或者他人甚至环境带来清洁上的麻烦，而且还会破坏公共场所的整洁，造成他人的不满和不良的影响。因此家长面对孩子的这一行为，一定要适时合理地给予教育和约束，把孩子的天赋和表现能力引向正轨。

10. 任性赌气肆意妄为

谁家的孩子不任性？在当下独生子女年代，大多数家长对孩子难免都有些溺爱。而由于现在的孩子没有兄弟姐妹，缺少与同龄人交往、沟通的机会，容易形成孤僻、执拗的性格。一旦在外面与小朋友或者同学相处困难或发生矛盾，一不顺心，就回家耍脾气，任性赌气，让家长为此着急上火。

欢欢别看平时总爱笑，可是发起脾气来，那真是牵一发而动全身啊！

下午，欢欢和邻居小朋友们玩过家家的游戏，大家都争着要当公主，最后猜拳决定由默默当公主，而欢欢当侍女，欢欢这下不高兴了，说什么都不干，但大家都已经决定了，谁都不肯让谁。结果，欢欢败兴而归，赌气跑回了家。

一进家门，欢欢就一屁股坐在沙发上，嘴撅得老高。奶奶看见孙女一脸不高兴，就过来哄，"宝贝，怎么又不高兴了？出了什么事啊，跟奶奶说说。"

"没什么！"欢欢赌气地说着，"凭什么让默默当公主，她哪点像公主啊？"

"呵呵，敢情是为了玩游戏啊！"奶奶觉得小孩子实在是好笑，"哎啊，不当就不当，奶奶当我们欢欢是公主不就行了？"

"不行！就是不行！"欢欢边嚷着边大声哭起来。奶奶怎么劝也不行，弄得奶奶满头是汗。

这时，正好妈妈下班回家，看见女儿伤心的样子，赶紧询问情况。在了解了具体情况后，妈妈安慰欢欢，"欢欢，这么点小事就哭啊？这次当不了公主，我们下次再当嘛！"

"不嘛，我就要当公主，就要当公主嘛！"欢欢一边说一边哭得更厉害了。

妈妈从包里拿出了一盒小蛋糕，"欢欢，你看妈妈给你买什么好吃的了？这可是你最喜欢的蛋糕啊！"说着把蛋糕在欢欢的面前晃了晃。

没想到，欢欢看都不看，挥手把蛋糕打落在地，"我才不要什么破蛋糕，我就要当公主！"

妈妈看见好好的蛋糕摊了一地，气就不打一处来，"你这孩子，太过分了！怎么说都不行啊！"

奶奶赶紧过来劝阻，"欢欢，你怎么能这样啊？妈妈好心好意给你买的蛋糕都让你给打烂了，赶紧向妈妈道歉！"

"我就不，你们都欺负我！"欢欢一个劲地哭着，弄得满头是汗。

妈妈生气地直跺脚，奶奶在一旁不知所措。

"你这孩子，太任性了！越来越不像样，每次一有点不顺心，就又哭又闹，折腾得全家人都不得安宁，今天我看不教训你一下，你还没完没了！"妈妈说着拉起滚躺在沙发上的欢欢，抬手就要打她。

奶奶见此情景，急忙上前拉，"欢欢妈妈，干嘛打孩子啊？孩子在外面已经受了委屈，难道回家还要挨揍啊？"

奶奶一把把欢欢拉在怀里，眼泪掉了下来。"妈，你看这孩子惯的，太任性了！什么事不顺心就闹！再不管，以后可怎么得了！"妈妈气得脸色都变了。

"我的孙女，不用你们管！"奶奶和欢欢抱在一起哭着，"你们成天忙呀忙的，谁真正管过孩子啊？就知道打孩子，也不问问孩子是不是受了委屈！"

妈妈赶紧拿了毛巾给奶奶擦泪，"妈，咱们就是太宠着她了。在外面哪有事事顺心的？"

"我不管，反正我的孙女就不能受委屈！"奶奶的倔强让欢欢的妈妈无奈地摇了摇头，叹了口气，走开了。

任性不是天生的，孩子任性主要是由于家长过分宠爱造成的。任性是孩子一种不正常的心理状态，更是要挟家长满足自己欲望和需求的一种手段，常常给家长带来许多烦恼。因此家长要理智地看待孩子任性这一特点，适时教育疏导，增强孩子的抗挫折意志，让孩子摆脱任性的恶性循环。

切莫助长贪欲，锻炼挫折意识

孩子的任性责任往往在家长。有些家长过分地溺爱孩子，唯恐孩子受一丁点委屈，孩子要什么给什么，从不拒绝孩子的任何要求，无论是否合理，一概接受，造成孩子的私欲不断膨胀，时刻感到无限享受的乐趣，不停地向家长索要。一旦家长拒绝，就生气发脾气，要挟家长，而家长心疼孩子，也就顺从了他们的意愿，结果家长的这种做法，让孩子的贪欲在无形中越发膨胀。这种恶性循环导致孩子的心理承受能力不断下降，一旦遇到挫折，自己不能很好地排解，便容易产生心理障碍，从而为孩子将来的生活埋下了隐患。

因此，家长一旦遇到孩子任性要闹的情况，在了解孩子的需求和真实想法后，就要积极引导。如为孩子创造条件，让孩子多和同龄人交往，锻炼孩子的挫折意识，让孩子在和小伙伴交往的过程中懂得，没理由要求别人事事顺着自己。一旦孩子因为自己的私欲没有满足而大发脾气的时候，家长也可以冷处理，让孩子明白，如果对别人要脾气、任性，结果很可能就是"没人理"了，让孩子慢慢体会，从内心意识到任性的坏处，从而帮助孩子改掉任性的坏毛病。

改变教育方式，关键在于家长

任性的形成很大程度来自于后天的教育和影响。如家长溺爱、娇惯、放任、迁就孩子，降低了孩子的抗挫折能力；对孩子的教育方法简单粗暴，造成孩子的逆反心理；无视孩子的意愿、想法，只要求孩子绝对听从；甚至当着别人的面讽刺、挖苦孩子，伤害了孩子的自尊心，等等。这些做法都可能导致孩子任性。任性的孩子对家长的正确劝告和意见一般都故意不听，稍不如意便用"不吃不喝"、"大哭大闹"等手段来威胁家长。一旦孩子做什么都由着自己的性子，没有任何约束，就会失去控制能力，性格越发乖戾、脾气暴燥。

由此可见，对于孩子的任性家长有不可推卸的责任，这就需要家长自省，认识到由于自己教育方式的失误给孩子造成人格上的缺失。所以家长对待孩子要爱之有度，讲究原则，对孩子不合理的要求要坚决拒绝；要时刻关注孩子，了解和掌握孩子的需求，对其合理要求及时满足；对孩子的任性表现要有耐心和毅力，坚持打"持久战"，千万不可暴力解决；由于家长的态度会影响孩子的性格和行为，所以家长一定要给孩子树立良好的榜样，教育孩子讲究方式方法。这样才能纠正孩子的不良行为，促进孩子心理健康发展。

教会孩子社交，学会谦让宽容

孩子正处在独立性和自主性形成的阶段，很希望能够在探索的过程中发展自己，建立自我意识。在这一阶段要让孩子学会如何遵守生活的规则和社会的规范，这对孩子今后良好性格的形成有一定的促进作用。

而在教育孩子的过程中，很重要的一点是要让孩子学会如何跟别人交往，这对孩子将来为人处事都会起到很大的帮助。家长要让孩子多接触周围的小朋友，让孩子在与别的孩子交往的过程中培养更多的兴趣爱好，增强语言能力和互动能力，拉近同他人的距离，形成一个友善的交际圈子。教育孩子要与人和平相处，不能自己处处占上风，不能对别人斤斤计较，要学会欣赏他人、尊重他人、善待他人、宽容他人等优良品质。

家长还要教育孩子珍惜友谊，正视他人的优点与缺点；培养孩子宽阔的胸怀，在与他人相处时，小摩擦和不愉快在所难免，不能暗生嫉妒心理，鄙视别人或者疏远别人，从而让孩子养成谦让的美德。

第三章

对孩子的不良爱好说"不"

　　游戏有游戏规则，交通有交通规则，孩子来到这个世界上，就要遵循不同的规则。约束来自于规矩。父母要了解孩子的一些行为爱好，订立适合孩子年龄特点和性格特点的规矩。当孩子出现不好的行为时，除了给孩子语言的告诫外还要引导孩子去做一些有意义的事情，使孩子慢慢脱离不好的行为，而用有意义的行为取而代之。

1. 挑食，只爱那一种

"豆豆乖，赶紧吃点青菜，这样对身体有好处——"小媛一边劝着哄着，一边往儿子豆豆的碗里试着放青菜。"不吃嘛，我就是不吃，我最不爱吃这些绿绿的菜了。我就爱吃肉！"说着豆豆把妈妈已经放到他碗里的油菜连同米饭用勺子扔到了一边。小媛看着桌子上被儿子扔出来的菜饭，气就不打一处来，"你这孩子，怎么这样啊，太不像话了！你已经在同年龄的小朋友里超重了，还吃肉！今天你非吃菜不可！"说着又夹起青菜，继续往儿子碗里放。"我就不吃！"豆豆一边说，一边索性推倒了饭碗。

小媛看到儿子如此，真的发起了脾气，扬手就打了豆豆一巴掌。豆豆就势"哇"的一声，嚎啕大哭起来。

这时一直在旁边不说话的爷爷奶奶，见此情形终于忍不住了，"哎呀，小媛，你打孩子干嘛？豆豆本来就不爱吃青菜，你干嘛非逼着孩子吃啊！"

"爸妈，你们也看到了，他都已经超重很多了，如果再这么老是吃肉，他的身体一定会出问题的！"小媛心急地辩解着。

"哎，怎么会啊，小孩子嘛，正是长身体的时候，要多增加营养才是。再说胖点有什么不好，常言说'身大力不亏'。像我和你爸小时候骨瘦如柴的，那还不是因为吃不上肉啊！"奶奶一边说着，一边哄着宝贝孙子。

"哎呀，爸妈我跟你们解释不清楚。"说着，小媛气得离开了饭桌，跑到卧室偷偷抹起了眼泪。

其实，她心里委屈。豆豆是自己亲生的儿子，那一巴掌打在儿子身上如同打在自己心里。在心疼的同时，小媛更希望儿子能健康地成长。但老人家总是不理解她的心思，一味地宠孩子，才造成了孩子偏食、挑食的坏毛病。

像小媛这样每天都在为孩子吃饭问题大伤脑筋的家长相信不在少数。一份调查显示，全世界大约有一半的家长都在抱怨孩子偏食、挑食。孩子的饮食问题也因此成了家长的头疼之事。

如今，社会快餐文化盛行，许多垃圾食品充斥着我们的生活。因此家长们越来越重视孩子的饮食健康。但由于大多数家长难免对孩子过于宠爱，尽量满足孩子们的各种要求。尤其是那些从困难年代走出来的爷爷奶奶们，更是在饮食方面给予了孩子们强大的"支持"。为了弥补自己艰苦岁月的遗憾，看着孩子多吃，吃好吃饱就成了他们最大的幸福。

珊珊可是个公主级的人物，别看她年龄不大，但"谱"摆得可不小。就拿吃饭来说吧，全家人可谓是费尽了心思。尤其是奶奶，每日忙里忙外地换着不同花样给孙女做吃的。要是赶上今天宝贝孙女高兴，胃口好，多吃那么两口，那奶奶就比过年还高兴呢。只要孙女喜欢吃什么，不管多麻烦、多辛苦，甚至不惜调动全家人，也要满足孙女的要求。可是珊珊仍是挑三拣四的，有时候奶奶忙活了大半天，弄了一桌子菜，但她却一口都不吃，悄悄躲到一旁吃薯片。

有一次，珊珊的爸爸实在看不过去了，说了孩子两句。珊珊还没有反应过来，奶奶就先不高兴了，"你不用说孩子，孩子不吃饭，那是不合胃口。我这做饭的都不嫌麻烦，你们着什么急啊？"弄得珊珊的爸爸妈妈不知如何反驳是好。

挑食、偏食不仅会使孩子营养失衡，留下健康隐患，还会影响他们的智力发育。很多家长一看到孩子不吃饭，就慌了神，如临大敌。而在我们慌张的时候，是否需要分析一下孩子挑食和偏食的原因？只有找到孩子挑食的真正原因，家长才可以正确处理和解决。而孩子挑食主要是由于日常的不良生活和饮食习惯造成的。因此，必须纠正孩子的这些不良行为，促进孩子健康成长。

积极的心理暗示，创造愉快的就餐环境

一旦孩子挑食或拒绝进食，家长千万不可强迫孩子，要抓住他们的心理进行诱导。虽然中国有"食不言，寝不语"的古训，但往往正因为此，很多家长不让孩子在吃饭的时候说话，造成吃饭气氛很"闷"。还有一些家长甚至利用吃饭的时间教育孩子，大谈孩子的学习等情况，边吃边指责孩子的学习成绩及在校表现，自然影响孩子的胃口。

俗话说，民以食为天。心情好，胃口也好，身体倍儿棒，吃嘛嘛香。因此，家长一定要给孩子创造良好愉快的就餐环境。利用进餐时间多与孩子交流，谈论令人愉快的话题。对食物大加赞赏，这种积极的心理暗示，让孩子觉得吃饭是一件开心的事，看着爸爸妈妈吃得津津有味，孩子自然也愿意品尝。

家长以身作则，注意饮食结构

在纠正孩子挑食、偏食不良习惯的同时，家长更应该以身作则。其实有些家长自己就很挑食、偏食，这个不吃，那个不吃，孩子于潜移默化中也渐渐养成这样的不良饮食习惯。此外，更不能用"零食"诱惑或收买孩子，这样既不利于健康，更不利于改善孩子的饮食习惯。孩子一旦喜欢上吃零食，自然就更不想吃饭了。

有些家长由于工作繁忙，吃饭时间不稳定，经常带些快餐回家给孩子吃。其实那些油炸、腌制、添加人工色素和香精的食品，不仅对健康有害，还会破坏孩子对其他食物的味觉。

家长更不要喋喋不休地要求孩子吃这吃那，这样更会激起孩子对这种食物的反感，从心理上拒绝食用。

❤ 消除恐惧心理，菜饭发挥创意

孩子拒绝吃某种食物，不一定是不爱吃，很可能是出于对那种食物的恐惧心理。如有些孩子怕吃鱼，很可能是因为曾经被鱼刺扎过，所以，家长应想方设法去除鱼骨之后，再让孩子吃，或让孩子吃刺少的鱼。而家长在做饭的时候也应动些心思，在色香味形上多下功夫，变换花样，让食物变得更诱人、更美味。另外，家长还可以带上孩子一起去买菜，让孩子亲自动手参与择菜、做饭等，孩子在品尝自己的劳动成果时总是会觉得格外香。

但对于挑食的孩子一定不要纵容，也不要过于迁就家庭成员之间截然不同的口味。更不能因为孩子挑食，拒绝吃已经做好的饭菜，家长就起身去给他做别的，这样会让他更得寸进尺，难以纠正他的挑食毛病。

但如果真的是因为缺锌、铁、钙、贫血、胃病、消化不良等疾病引起孩子消化功能降低而影响食欲，就一定要带孩子去医院诊治。

2. 街头 "小·霸王"

说起打架，估计所有的人都不陌生，好像我们每一个人都曾经有过这样的冲动，尤其是在孩童年代。许多时候，孩子甚至都不知道当时为什么会和其他孩子打架，也许只是为了一件玩具。但不能否认，有些孩子确实打架成瘾，无论什么事情，动不动就抬手打人，甚至时常欺负其他孩子，好似街头 "小霸王"，而他们的家长也对自己孩子的恶劣行径感到头疼不已。

故事一：

"妈妈我回来了！"小辉还没来得及回应，儿子强强就像一股风一样，兴冲冲地跑进了屋。

"啊，这是怎么了？怎么弄得这么脏啊？"小辉一看儿子满身是土，衣服领子被撕开了一截，胳膊上还有些血痕，一颗心一下子提了起来，赶紧上前查看儿子的伤势。

"没事，妈，你放心，这点小伤算啥！"儿子拍拍身上的土，一副满不在乎的样子。

"强强，你是不是又和其他小朋友打架了？"此时小辉才真正反应过来。

"嗯。"强强一边拿起桌上的水杯咕咚咚地喝水，一边得意地说，"妈，你知道吗，今天我可是大获全胜，明明他们三个都被我打倒了，瞧他们那狼狈样，哈哈——"

"你这孩子，怎么说你都不听，不是不让你跟小朋友打架吗，你怎么不听话啊？"小辉一听儿子又打架了，就气得不行。

"是他们不让我玩洋洋的玩具，我才动的手。"小强狡辩着，"再说了，他们三个人打我一个，算什么好汉，最终还是我赢！"说完也不等小辉发表意见，就又跑了出去，"大河向东流啊，天上的星星参北斗啊——"

"回来，你给我回来！"小辉看着强强已经远去的身影，不断地叹着气。心想这孩子怎么成了这个样子啊，俨然一个天不怕地不怕的小霸王，老是出去打架，惹祸，这可怎么办啊？

故事二：

文文是个懂事的孩子，由于爸爸经常出差在外，小小年纪，平时常帮妈妈干活，学习也不错。但这世上就没有十全十美的人，他也有让妈妈操心的事，那就是时常和别的孩子打架。那些挨了打的孩子家长常常到他家"做客"，弄得妈妈总得向邻居道歉，甚至有时候在街上碰到人家，都觉得不好意思。妈妈也经常提醒文文不要打架，可是他却总是一犯再犯，弄得妈妈除了"道歉",一点办法也没有。

这不妈妈在送走了告状的家长后,在电话里向文文的爸爸诉苦,埋怨爸爸没有尽到"教子"的责任。其实,爸爸对此也是上火着急,也曾在电话里告诫过文文不能跟其他孩子打架。虽然当时文文答应得好好的,可是过后依然我行我素。偶尔爸爸从外地回来,因为好久都看不到儿子,心疼还来不及,哪儿还想得起教育儿子啊。妈妈更是觉得,文文的爸爸时常不在家,孩子和自己"相依为命",虽然明知道孩子的这种行为是错误的,担心孩子打架出危险,但一看到孩子小小年纪就知道为妈妈分担家务,就不忍心多说什么了。

就这样,孩子爱打架的事情一直得不到很好的解决,仿佛一块心病一样,贴在了文文爸爸妈妈的心上。

这两个故事中的孩子虽然性格各不相同,但他们却都拥有一个共同的特点——爱打架。

而正是这一不良行为让他们的家长为此操碎了心,他们既害怕孩子打伤了其他小朋友,更担心自己的孩子被打伤。而众多家长在对待孩子打架一事处理的方法和态度上也不尽相同。有些家长甚至认为,"小孩子嘛,就是爱打打闹闹的,不必在意"而置之不理,殊不知这种错误想法,很可能给您的孩子或者其他的小朋友带来致命的伤害。所以,对孩子的打架行为一定要禁止。

辨明打架原因,避免主观臆断

面对孩子打架一事,家长不能只知道道歉,而是要分析孩子打架的原因。其实有些孩子爱打架是为了引起别人的注意或是试探他人的反应,有的孩子由于年龄小,情绪波动大、语言表达不清时,也很可能用打架来解决问题。如果是这类原因,家长大可不必过度紧张,可以通过和孩子的交流、沟通,告诉他们这种行为或解决问题的方式是错误的,并把打架可能带来的严重后果告诉他们,让他们认识到打架的错误性。

有的家长一旦知道孩子在外面与其他小朋友打架，就会发扬"大公无私"的精神，在没有问清缘由时，就把错误全都归到自己孩子身上，并加以惩罚；而有的家长在孩子打架问题上，只问打架双方谁年龄大，谁大就是谁错。其实，这些主观臆断，往往会产生不良结果，很可能会冤枉孩子，从而造成孩子的极度不满。因此，当父母为孩子解决打架问题时，一定要先听取孩子的辩解和申诉，弄清打架原因、情节、方式，然后再采取大家都可以接受的方法，从实际出发加以引导，让孩子心服口服。

家长从自身做起，温和善意指导

其实，让家长最头疼的莫过于那些经常动武的孩子，他们总是想靠拳头解决问题，从不考虑他人的感受。面对这样的"打架大王"，家长首先要平心静气，态度温和，绝不能因此打骂孩子，甚至体罚孩子。要知道，这样做对孩子来说也是一种伤害，不但不能从根本上解决孩子打架的问题，甚至可能引起孩子的反抗和报复心理，并把这种怒火发泄到小朋友身上，形成恶性循环。

其实在孩子打架这件事情上，家长应该进行自我反省。虽然每个家长都不希望孩子在外惹是生非，引得人家三天两头上门告状，但更不愿总看到孩子哭哭啼啼，受人欺负。因此对于孩子的打架行为，总是睁一只眼闭一只眼，有些家长甚至认为，"只要自己的孩子没有受到伤害就好，不就是给人家赔礼道歉么"；更有些家长由于溺爱孩子，怕孩子在外面受委屈，甚至错误地教育或暗示孩子："不能受欺负，别人欺负你，你就还手。"这些家长的不良想法恰恰助长了孩子的打架恶习，让他们有恃无恐，甚至认为打架是理所应当的。因此，家长更应查找自身原因，正确教导孩子。

净化视听环境，公平处理问题

当今社会形形色色，大量的暴力影片冲击着人们的视线，这也给孩子们带来了不良的仿效参照。许多孩子在看过关于"黑帮"、"打斗"之类的影视作品后，由于年龄小，理解能力还不完善，很可能错把影视剧中的"黑社会老大"等狠角色当做"偶像"，简单地认为"天下是打出来的"、"武力可以解决一切问题"。因此刻意模仿，用打架的方式去征服和统领甚至欺负其他同龄人。为此，家长应尽量避免带孩子看那些充斥暴力、打斗的影片，多让他们观看适合儿童的影视作品，培养他们团结友爱的精神。

再有，老师或者家长在处理孩子打架问题时应当公平对待，克己互让，彼此协调，说服孩子向被攻击的一方赔礼道歉，使孩子承认攻击他人是错误的。家长对待打架问题的态度对孩子的性格形成和日后人际关系的发展都有着重大影响。

3. 虚拟世界 "小·游侠"

近两年有一款名为"开心农场"的网络游戏很盛行，一见面"菜友"们就会不自觉地互相问道："你今天的菜收了么？""又偷菜了么？""偷菜"早已成了家喻户晓的网络名词，"农场"已经成为人们工作之余又一"开心"的歇息地。在网络迅猛发展的时代，不会上网，或者不能在网络驰骋，那你肯定是"OUT"了。而在这股网络风潮中，青少年以他们的好奇个性和快速的学习能力，已经成了风潮中的主力军，许多孩子很小就沉迷于网络世界。据统计，目前国内约有400多万"网瘾少年"因沾染上了"网毒"而不可自拔。

松松非常爱好电脑，在还不懂事的时候，爸爸就带着他在电脑的键盘上敲敲打打。当时松松可是把它当做一件大玩具，天天对着那个家伙笑。

随着年龄的增长，松松对电脑也越来越感兴趣。起先爸爸妈妈觉得孩子喜欢电脑是好事，都极力赞成，搞IT的爸爸更是喜欢教儿子学习电脑，而松松的确不愧是电脑工程师的儿子，对电脑领悟之快，让爸爸都为之赞叹，还在上小学的松松就成了大家眼里的电脑神童。

但好景不长，渐渐爸爸妈妈发现，松松好像离不开电脑了，成天除了在电脑上面弄来弄去以外，其他一切不管，就连学习也怠慢了。这天爸爸趁松松不注意，悄悄看松松每天在网络上在干什么，这一看不要紧，爸爸发现儿子一天到晚都在鼓弄一些号码，经爸爸仔细辨认才发现，原来儿子正在破解密码，试图盗取别人的QQ号码。

这一发现可让爸爸惊出了一身冷汗，敢情儿子要当"黑客"。

"松松，你在干嘛呢？"爸爸稳住情绪，发了话。

"我，我没干嘛——学电脑程序呢。"精神完全投入到"工作"状态的松松，根本没想到爸爸就在身后，说话有些语无伦次。

"你为什么要盗取别人的密码？"爸爸严肃地问儿子，"难道你努力学习电脑就是为了这个？"

"怎么了？儿子你干嘛呢？"这时妈妈听见爸爸训斥松松，从屋外也走进来了，"你黑着脸冲儿子吼什么？"

"恭喜你，你儿子要当'黑客'了！"爸爸生气地不知道该说什么好。

"开什么玩笑，松松才多大啊？"妈妈根本就没当真。

"你以为我在跟你开玩笑啊？"爸爸压着怒火，"他成天沉迷于电脑，我还以为他迷恋上游戏了呢，谁想到，他原来在打这个主意。"

松松低着头，一句话也不说。"儿子，原来你真的——"妈妈也慌了神。

这时，爸爸稍平息了一下情绪，拽过松松，语重心长地说：

"松松，爸爸问你，你为什么想盗别人的密码？"

"我觉得好玩。"松松一直低着头，"人家美国一个9岁的小孩都能入侵学校的系统。我只是想试试，看看自己有多大的本事——"

妈妈瞪大了眼睛，仿佛都不认识自己的儿子了。

"儿子，爸爸跟你说，学习电脑是为了更好地学习、工作，为社会作贡献，千万不可用自己的本事走歪路啊！"爸爸看着自己的儿子，"你看你，最近为了这些无聊的东西，连学习都耽误了。你还是个小学生，要把学习放到首位。虽说学习电脑知识是好事，但除了电脑，我们还有很多事情是电脑所不能代替的，不能成天沉迷于电脑，更不能用自己所学的电脑知识和本领来做错事啊！"

"爸爸，我知道错了，我以后再也不这样了。"松松低着头小声地说。

爸爸的一席话，让崇拜网络"黑客"的松松似乎明白许多道理，也令他走出了网络的泥潭。然而，许多沾染上网瘾、拼命于网络游戏的孩子，却不明白他们为什么除了游戏对什么都不感兴趣。

小夏那黑暗的房间静悄悄的，电脑屏幕上不时闪着耀眼的蓝光，一群小人在屏幕上火爆地厮杀着。而小夏，头戴耳机坐在电脑前，全神贯注熟练地操作着键盘，身子随着屏幕上的小人来回地晃动。

奶奶再次敲响了她的房门，"小夏，好孩子别玩了，你看看都几点了，明天还上不上学啊？"奶奶焦急的声音似乎并未打动小夏。

奶奶见屋里没有回应就推开了房门，看见孙女正精神集中地打着游戏，不禁摇摇头，上前摘掉了小夏耳朵上的耳机，"小夏，该睡觉了！"

"就差一点了，奶奶，你先睡吧。打完了我就睡！"小夏连头都没回。

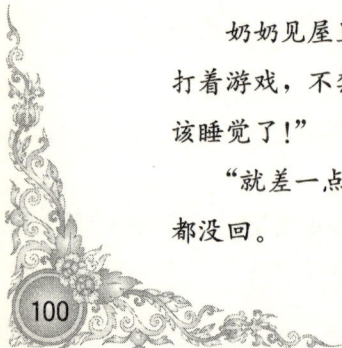

"不行，都夜里12点了，明天你还要上学呢！"奶奶觉得不命令已经不行了，"你要是再这样，我就告诉你妈，让她把你接走，看你到时候还玩不玩！"

小夏这才转过头来，无奈地看了看奶奶，"好，睡觉！"这一晚总算糊弄过去了。

第二天，一放学，小夏就紧赶慢赶地跑回了家。一进家门，就冲进了自己的房间。奶奶以为发生了什么事，赶紧追进了房间一看，原来孙女忙着回来是玩电脑，看她那百爪挠心的样子，就知道她又要跟电脑开战了。

果不其然，小夏一屁股坐在电脑桌前就没有起来过，就连奶奶叫她吃饭，她都不理，直到要上厕所才跑出来。从厕所出来后，看见餐桌上的饭菜还没有收，就胡乱地吃了两口，然后又钻进屋里，不出来了。无论奶奶怎么叫，她都不动弹。

无奈，奶奶给小夏的妈妈挂了电话，一听说女儿染上了网瘾，妈妈急得不知如何是好。

许多家长对"网瘾少年"一词，可谓是闻而丧胆，他们一旦发现自己的孩子染上网瘾，就会不知所措。众所周知，孩子一旦染上"网瘾"，不但极容易耽误学习，造成种种家庭矛盾，而且还对孩子的身心健康造成严重的影响。为了帮助孩子戒除网瘾，家长们用尽了办法，但效果微乎其微。其实，要想解除孩子的网瘾，首先还是要应用好心理战术。

了解网瘾毒害，摆脱精神依赖

现今，互联网早已悄悄地渗透到人们生活的每一个角落，在人们能够想象的领域中，它几乎无所不在。人们可以通过它结交新朋友、和老朋友保持联系、浏览信息、享受视听等等。网络不但改变了人们的生活，还给人们带来极大便利，尤其是青少年，网络已经成了他们生活不可分割的一部分，因此产生了网络成瘾的新问题。

网络成瘾，作为一种心理症状困扰着成长中的孩子。它很可能会诱发孩子"情感冷漠症"，让孩子对外界事物失去兴趣，不善社交，成天沉溺于虚拟的网络世界而不能自拔，甚至还出现记忆力下降等症状。

患了网瘾的孩子从精神依赖发展为躯体依赖，不上网时，就会表现出情绪低落、思维迟缓、头晕眼花、疲乏无力和食欲不振等症状，只有上网后精神状态才可恢复到正常水平，对孩子的身心健康极为不利。

因此，家长一旦发现孩子把所有的兴趣都转移到电脑上，对其他的事情开始漠不关心，那孩子很有可能已经对电脑产生了依赖，也就是说染上了"网瘾"，这时一定要想方设法让孩子脱离电脑的诱惑，摆脱这种精神依赖。

正确了解网络，培养多方兴趣

孩子既然把网络当成万能的魔法，那家长首先就是要让染上网瘾的孩子正确对待电脑和网络，正确看待上网聊天或游戏的作用。家长要让孩子明白，无论网络呈现出多么真实的画面，它可能满足人们在现实生活中无法得到满足的一些心理上的需求，但毕竟那是虚拟世界，不能代替真实的生活，更不能因为上网而放弃一切。从而使孩子懂得人终究要生活在现实中，不能逃避现实中的任何问题。一旦孩子明白了这个道理，以后对待网络就会有比较正确的认识，也比较容易控制自己。如果孩子的自我控制能力较差，家长还可以请求同学和老师一起帮助监督管理，通过多方面的控制和监督使孩子渐渐戒除网瘾。

不仅如此，家长还要帮助有网瘾的孩子建立良好的交际圈，增加孩子的人际交往，并且培养他们更多方面的兴趣爱好，良好的人际关系及人际交往的增多，还可以扩大孩子的兴趣范围和种类，从而减少孩子对网络的依赖，避免孩子出现除了上网以外没事干的局面。

加强心理沟通，亲情融化感动

家长在教育有网瘾的孩子时，要加强与孩子的心理沟通，让孩子自觉意识到沉迷网络会对自己的身体造成严重的伤害，还很可能会并发"电脑眼病综合症"，导致视力下降、眼睛干涩、发痒、灼热、疼痛和畏光等，还会伤害腕关节、颈椎和腰椎，影响消化功能，所以要控制上网的时间。

其实，很多孩子沾上网瘾，除了性格比较内向、自卑、压抑和缺少朋友等原因以外，都与家庭内部状况有关，很多孩子迷恋网络，也是因为家庭的氛围不和谐、亲子关系不好。由于家长陪伴孩子的时间少、监管力度不足以及教养方式冲突等都会损害孩子的心理健康，孩子得不到来自父母的温暖，容易出现心理和行为上的偏差，导致孩子过度迷恋电脑、网络，以逃避现实生活中的各种烦恼。

因此，这就需要家长尊重和关爱孩子，无论自己有多忙，也要拿出一些时间来陪伴孩子，了解孩子的所需、心理以及他们的烦恼，要让家庭环境和谐民主，亲子关系紧密地交织在一起，形成家庭整体氛围。用亲情感化孩子，让孩子在充满亲情和友爱的环境里健康成长。

4. 情有独钟 "电视迷"

看电视，早已成为现今社会不可或缺的娱乐活动。大家平日下班回到家中，最普遍的就是打开电视，新闻、电影、文艺、体育等五彩缤纷的节目让人目不暇接。而好节目、好电视剧更是人们茶余饭后的谈资。

记得上一代人小时候，电视并不是很普及，别说小孩子，就是大人也缺乏这种娱乐。而今大不一样，各类的卡通片、儿童节目吸引了无数小朋友的眼球，从而也造就了不少小"电视迷"，他们对电视情有独钟，有些甚至跟"网瘾少年"差不多。

芊芊就是这样一个小"电视迷"，每天抱着电视看不停，成天离不开电视，而且还什么节目都看，就是大人们热衷的电视剧，她也都知晓，谁要是顺口问上一句，她都能给你讲个头头是道。

为了看电视，芊芊总是找借口不去幼儿园，因为幼儿园里不让看电视。起先爸爸妈妈也没当一回事，如果她不愿意去幼儿园就送到爷爷奶奶家，爷爷奶奶还巴不得他们的宝贝孙女去呢。

这回芊芊更是如鱼得水了，到了爷爷奶奶家那还不是都听她的？于是爷爷奶奶家的电视就成了芊芊的专有物品，只要她往电视机前一坐，那就是目不转睛，连吃饭都是一边吃一边看，即使是奶奶家那边的小朋友叫她一起玩，她都不去，电视从白天看到晚上。

渐渐地，爸妈和爷爷奶奶都发现了芊芊痴迷电视的毛病，觉得再爱看电视也不能没有时间概念啊！大家都怕电视毁了芊芊的视力，便开始逐渐限制，可是只要把电视关掉或者不让看，芊芊就大哭大闹，最后家人拗不过她，只好让她看。

这天晚上，芊芊又坐在电视机前一边吃晚饭一边看电视，一家人吃过晚餐，爸爸妈妈收拾好碗筷，就到厨房刷碗了，而芊芊依然津津有味地看着她的电视，还不时偷偷地乐。从厨房回来的妈妈看到芊芊怪怪地、嘻嘻地乐，问道："芊芊，你乐什么呢？"

"妈妈你看，"芊芊用手指着电视屏幕，"他们在亲嘴呢！"

"啊？"妈妈赶忙把目光移向电视，"这孩子，你怎么什么都看啊？"妈妈说着赶紧拿遥控器换了台。

这下，芊芊可不干了，"我就要看刚才的电视剧，我要看！"说着大哭起来。

"怎么了？"爸爸和爷爷奶奶也进了屋。"孩子要看就让她看嘛。"爸爸边擦手边说。

"看什么看，看大人接吻啊！"妈妈一脸的不高兴，"一天到晚就知道让孩子看电视，也不管电视里演的是什么。早晚孩子都让电视给毁了！"

这时，爸爸和爷爷奶奶才意识到问题的严重性，"芊芊，你怎么什么都看啊?"

芊芊哪里懂那些,还是嚷嚷着要看刚才的频道,颇有点誓不罢休的感觉。

"从今往后,芊芊你不许再看电视了,明天我就送你上幼儿园,不去也要去!"妈妈着实生了气。

芊芊听了妈妈的话,哭得更厉害了,母女俩就这样较起劲来。妈妈索性关了电视,芊芊依然嚎啕大哭,弄得爸爸和爷爷奶奶在一旁干着急,不知是说芊芊好,还是劝妈妈,整个晚上大家都闷闷不乐。

由于时代的进步与发展,孩子也随着电视节目的日趋丰富多彩而领略着大千世界的多姿多彩。但同时,从卡通片到成人影视剧,从充满暴力的血腥画面到谈情说爱的床上镜头,也无不展示在孩子面前,使孩子不得不过早地进入成人世界。孩子从电视里不但看到了很多不该看的内容,而且对电视的兴趣远远大于看故事书、听音乐、与人交流等等。

为此很多家长都不愿意让孩子看电视,害怕孩子从电视上学到不该学的东西,但电视毕竟是大众媒体,毕竟可以从一些节目中学到不少知识,开拓孩子的眼界,所以,在孩子是否应该跟电视结缘这一问题上,也应一分为二地看待。不过,从孩子健康的角度上分析,如果孩子迷恋电视,对他的身心健康的确有着不小的负面影响。所以,家长还是应该适时制止孩子迷恋电视的行为。

拒绝电视骚扰,严格作息时间

电视节目常常给观众以感官刺激,太过惊险刺激的画面和音效会给孩子造成紧张情绪,容易造成孩子晚上睡不好觉,甚至做恶梦;由于孩子年龄比较小,对世间万物的分析能力较差,很容易误认为电视节目中的生活就是真实的生活,又加上孩子的模仿能力和学习能力比较强,所以电视节目中的情景及语言,不管是好还是坏,他们都会在不知不觉中学到;而长时间地看电视,也剥夺了孩子的日常活动时间,孩子们所需要的正常游戏、听讲童话故事、学习音乐唱歌跳舞、跑跑跳跳运动以及静静地看书的时间全部被电视所占用，影响了孩子的正常学习；再有孩子迷恋电视后，就没有了和父母谈话聊天或和其他人进行交流的时间和愿望，不仅影响了亲子关系的质量，更会使孩子语言能力下降、视力下降。

因此，为了孩子健康成长，家长必须严格控制孩子看电视的时间，如不能边看电视边吃饭，不要在孩子的卧室放置电视，避免为孩子创造过度依赖电视的条件；尽量不要让3岁以下的孩子看电视，尽量避免孩子观看过于言情、暴力或有恐怖画面的影视节目，尤其是学龄前的孩子，最好少看电视，在睡觉前一小时也尽量避免孩子看电视，让孩子平缓过渡，松弛地进入睡眠。

🕊 严格筛选节目，评判节目好坏

有些电视节目的内容非常不适合孩子观看，这就需要家长对电视节目进行严格筛选，不适合孩子观看的一律不能看，态度要坚决，不能随便把遥控器交给孩子自由使用；不能让孩子自己选择观看内容，严格控制孩子看电视的范围，家长可以根据孩子的年龄特点选择趣味性、知识性、故事性强的卡通片、儿童片以及益智类的节目让孩子观看，尽量避免让小孩看成人片；而对于孩子非常乐意观看的节目，家长一定要亲自从头到尾审看，认真分析这个节目是否对孩子有益，即使是卡通片也不能轻易相信其内容的正确性和教育性；家长可以通过节目预告和电视节目报，提前对孩子观看的电视节目进行筛选，尽量选择对孩子有益的节目。

在看电视的时候，家长一定要陪伴在孩子身边，并和孩子一起对电视节目进行评判和讨论，告诉孩子，电视节目都是"做"出来的，不一定就是真实生活的再现，有些甚至只是纯粹的娱乐，在现实生活中根本不存在，让孩子明白这些节目不能不加分析地全盘接受或信以为真。这样才能使孩子分清事实，不容易受电视的不良影响。

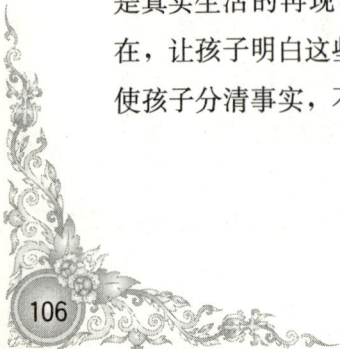

✤ 家长以身作则，策划孩子活动

对于沉迷于电视的孩子来说，家长除了要教育、纠正孩子这一不良行为，还要花时间好好策划一下孩子每天的活动，运用注意力转移的方法分散孩子对电视的注意力，填补没有电视的空白时间。家长可以让孩子多接触其他的小朋友和其他活动，安排孩子看书、锻炼、户外活动、假日旅游等活动，培养孩子的多种兴趣，充实孩子的生活。一旦孩子拥有了比看电视更感兴趣的活动，他们自然就会摆脱对电视的依恋。

但这些都需要家长的亲自策划与帮助，因此家长一定要以身作则。有些家长由于工作繁忙，总是没有时间和耐心关照孩子，常常自己工作紧张，不愿意孩子打扰时，就打发孩子去看电视，这样久而久之养成了孩子迷恋电视的习惯；而有些家长本身就是个电视迷，成天带着孩子看自己喜爱的电视节目，很少考虑到孩子的年龄特点和需求，造成孩子也跟着天天看电视。

因此，家长首先要检讨自己的行为，规定好每日固定的收视内容和时间段，限制自己看电视的时间，也给孩子明确制定收视的时间和内容，并陪伴孩子一起观看，帮助孩子理解影视内容，引导孩子正确观赏影视节目，体会影视作品的精髓，培养孩子正确的价值观，从而让孩子摆脱电视的强大吸引力，使孩子健康快乐地成长。

5. 贪便宜的"小气鬼"

威威今天特别高兴，从幼儿园里回来，一路上都兴高采烈

的。妈妈看着儿子这样高兴，很是好奇，"儿子，你今天怎么这么高兴啊？"妈妈不禁问道。

"我今天得到了好东西！"威威兴奋地说，还不时地偷笑。

妈妈很是不解，心想一个小孩子得着什么好玩意了，这么高兴，"什么好东西啊？给妈妈看看行吗？"

"回家我再给妈妈看。"威威还沉浸在喜悦中。

到了家里，儿子终于憋不住了，从兜里拿出一个小兵人的玩意，在妈妈面前晃了晃，"妈妈，你看！"

"哟，这是什么啊？"妈妈拿着这个陌生的小兵人，看了半天。

"这是小兵人，就是那种打仗套装里的小人中的一个。"威威为妈妈解释着，"我可喜欢这个了。"

这时，妈妈猛然想起一件事。那还是去年，妈妈带威威去玩具商店挑生日礼物。当时威威看上了一套作战小兵人模型的玩具，由于那套玩具太贵了，所以妈妈没有给威威买，而是给威威选了另一件玩具，当时威威很是不高兴呢。

妈妈看见威威欣喜地拿着这个玩具，忽然想起了什么，"威威，这个东西你是怎么得到的啊？这不是一套吗，怎么你只有一个啊？"

威威见妈妈问他，就神秘兮兮地走到妈妈面前，低声说："这是我们幼儿园小朋友彭明的。他今天拿了一套小兵人跟大家玩，结果在收拾的时候，不小心把这个给落下了，被我捡到了，呵呵。"威威一边说一边得意地笑着。

妈妈看着威威心想，我说这孩子怎么这么高兴啊，敢情是占了别人的便宜，"儿子，听妈妈的话，明天把这个小兵人还给小朋友好吗？"

"不嘛，这是我捡的，我为什么要还给他？"威威任性地说。

"好儿子，听妈妈的话，这个便宜咱们不能占。"妈妈耐心地劝着威威，"你想啊，人家好好一套小兵人突然缺了一个，如果换做你，那你会不会急啊？"

威威默不作声地看着手里的那个小兵人，又看了看妈妈，默默地点了点头。

贪小，好占小便宜，这个毛病很多人都有，这也许是人性的弱点吧。其实很多孩子在利益面前都会出现举棋不定的状况，一半是好奇、一半是贪欲，一旦把握不住自己，那很可能就会从贪图小便宜慢慢发展成为"偷窃"行为。而孩子的这一不良品行很多时候往往是受大人的影响。

凡凡又跟着奶奶去菜市场了，这一次祖孙二人可是收获不少，黄瓜、西红柿、茄子还有扁豆等等，一应俱全，这可是为了迎接今天周末家里大团聚准备的。

祖孙俩拿着东西欢欢喜喜地回了家，没想到今天凡凡的妈妈回来得特别早。她看着奶奶和凡凡买的一大堆菜，高兴地说："凡凡真行，会帮助奶奶买菜了。"

"嗯，我还会帮奶奶砍价呢。"凡凡自豪地说，"对了，我还能帮奶奶——"

"好了，凡凡赶紧帮奶奶把菜拿到厨房去。"奶奶似乎有意打断了凡凡的话。

凡凡"哎"了一声，便高兴地把菜一趟一趟地抱到了厨房。

妈妈看着凡凡干得热火朝天，但不知为什么总觉得刚才好像奶奶有意不让凡凡说什么，就想找机会问问凡凡。

机会终于来了，奶奶去忙活晚饭了，屋里只有凡凡和妈妈在玩拼图。

"凡凡，你刚才说你还能帮助奶奶干什么？"妈妈一边跟凡凡玩，一边装做漫不经心地问凡凡。

"砍价啊。"凡凡专心地找着图片。

"妈妈问的不是这个，是后来被奶奶打断的那句。你说，你还能帮奶奶干什么来的？"妈妈刻意地提醒凡凡。

"还能，还能——"凡凡突然想起了什么，"哦，还能——奶奶不让说。"

"没关系，你悄悄告诉妈妈。"妈妈看着凡凡。

"妈，我告诉你，你可不能跟奶奶说是我说的。"凡凡神秘地小声对妈妈说。

"我每次都帮奶奶捡菜。"凡凡看见妈妈点头，就小声对妈妈说。

"捡菜？"妈妈似乎有些不明白，"在地上捡菜？"

"不是，"凡凡笑了，"是在买菜的时候，趁卖菜的不注意多往奶奶的兜子里放菜。"

"啊？"妈妈这一听可非同小可，"是奶奶让你这么做的？"

凡凡点点头，"奶奶说，这些卖菜的太'黑'，不多拿他点儿，那咱们就吃亏了。"

此时，妈妈简直不知该说些什么，努力地保持平和的语调对儿子说："凡凡，做人要诚实，不能贪图人家的小便宜。妈妈告诉你，不管以后奶奶怎么说，你都不要再这么做了好吗？"

凡凡认真地看了看妈妈，点了点头。

每个家长都希望自己的孩子非常精明能干，不希望孩子在任何方面吃亏，总是希望孩子在某些方面能压倒别人，甚至能够占到"便宜"。但如果能够不用费力就获得了自己想要的东西，这样的"便宜"自然会让孩子感到欣慰和高兴，久而久之这种不劳而获的心理将导致孩子走向弯路。因此，家长在对孩子爱贪图小便宜的行为一定要及时制止和纠正。

家长防微杜渐，及时教育孩子

由于孩子年龄的问题，他们并没有真正分清"自己的"与"非自己的"二者的概念，有些孩子由于好奇心和原始的"恋物"心理，常常会将心爱的玩具等一些东西带回家，幼稚地认为好玩的东西应该跟自己永远在一起。由于孩子的道德观念还没有完善，所以并不具备什么负疚感。因此，为了防微杜渐，家长一旦发现孩子的这种贪小行为，就必须及时制止，杜绝孩子贪婪欲望的继续发展。

当孩子出于对某件东西的喜爱，在好奇心的驱使下"顺手牵羊"而尝到"甜头"后，就会产生"得来全不费功夫"的"成就感"，久而久之，贪欲越来越大，而这种贪小的行为也会渐渐习惯成自然，甚至还会导致孩子的这一行为发展成为偷窃。不仅如此，孩子不劳而获和贪图小便宜的心理，还会招来犯罪分子的引诱，给孩子造成人身危害。

所以家长一定要及时纠正孩子的贪小行为，从小教育孩子不占他人便宜；要让孩子明白天下没有免费的午餐，任何获得都是需要付出相应代价的；教育孩子不要接受不明不白的礼物和馈赠，不受利益和小便宜的驱使，正确看待不属于自己而自己喜欢的物品。

纠正错误观念，遵守社会准则

孩子爱占小便宜和不自觉地拿了不属于自己的东西，可能是出于多种多样的心理。有些孩子认为自己拿走别人的东西而没有被人发现是"英雄"所为，表示自己很能干、很聪明，甚至有时还会在家长面前炫耀自己的这种"能力"和"本领"；而有些孩子则出于"有便宜不占，便是吃亏"的心理，错误地认为利益面前人人抢先，把占便宜当成最大的欣慰；还有些孩子是受家长和周围人的影响，对没有人注意和认领的东西，顺手牵羊据为己有。

孩子的多种错误观念，导致孩子渐渐形成了贪图小便宜的不良习惯。对此家长必须教导孩子，不动别人的东西和不贪图便宜是社会的公共准则，人人都必须遵守。要让孩子从小就了解这种不良行为会受到社会的谴责和唾弃，更要告诉孩子故意拿了不属于自己的东西的行为是可耻的。还要让孩子从小就明白贪图小便宜的习惯很可能被坏人利用，导致自己受到伤害。从而让孩子从内心明白这一行为的错误性，自觉杜绝占便宜行为。

家长施教得当，耐心对症下药

家长对孩子贪小的习惯一定要正确认识，耐心教育。但在教育孩子的同时家长也要注意自身的行为，其实孩子爱占小便宜的心理很多都来自家长的"亲身传授"。有些家长内心非常希望自己的孩子能事事占到便宜，只要孩子占了便宜，就会替孩子感到高兴和骄傲；而有些家长带孩子去购物时，常常在已经够分量时，还多拿菜贩的菜或物品，使孩子认为这种行为是必然的，没有什么大不了，时间长了，也渐渐养成这种占小便宜的习惯；还有一些家长自身便有贪小意识，在促销柜台前，让孩子三番五次地去领免费的试用品，并表扬孩子能干，无形中让孩子离不良行为越来越近，逐渐养成不劳而获的意识。

因此家长一定要在孩子面前以身作则，不占他人的便宜，让孩子学会克制自己的欲望，不能随便接受或者拿别人的物品。要注重提高孩子的道德修养，增加对孩子精神层面的教育，让孩子明白精神世界丰富、正直善良和乐观向上才是应该拥有的美德。

还需提醒家长注意的是，绝对不能因为孩子贪小而打骂孩子，这并不利于孩子改正错误。家长要细心观察并发现孩子的不良行为，并及时给予教育；要主动和孩子谈心，了解他们的内心世界，了解孩子的需求，了解他们占小便宜的心理，对症下药，耐心教育引导，使孩子逐渐改正贪小便宜的不良习惯。

6. 人小·也喜烟好酒

不知大家是否曾看过优酷的一个视频，上面播放的是在成都一个广场上，有几个看样子也就 7 岁左右的小孩，在大庭广众之下肆无忌惮地吸烟。更令人咋舌的是一个关于一个两岁小孩熟练地点烟吸烟的视频，周围看热闹的大人竟然还在鼓励这个孩子，而这个孩子抽烟时的动作、神态十

足一杆"老烟枪"，而旁边的大人们对他的表现阵阵喝彩，却没有人上前劝阻，都兴奋地看着孩子的"表演"。这些令人痛心的画面，实在值得深思。

故事一：

彬彬刚刚上小学，就开始了他的"烟民"生涯。也不知从什么时候开始彬彬学会了吸烟，而最早发现彬彬吸烟的是他的班主任老师。

那是一天中午，已经是午休时间了，校园里静悄悄的，班里的同学吃完午饭都在教室里休息或者做作业。由于学生年龄小，班主任老师吃完饭便到教室里陪同学们，老师坐在讲台前，无意间发现班里好像少了一个人。这一发现让老师有些着急，于是老师清点了一下人数，的确少了彬彬。由于这些孩子刚刚上学没多久，有些学生还不适应学校的环境，为此老师很是操心。

此时，班主任老师的第一反应就是找人。她首先询问了班上的同学，在没有得到答案后，起身走出了教室，到操场上转了一圈，没有人，又在楼里转了一圈，还是没有人。这下可把班主任老师给急坏了，彬彬上哪里去了？老师在慌乱之时突然想到了一个地方——卫生间。

于是，老师跑到了男卫生间门口，叫了两声，里面没有任何回音。老师一时没了办法，站在那里，犹豫着是否进去看看。就在这时突然一个小脑袋从男卫生间里探了出来，恰巧和老师打了个照面，老师一眼认出这就是彬彬。

"彬彬，你在这儿啊！老师刚才喊你半天你怎么不出来啊？"老师找到了学生有点喜出望外，"快出来跟老师回教室。"

可是彬彬好像没有听到老师说话，还是只露出一个头，整个身子被墙挡着，就是不出来，也不说话，一双小眼睛紧紧地盯着老师。

老师觉得有些奇怪，便走上前去，突然一股烟草的味道迎面扑来，老师来不及多想，就把彬彬拉了出来。这时老师才看见彬彬的手里竟拿着半根燃着的香烟。

老师被这一发现震惊了，"彬彬，你躲在厕所里吸烟?"老师都不敢相信自己的眼睛。

彬彬低着头，不说话。"彬彬，你小小年纪怎么竟然会吸烟啊?"老师还是不相信自己看到的一切，"这烟是哪里来的? 你爸妈知道吗?"老师拿过香烟弄灭后扔到垃圾箱，拉着彬彬回到了教室。

下午放学后，老师见到了彬彬的爸爸，把彬彬在学校抽烟的事情告诉了他。爸爸起先惊讶不已，他根本就不知道彬彬会吸烟。在爸爸和老师的教导下，彬彬终于将抽烟的事情说了个明白。

原来，彬彬是跟表哥学的抽烟，上中学的表哥在寒假时也去了奶奶家，他经常背着爷爷奶奶偷偷在屋里抽烟，有时被彬彬看到，他就教彬彬也抽两口。表哥还总是说，"你看那帮老大，嘴里叼着烟的样子多神气啊! 男人要是不会抽烟、喝酒，那还算是男人吗?"

彬彬就这样被表哥左一口、右一口地教会了，而且在表哥的带动下竟然还有了小小的烟瘾。于是，刚刚上学的彬彬就上演了偷偷吸烟的闹剧。

如今彬彬的"吸烟事件"终于真相大白，爸爸看着刚刚 6 岁的儿子，心里就好像打翻了五味瓶，不知道是个什么滋味。

故事二:

"来，再喝一小口。"在爷爷的吆喝中，虎虎端起爷爷的小酒盅一饮而尽， "好，是爷们!"爷爷看见孙子如此豪爽，乐开了花。

"好酒!"虎虎也学着爷爷的样子洋洋自得。

"你怎么又给孩子酒喝?"这时奶奶走了过来，"他妈都说过好多次了，不能让孩子喝酒，你这老头，怎么越老越糊涂了?"

"男孩子喝点酒算什么啊!"爷爷自己也喝了一盅， "哦，喝酒就能学坏啊，我喝一辈子酒了，也没干什么坏事啊。"

"虎虎妈妈说了，喝酒对孩子健康不好！"奶奶瞪了爷爷一眼，"他才几岁啊，非要让他以后跟你一样成酒鬼？"

"行了，我们爷孙的事情，你少管。"爷爷有些不耐烦了，"来，孙子，咱们喝酒吃肉。"

说着，竟然不顾奶奶的劝告又端起刚斟满的酒盅拿到虎虎面前。说来也巧，由于工作繁忙很少露面的虎虎妈妈和爸爸此时恰巧进门。

一进门就看见虎虎红着的小脸和爷爷已经举在儿子面前的酒杯，气不打一处来的虎虎妈妈一个箭步走上前，"爸，您怎么又让虎虎喝酒啊？"说着推开酒盅，拉过孩子。

奶奶赶紧过来解围，"这不他爷爷跟虎虎闹着玩吗，虎虎就沾了一小点儿，没喝。"

"妈，"虎虎妈妈余怒未消，"不是我事多，你们二老，怎么能让孩子喝酒呢？"

"一个男孩子，喝点酒算啥？"爷爷刚才被妈妈抢白，有些不高兴了。

"算了，虎虎以后不许喝酒啊！"爸爸见气氛不对，忙过来打圆场，"爸妈你们以后不能这样惯着虎虎。"

"孩子不就是喝口酒吗，瞧你们这大惊小怪的！"也许是酒精的作用，爷爷的声音有点大。

"小孩子不能喝酒，这样会对他的健康不利的。"妈妈一边给虎虎弄着解酒的菜，一边说着，"要是您再让虎虎喝酒，我们就只好把虎虎带走，自己带了。"

此话惹怒了爷爷，他就是不明白虎虎的妈妈干嘛把这件事看得如此重，于是一场因为孩子喝酒引起的家庭战争爆发了。

我们都知道，烟草烟雾中的一氧化碳含量很高，吸入人体后，与血液中的血红蛋白结合成碳氧血红蛋白，使血红蛋白不能正常地与氧结合成氧合血红蛋白，因而失去携氧的功能，会造成大脑缺氧。由于人的大脑对氧的需要量大，对缺氧十分敏感，因此，吸烟量过多，人就会出现精力不集中，甚至头痛、头昏现象。而长期吸烟，还很可能导致大脑损害，令思维迟钝，记忆力减退。而长期大量饮酒可能会引起血压升高、消化不良、胃肠道慢性炎症等多种疾病，还会引起大脑功能失调、神经衰弱、智力减退、记忆力下降等症状。

抽烟喝酒等不良的行为不仅会对成年人产生不良影响，对于没成年的孩子更是危害无穷，严重影响孩子的学习、健康和生长发育。因此家长对于孩子抽烟喝酒的不良行为一定要坚决制止，决不姑息。

🕊 学校严格管理，注重心理调适

虽然喝酒抽烟的危害如此之大，社会也极力宣传烟酒的危害，对禁止未成年人吸烟饮酒做出了极大的努力，但要想真正杜绝孩子吸烟饮酒，根本还是在于家庭和学校共同努力。学校要严格规定针对吸烟喝酒学生的专门校规，并充分发挥课堂教育，开展主题班会，讲解吸烟喝酒的危害，让学生们共同探讨如何杜绝和禁止吸烟喝酒这一行为。学校、老师还要注意学生的心理调试，随时与吸烟喝酒学生的家长保持联系和密切合作，随时了解这些孩子的行踪，积极干预孩子吸烟喝酒的行为。学校还可以充分发挥班集体、共青团和少先队的作用，组织监督和帮助小组，对吸烟喝酒的学生进行及时帮助，防微杜渐。

同时，学校还可以积极开展丰富多彩的校园活动，组织体育竞技、郊游、志愿者队伍等健康有益、积极向上的课外活动，让孩子们心情愉悦、乐观豁达、健康向上。同时大力宣传吸烟酗酒有害身体健康等知识，让孩子充分认识吸烟酗酒的危害，从而远离烟酒的诱惑，主动戒烟戒酒。

🕊 家长改变观念，尽量以身作则

为了更好地教育孩子远离烟酒的困扰，家长也需要学习，改变观念。有些家长总是认为，在节日里孩子喝一点酒精比较低的酒不会影响孩子的健康，个别家长甚至有意让孩子学习喝酒，这些都在不知不觉中养成了孩子饮酒的习惯；有些家长自身就常常抽烟喝酒，而且还常常当着孩子的面，从不忌讳；更有些家长在看到孩子吸烟饮酒的时候不以为然，觉得孩子早晚都要学会，只要不影响学习就行了。

家长的这些错误观念更助长了孩子抽烟喝酒的坏习惯。所谓"上行下效"，因此家长一定要以身作则，尽量避免或者尽量少在孩子面前吸烟饮酒，并努力改掉自己吸烟饮酒的坏习惯。当发现孩子小小年纪就吸烟喝酒时，千万不要打骂，要用平和的心态来看待这件事情，以免孩子产生逆反心理。对待孩子这一不良行为，家长要耐心教育纠正，与孩子一起改正这一不良行为，让孩子懂得什么是良好的生活习惯和正确的生活态度，给孩子提供更自信、更健康的生活，使孩子逐渐改变吸烟喝酒的不良行为或习惯。

7. 离群的"丑小鸭"

悠悠长得不算漂亮，人也很瘦弱，平时说话的声音比蚊子还小，许多阿姨都戏称她是个"林妹妹"。不知从什么时候开始，悠悠就不太愿意跟周围的小朋友们玩，已经到了上幼儿园的年龄，但她就是不愿意上幼儿园。爸爸妈妈没有时间单独看着她，所以即使她不愿意，也要去幼儿园过集体生活。

这天，妈妈终于把悠悠送进幼儿园，跟老师简单交代了几句，就急匆匆地赶去上班了。悠悠一直在幼儿园门口目送着妈妈离去。老师看着初次来幼儿园的悠悠闷闷不乐，就赶紧把她带进班里，给她介绍小朋友们。

小朋友们对新来的悠悠很是欢迎，纷纷拿出手中的玩具跟她玩，还热情地和她聊天，可是悠悠却还是不开心。

上过几堂课后，到了大家自由活动的时间了，小朋友们都是三个一群，两个一伙，在幼儿园的院子里开心地嬉戏。唯独悠悠自己一个人呆在教室里，不出门，不管哪个小朋友叫她，她都无动于衷。

老师看到悠悠独自坐在教室里，就过来动员她跟小朋友一起玩，可是悠悠说什么都不愿意，就自己玩着妈妈给她带来的布娃娃。

老师正在想主意让悠悠和大家一起玩，这时一个小朋友进来，看见悠悠手里漂亮的布娃娃，"悠悠，你的布娃娃好漂亮啊，咱们一起玩好吗？"说着过来拉悠悠。

"不嘛，这是我的，就我自己玩，"悠悠甩掉小朋友的手，"我才不要跟你们这些疯孩子一起玩呢！"

此话一出，不但惊到了老师，更激怒了小朋友，"你才疯呢，就你这样，没人喜欢你，以后我们都不跟你玩了！"小朋友说着转身跑出了教室。

"我才不想跟你们玩呢，哼！"老师惊讶地看着一脸无所谓，在一旁嘟囔着的悠悠，心想，这孩子到底是怎么回事呢？没想到她这么孤僻。看来等她妈妈来接的时候，一定要和她妈妈好好谈谈了。

其实，悠悠这样孤僻的孩子在现实生活中也并不少见。现在的孩子由于生活环境的限制和生活理念的改变，大都生活在自己的"小圈子"当中而不能自拔，他们甚至对周围的人和事都不关心，把自己孤立其中。但随着社会的发展和竞争的不断加剧，这种孤僻不仅会对孩子的性格产生巨大的影响，有些孩子甚至因为在竞争中失利而采取躲避的方式，使自己陷入孤立无援的境地。

小玉也是个有些敏感的孩子，他平时很在意别人对他的评价。一天小玉从学校回到家中，就一直沉默，不愿意说话，不管妈妈怎么问他，他都不说。起先妈妈没有太在意小玉的这一表现，心想，孩子指不定又跟谁闹别扭，过两天就好了。

可是出乎妈妈的意料，从此以后小玉越来越不爱接触人，平时总是在家里不出去，也不和同学、小朋友玩了。妈妈想弄清楚是怎么一回事，于是借着接小玉的机会，找到了小玉的老师。

妈妈从小玉老师嘴里得知，最近小玉在学校里也不合群，总是一个人独来独往，从不和同学们一起玩，就连课间也不出教室门。老师也问过他，但没有得到答案，老师也正想与小玉妈妈谈谈此事呢。

妈妈隐约觉得这中间必有什么事情，于是回家跟小玉做了次耐心的长谈。经过交流，妈妈终于打开了小玉的心扉，得知小玉不愿意跟同学和小朋友接触的原因。

原来，那天上体育课，由于小玉个子比较矮，平时又缺乏锻炼，在摸高的比赛中，他总是够不着目标，达不到老师的要求，为此同学们窃窃私语，有些高个子同学还嘲笑他个子矮，这让小玉心理受到了很大的打击。此后，只要他看见同学们在窃窃私语，就觉得大家在说他，心里的压力让他越来越感到自卑，于是渐渐疏远了同学们，不愿意再跟他们一起玩，怕大家笑话他个子矮小。

弄清了孩子孤僻的原因，妈妈舒了一口气，"小玉，矮小可能是一个不足，但并不是缺点，世界上很多身材矮小的人都做成了惊天动地的大事业，不能单凭这一点就决定人的能力啊！"

"再说了，你现在年龄还小，正处在长身体的时候，只要努力锻炼，一定能让你的身体增高并且强壮。"妈妈语重心长地开导小玉。小玉被妈妈的话打动，默默地点了头。

孤僻的孩子，疑心重，容易神经过敏；平时不愿与别人接触，总是喜欢独来独往；总怕别人瞧不起自己，而且内心非常脆弱，由于怕受到伤害而把自己禁锢起来，不与人交往。有这种不良倾向的孩子，其实内心十分痛苦，情绪也长期压抑，久而久之容易陷入寂寞、抑郁之中，容易产生恐惧心理，甚至导致种种身心疾病。

因此家长一旦发现孩子有孤僻的倾向，一定要及时开导教育，使孩子摆脱这种心理苦恼，健康快乐地生活。

❦ 查明孤僻原因，鼓励孩子交往

孩子孤僻性格的产生原因有很多，但大多数孩子都是曾经遭受过心灵的创伤，有些孩子由于父母离异，产生被遗弃的感觉；有些由于家长管教过于严格、粗暴，让孩子感受不到家庭的温暖；还有一些孩子由于在与他人交往的过程中遭受失败或者挫折，从而变得怯懦、孤独，不愿与人交往。这些都会使孩子渐渐形成孤僻的性格，脱离周围的人和事，陷入孤独的怪圈。

为此，家长要鼓励孩子多与人交往，鼓励他们与比自己年龄小的孩子进行交往，一起玩耍，这样由于孩子自己的年龄相对较大，在交往中不容易拘束，自信心增强，危机感相对减少，从而增加孩子的自信。家长还可以鼓励孤僻的孩子结交那些性情温和善良、没有攻击性的伙伴，这样可以使孩子在友好的环境里产生轻松愉快的感觉，从而帮助孩子建立自信心；在玩的过程中，家长可以有意地让孩子参加没有压力和竞争的游戏，让孩子进行角色扮演，让他体会在多种环境下应变处理事情，逐渐使孩子在紧张和焦虑的环境中也能处理好各种关系。当孩子想跟别的小朋友玩，又不敢主动上前的时候，家长应该予以鼓励和指点，建议孩子主动上前与小朋友一起玩，使孩子慢慢对外人敞开心扉，逐渐克服害羞和孤僻的心理。

❦ 帮助孩子交往，建立孩子自信

对于那些怕羞和孤僻的孩子来说，家长不仅要鼓励他们与别人交往，更要帮助孩子进行交际，为他们开辟一个友善的交际圈。如在孩子接触陌生环境和陌生人之前，尽量让害羞的他有心理准备，家长可以在路上告诉孩子要去的地方及特色、要见的是什么样的人、他们的性格和爱好、可能

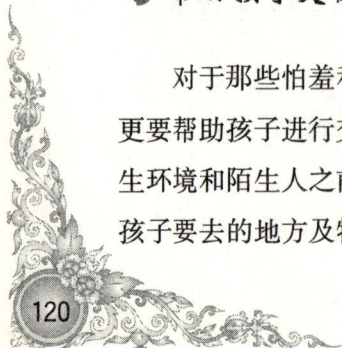

要做的活动和游戏等，但不要让孩子感到太过郑重，否则很可能会让孩子更紧张。为了更好地适应新环境，家长可让孩子带些玩具之类的东西，这样会让孩子更有安全感、更自然些，可以增强孩子的信心与兴趣。

另外，家长要注意，不要在容易害羞和孤僻的孩子面前过多表扬性格开朗爱交际的孩子，或是在谈话中给自己的孩子贴上"害羞"和"孤僻"的标签，这样会不经意间伤害的孩子的自尊与感情，使他们更加羞于与大家相处。不仅如此，家长还要和学校或者幼儿园老师相互沟通、配合，改善害羞孩子周围的人际关系，融洽他们和周围小朋友之间的关系，让他们有归属感，感受到家庭和集体的温暖，从而消除他们的胆怯及戒备心理，产生与人交往的愿望和勇气。

扩大交际范围，多与孩子交流

当害羞的孩子开始或者有欲望与别人交往时，家长应该积极鼓励、促成，还可以着意扩大孩子的交际范围。从主动带着孩子走亲访友，到主动寻求时机，在孩子的生日、节假日或者有纪念意义的日子里，为孩子举办热闹的朋友聚会，主动请孩子的好友、邻居及同学来共同为他庆祝，让孩子在热闹欢乐的气氛中驱散心中的阴郁，还可以让孩子在这样的聚会上结识一些新朋友，扩大他的交际圈子，帮助孩子走出封闭的自我。鼓励和促使害羞、孤僻的孩子多参加集体活动，与性格开朗的朋友一起活动玩耍，用开朗欢乐的气息感染他们的情绪，使害羞孤僻的孩子也逐渐开朗起来，更主要的是祥和的集体活动氛围会使孩子们互敬互爱、关系融洽，从而使孤僻的孩子在这种良好的环境中逐渐养成合群的性格。

家长一定要利用好家庭环境，培养孩子的集体感觉和团体意识，让孩子感觉不再孤单。无论家长多么繁忙都要抽出时间陪伴孩子，多与孩子聊天、做事、一起游戏，让他们感觉到父母对他的关爱；尽量多带孩子到外面游玩或拜访朋友，锻炼孩子的胆量；为孩子创造与同伴交流的空间和机会，让他在交往和游玩中体验交友的乐趣，增强自信心。孩子在广阔的天地中自由分享快乐与幸福，慢慢就会摆脱害羞与孤僻。

8. 疑似 "多动症"

一时半会儿也不停歇，总是蹿上跳下的，不管什么场合、什么时间，没有一刻的安静，就好像上了"发条"一样，永不停顿。有些淘气的孩子就是这样，成天翻天覆地地折腾，总是有使不完的劲和无限的活力，在人前不断地做着各种动作，弄得人眼花缭乱、心烦意乱。

炎炎非常好动，不，应该说那是相当的好动。每天在院子里跑来跑去，一刻也闲不下来。奶奶怕炎炎磕着碰着，成天跟在他身后，简直就是精疲力竭，实在看不了这个孙子。于是爸爸妈妈商量，让炎炎上幼儿园，这样有老师管着，孩子可能就会安静一点。

开始几天上幼儿园，可能是由于对幼儿园环境比较陌生，炎炎表现还真不错，没有乱爬乱跑让老师操心，这也颇让爸爸妈妈欣慰，觉得早让炎炎上幼儿园就好了。

谁知还没过一个星期，炎炎"多动"的老毛病就犯了，上课也不专心听讲，一心想到外面去玩。下了课就更撒欢儿了，幼儿园的小院里到处都是他的身影，胆小的小朋友们不敢爬的铁索，他三下两下就过去了，如履平地；面对爬梯上高他就像一只敏捷的猴子，蹿上蹿下；而那些对他来说一点难度都没有的滑梯、转椅，他可以打着滚儿在上面玩花样……

炎炎的这些惊人举动让同班的小朋友们羡慕不已，却让老师颇为担心，生怕孩子不小心摔着碰着。

但事情远不止此，老师发现，炎炎还精力超人，不知疲倦，就连到了午睡时间，他也不会轻易躺下，每次都是在老师的督促下"被迫"睡觉，还有几次，他竟趁着老师不注意偷偷溜出去玩。

为此老师找炎炎谈话，告诫他什么时候应该做什么事情，不能这样没完没了地玩。但是这些话对于炎炎来说就是过耳风，一点作用都没有。

无奈，老师只好找炎炎的爸爸妈妈谈炎炎的事情。刚说个开头，炎炎的妈妈就一脸苦笑，"我们本以为炎炎来了幼儿园会改掉多动的毛病，没想到这孩子依然如此。"妈妈无奈地说，"老师，不是我们做家长的不管，我们真的不知道该如何管教他，如何能让他安静下来。"

老师闻听此言，也觉得此事是个难题，但教育孩子是件大事，于是建议炎炎的爸爸妈妈就炎炎"多动"的问题去咨询一下儿童心理专家。

孩子总是喜欢来回奔跑或小幼作不断，一刻也不停歇，颇具"多动症"的部分特征。这类孩子对同一件事情不能保持长时间的关注，而且手脚活动过多，总是安静不下来，弄得家人既无奈烦心，又不知所措。面对这样好动而且注意力不集中的孩子，必须要加以控制和引导，不然以后形成习惯，不仅对孩子的学习有影响，对孩子的身心健康和未来的生活更会造成极大的不良影响。

锻炼注意力，有意识控制

孩子总是动来动去，很可能是注意力不集中。由于注意力是智力的五个基本因素之一，是记忆力、观察力、想象力、逻辑力的准备状态。如果没有注意力，人们的观察、记忆、想象和思维等各种智力因素都会因得不到有效的支持而失去控制。由此可见，注意力对人来说是多么的重要，它是人们心理活动对活动对象的选择，而集中的表现则是心理活动离开并抑制一切无关事物，在相对时间内保持对某一活动对象的反应清晰。而注意力不集中的孩子则对事物反应模糊，不能在相对时间内保持注意力，这就使他们出现多动、没注意听别人的话语等行为，逐渐造成不能很好地学习某一知识、影响学习和生活质量的后果。

为此，家长一定要有意识地锻炼和控制好动孩子的注意力。如果孩子表现得过于兴奋，活动过多，不能安静地听讲或者做事，总是东张西望、动作不停，家长可以通过有意识的控制训练让孩子学会控制自己的行为。如利用出题或者问答等方式，要求孩子在回答前必须停止其他活动，看清题目，听清要求，专心致志答题，并在训练中逐渐增加题目的难度和答题的时间，以此来训练孩子的自我控制能力，这样的训练会大大提高孩子的自制力。

🕊 教育循序渐进，游戏方式调控

对于孩子的好动表现，家长一定要进行循序渐进的教育，切不可急躁。刚开始对孩子控制能力的要求不必太高，在孩子一点一点扩大控制范围后，再慢慢提高要求。家长可以对好动的孩子制定作息制度，并严格督促他们遵守，在孩子吃饭、做作业时尽量不要分散孩子的注意力，督促他们专心致志地做好该做的事情，培养孩子专注的好习惯。

其实玩游戏也有助于孩子克服好动的毛病。对于精力过剩、极其好动的孩子，家长可以指导他们参加丰富多彩的体育运动或游戏活动，让他们充沛的精力得到更好的宣泄。记得我们小时候都玩过一种叫做"木头人"的游戏，几个小朋友手拉着手围成一圈，大家一起蹦蹦跳跳地喊道："我们都是木头人，不许说话，不许笑，看谁立场最坚定。"然后大家都站在原地，保持静止状态，如果谁先动，或者说笑，那么就会被罚表演节目。这样的游戏对好动的孩子是个很好的教育方式，由于孩子们都怕被罚表演节目，所以都会尽量长时间地保持静止状态，这就很好地锻炼了多动孩子的控制能力。

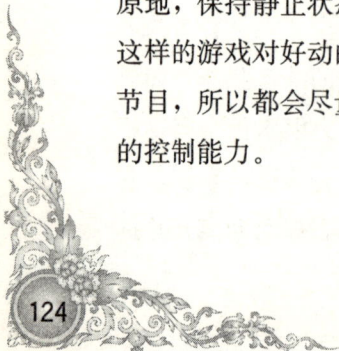

家长不容忽视，加强多种锻炼

一般来说，好动的孩子都很聪明，他们学习的能力很强，但由于不用心，精神不集中，容易在生活和学习中出现过多的失误。而许多家长也误认为孩子好动是天性，不必强求孩子按部就班，所以并没有对孩子过度好动这一不良行为采取任何措施，导致问题越来越严重，孩子的注意力越来越不集中，直到孩子的习惯性行为"碍眼"了，家长才猛然醒悟，开始着急上火。

家有好动的孩子，家长不要忽视，首先一定要分清他们到底是病症还是坏习惯，确认了孩子的状况之后，再对孩子施行具有针对性的教育和有效的纠正。家长要注意孩子平日的状态和行动，观察孩子的一举一动，及早发现孩子多动的症状，及时制止纠正。

为了切实纠正孩子好动的行为，家长应及时与老师沟通配合，严格监控，共同帮助孩子改正好动的习惯。家长还可以对孩子进行注意力延长训练，依据孩子的具体情况，制定一对一的时间表，并可视当时的情况具体调节，告诉孩子无论做什么事情都要精神集中，不能半途而废。家长在调整孩子行为的同时既要积极引导，更要尊重孩子的自由。

由于多动的孩子往往身体的各个部位也总是处于紧张状态，家长可以利用简单的舒缓压力的方法，扭转孩子的多动现象。如让孩子平静地躺在床上，轻轻闭上双眼，慢慢地呼吸，每呼一口气，就放松身体的一个部位，从身体自上而下，直到身体肌肉都逐渐放松。此种方法可以坚持每天训练15～30分钟，这样不但可以有效缓解孩子的身心紧张状态，更有助于孩子集中意念和注意力。

对于孩子的好动行为，家长不宜粗暴地制止。在鼓励和训练的同时，如果孩子的这一不良行为有所改善，家长应该及时给予表扬和鼓励；也可以用奖励的手段，让孩子在相对的时间里保持安静，直到孩子改正多动的毛病。

总之，家长要做有心人，与多动的孩子多沟通交流，逐步训练孩子动静相宜、松弛有度的良好习惯。

9. 疯狂"冒险家"

冒险家，可是个让人热血沸腾的职业，世界上许多著名的冒险家的经历和壮举不仅让人们羡慕，更令人咋舌。而《夺宝奇兵》中的印第安纳·琼斯的经历和他那传奇般的故事，更是让所有人津津乐道。

但如果你的孩子从小就有冒险倾向，甚至已经做出了"胆大"之举，作为家长，你还会像看待琼斯那样对孩子大加赞赏吗？

可可一向都是个胆大心细的孩子，别看他年纪小，但在孩子堆里可是个"领袖"人物，原因就在于可可的胆量和冒险精神让周围的小朋友佩服不已。

可可经常上演惊人之举，弄得爸爸妈妈成天为他心惊胆战，多次告诫他不能做危险的事情，可他并没有听进去。

这天，可可又开始了他的冒险之旅。不远处的一座老楼正在施工加固，楼外面搭了许多脚手架，这可成了可可的目标，终于又找到了他的攻击"阵地"。于是他带着几个平时也好冒险的"死党"，向那个施工的工地前进了。

当时正是午休时间，工人们都在吃午饭稍做休息。由于工地暂时无人看管，可可他们一路轻松过关，来到脚手架旁，看着层层叠叠、由无数铁管组成的好像经纬线一样的铁架，他们不由得兴奋不已。在可可的带领下，几个孩子开始攀爬脚手架，他们个个身手敏捷，竞相攀爬。

孩子们相互比着，别看他们年龄小，但爬得可一点儿也不慢，很快就已经到了二层楼高了。这时，正好巡视工地的工人来到工地，他们一眼看到几个小不点儿正在脚手架上攀爬，着实吓了一跳，"小孩儿，干嘛呢？"其中一人喊了一声。"别喊，万一孩子精神不集中掉下来怎么办？"另一名工人赶紧提醒。

两人赶紧商量，一个人留在这里看着孩子，另一个去叫人上楼救孩子。说时迟那时快，工人叔叔们火速赶到了工地，悄悄地从里面爬上了脚手架。而可可他们却没有发现，依然专心致志地向上爬着，可可的速度比其他小朋友快，已经快到三楼了。这时工人们以娴熟的技术接近了每一个孩子，当一个工人叔叔出现在可可的面前并抓住他时，他才发现其他的同伴已经被工人叔叔们抱到了地面。

可能是其他小朋友的"出卖"，当可可到达地面的时候，可可以及其他伙伴的家长也赶到了现场。每个家长的表现各有不同，有的气愤地要打孩子，有的心疼、害怕地直流眼泪。

但工地的领导和工人叔叔们都在责备孩子们胆子太大，让家长以后要好好管教。

这次，可可是被奶奶接回家的。据说当时看到可可被工人抱下脚手架，奶奶的腿都软了，要不是身旁的人搀扶，她可能已瘫倒在地上了。

但是，可可脸上却一点也没有恐惧，当他看到接他的叔叔时，还不想下来呢。在他看来这点冒险简直就是小意思，所以一点都不在乎。

晚上，爸爸妈妈回来了，看见奶奶的脸色不好，就赶紧问，"妈，您怎么了？脸色怎么这么白啊？"妈妈关心地问道，"您是不是不舒服啊？"

"哦，没有，我挺好的。"奶奶怕孙子挨说，想隐瞒事实。

"奶奶是被吓的。"没想到可可却在一旁不以为然地说。

"什么？谁吓奶奶啊？"爸爸不禁问道，"到底怎么回事啊，妈？"

"唉，"奶奶还没说话眼泪就掉下来了，"你们找别人看可可吧，我可真是看不住这孩子啊！万一出了事，可怎么办啊？"

爸爸妈妈看到奶奶伤心的样子，心里已经明白了。"可可，是不是你又干什么了？"妈妈问道。

"我没干什么。"可可不觉得那是件什么大事。

"还说没干什么？小祖宗你还要干什么啊？"奶奶又气又急，"可可今天带着几个小孩到附近工地上，去爬脚手架了。幸好被工地的工人发现，把他们给弄了下来。当时把我吓得腿都软了！"

"可可，你又出去惹祸！"爸爸怒目而视，"你怎么胆子越来越大啊？"

"这有什么可大惊小怪的，"可可还是一副不以为然的样子，"其实那根本称不上危险。"

"可可，"妈妈实在听不下去了，"太过分了，你怎么就不能理解大人的心呢？"

可可看见妈妈真的生气了，低着头，坐在沙发上，不再说话了。

奶奶、爸爸妈妈看着让家里人总是担惊受怕、着急上火的孩子，真是不知如何是好。

好冒险的孩子，可以说是天不怕地不怕，他们喜欢刺激、危险的运动和事情，这让很多家长时常为之悬着一颗心，时时担心孩子因做出惊险动作或举动而受伤。

其实有些孩子天生就喜欢刺激和冒险的行为，而孩子的这种爱好的另一个原因是由于他们的长期记忆还未发展完全，所以，他们常常会忘记曾经的教训，对曾经经历的危险没有过多的印象和恐惧的感觉，也就是人们常说的"初生牛犊不怕虎"。因此，这就需要家长时刻提醒爱冒险的孩子，并让孩子明白他那些不经意的举动很可能会造成他的终身伤害。

🕊 严格定下规矩，坚决杜绝危险

对于那些爱冒险的孩子，家长一定要定下严格的规矩，一旦孩子不经允许，擅自跑到危险的地方，或者趁大人不注意玩危险游戏时，家长就必须立刻制止，并把孩子带离危险环境。即使在家里也要十分小心，因为对于什么都不怕的孩子来说，任何地方都会发生意想不到的危险。家长对孩子做出的危险行为，决不能有丝毫的容忍，因为稍不注意就可能使孩子处于危险状态中，也很可能会给孩子带来终身的遗憾。因此，家长必须经常监督和看管这样的孩子。

家长在孩子打算进行某些危险活动时，一定要及时提醒。如孩子准备从超出他能力的高处跳下来，家长要在旁边提醒孩子，"跳下来会摔疼或摔坏自己"，如果孩子不听从命令，家长应及时将孩子抱离高处，并明令禁止他再有这样的举动，帮助孩子分清刺激和危险的区别。

但是，不应为了绝对安全而禁止孩子所有的举动，不要大惊小怪，更不要杯弓蛇影，如果总是事事禁止，会扼杀孩子对世界的好奇心和探索精神。对于爱冒险的孩子，家长可以试着把孩子带到体操馆参加一些体育培训班或者舞蹈班，帮助他们用学习和锻炼发泄自己多余的精力，在体会运动带来的刺激和活力的同时，也在运动中满足了他们的冒险精神。这样孩子就很可能把精力都放到运动和训练上，而逐渐摆脱盲目的冒险了。

防止冒险画面，多带孩子外出

对于本来就喜欢冒险的孩子来说，那些带有惊险刺激、充斥暴力血腥的影视画面更会刺激孩子的冒险欲望，由于孩子对事物的认识有限，每当他们看见影视剧中的人物在严重的事故现场或者危险的场面里安然无恙、毫发无损地走出来时，孩子都会信以为真，他们对这些所谓的"英雄人物"充满了敬佩和羡慕之情，也会在内心里暗暗计划要进行这样的冒险。所以，家长一定要严格筛选孩子观看的影视作品和漫画书，即使是卡通片，如果充满暴力画面和行为，也不应让孩子观看。家长要明确告诉孩子，那些画面和故事是影视作品，那些所谓的英雄大多是虚构出来的，并不是真实的，让孩子试想在现实生活中，如果真的遇见电视上的画面，会是什么样的结果，如果一个沉重的大物件砸到人的头上，这人是否还会完好无损呢？

　　孩子喜爱冒险，从积极的意义上讲，说明孩子具有积极进取和勇于探索的精神和勇气，只是他们用错了地方。这就需要家长对孩子的这种行为进行正确的引导，千万不要过度打击和限制孩子的行为和自由，以免不但难以纠正孩子的冒险行为，还很可能磨灭他们的勇气。在限制孩子危险行动的同时，可以多带孩子出去走走，让孩子明白自然世界和生活中必须了解和遵守的规律和规则。家长可在户外活动中，给孩子讲解各种知识，告诉孩子什么样的东西是有毒的，什么样的做法是危险的。有条件的家长还可以亲自带着孩子去探险，教会他们一些自我救助的知识和相关的生活常识……让孩子亲自认识和感知自然赋予生命的力量，从而减少盲目冒险的冲动。

10. 丢三落四能力差

　　说起"丢三落四"，人们常常想起记忆力减退的老年人。其实这个毛病不只限于老年人，年轻人也不时出现这样的错误，经常由于繁忙而发生丢三落四的事情，甚至造成不必要的损失和失误。为此，很多人养成了用笔记本记录自己要做的事或者要带的东西的习惯。

　　而对于孩子来说，不管从智力、记忆力或者生活中承担的压力来说，都不应该存在丢三落四的毛病。但有些孩子做事常常心不在焉，忘东忘西就成了家常便饭，仿佛比老人的记忆力还差。

　　晓白干什么事情都不认真，总是丢三落四的，爸爸妈妈经常说他"不知道什么时候就把自己给丢了"。

今天，正好是手工课，昨天老师就提醒同学们带手工课的用具。结果正如大家所预料的那样，晓白什么都没有带，当他到了学校才发现自己又忘了带东西，只好赶忙问刚上完手工课的同年级其他班的同学借，总算是没耽误上课。

好不容易放学回了家，没想到烦恼又来了，晓白忘了带钥匙。没办法只好先到同学家里，等待爸爸妈妈下班归来。

好不容易等到爸爸妈妈下班回家的时间，晓白看了看表，便急急忙忙地往外走，刚下了楼，楼上的同学就开始大声地叫他，"晓白，你的书包不要了？"

这时晓白才发现，由于自己太着急了，把书包落在了同学家。没办法，只好又上楼拿了书包返回家中。

一进家门，妈妈就问，"晓白，你去哪了？放学怎么不回家啊？"

"我忘了带钥匙了，所以去同学家待会。"晓白不在意地说着。

"又忘东西，你这孩子怎么回事啊？"妈妈一听晓白又落东西就生气，"一个小孩家家的，脑子怎么那么不好使啊？真不知道你什么时候不落东西！"

晓白自知有错，也不分辩，径自走进了自己的房间，做作业。

晚上，吃过晚饭，大家都准备睡觉了，这时晓白忽然想起，今天老师交代过测验试卷要让家长签字，于是赶紧跟妈妈说签字的事。

已经躺在床上的妈妈起来准备给晓白的试卷签字，可是等了好半天，还不见晓白拿试卷从房里出来。

"晓白，你干什么呢？赶紧拿试卷过来。"妈妈催促着，"妈妈明天还要早起上班呢，别耽误时间。"

晓白低着头，无奈地从自己的房间缓缓地走了出来，"妈，我忘了带回来了。可能落在学校了。"

"你怎么搞的啊!"妈妈一听就急了,"你还能干点什么?什么时候把你自己给忘了!"

晓白低着头听着妈妈的教训,不敢说话。

正像上面故事里讲的那样,很多孩子都有丢三落四的毛病。这不禁让我们想起很早以前的一部动画片《没头脑和不高兴》。那里面就有一个被称为"没头脑"的孩子,他无论做什么事情都是丢三落四的,不是忘了这个就是忘了那个,但他总以为这不算什么,长大了照样可以为社会作贡献,后来他成了一名工程师,但正是这个要命的"没头脑"的毛病,让他在设计几十层的少年宫大厦时忘了安装电梯,害得小朋友们要爬一个月的楼梯才能到达少年宫顶层观看节目。

这就说明,孩子丢三落四的不良习惯很可能影响他以后的人生,给工作和生活带来很多麻烦。因此,家长在发现孩子的这一不良习惯时,千万不要听之任之,以为这不是什么大问题,一定要找出问题原因,及时加以教育和纠正。

分析现象原因,订立生活规矩

孩子出现丢三落四的现象,一般有三种情况:第一种,态度马虎,忙中出错。无论什么事情,总是听三不听四,没有完全听清别人的要求或者话语时,就匆忙上阵,忙忙叨叨做事,结果不是丢了这个就是落了那个。第二种,生活缺乏条理,做事没有章法。由于条理性差,所以自己的东西到处乱放,也不知道什么时候、如何做事,结果日常生活一团糟,在需要的时候,所需的东西经常找不到。第三种,记忆力较差。由于发育、自身的健康和对生活态度等原因,天生记忆力不是很好,常常会不自觉地忘记一些事情和所需的东西,造成丢三落四。

家长一旦发现孩子有"丢三落四"的毛病,千万不要幻想"等孩子长大了、懂事了,自然就会好,不用特意去管理"。无论是上述哪一种情况,都要及时、及早纠正。如果对孩子这一不良习惯不采取任何措施,随着孩子年龄的增长,习惯就会变成自然,会给孩子日后的生活和工作造成不必要的麻烦。

因此，家长一定要对这些没头脑的孩子订立规矩，让他们有条理地做事，如指导孩子将个人物品有秩序地放在固定的地方，便于日后取用。教导孩子在听别人讲话的时候要认真，尤其是对别人交代的事情要牢牢记在心里，不能没有认真听或者没有听清，就着急行动，有意识地培养孩子办事认真、善始善终的良好生活习惯。

培养记忆能力，树立认真态度

对于孩子丢三落四的毛病，家长首先不要着急，要耐心地帮助孩子改正缺点，培养孩子的记忆力。家长可以针对孩子的特点开展各种有趣的活动，让孩子在活动中运用多种感官参与，提高孩子的记忆力；还可以与孩子进行沟通交流，向孩子提出明确的要求和条件，例如，在带孩子去游乐园之前，提醒孩子要记住的事情，在回到家中后让孩子叙述他刚才所参与的游艺项目，通过回忆调动孩子的有意记忆，从而增强孩子的记忆能力；还可以帮助孩子对所学的知识进行复习，不断强化孩子的记忆功能，防止遗忘；可以先给孩子讲故事，然后让孩子把听到的故事再讲给其他人听，以加强孩子的记忆和复述能力。

对待"没头脑"的孩子，家长一定要锻炼他们生活的自理能力。如果家长事事为孩子操心，孩子的责任感就会丧失，并且变得更加依赖，觉得什么事情父母都已经为自己准备好了，就不用再为此操心了，造成孩子什么都不放在心上，缺乏责任心、独立性和认真态度。所以家长一定要培养孩子的自理能力，让他们学会自己的事情自己做，自己整理书包、检查作业、准备第二天所需的学习用具及物品，这样孩子就会慢慢增强自己负责的意识，养成仔细认真的好习惯，从而改掉丢三落四的毛病。

有意识培养训练，改正粗心大意

对待爱丢三落四的孩子，家长可以在孩子小的时候就从生活细节上有意培养孩子的注意力和记忆力。让孩子在出门前检查自己所要带的物品，很琐碎的物品可以让孩子罗列清单，记在本子上，自己逐个整理检查。但是家长一定要注意，当孩子忘记某样东西时，一定不要马上提醒，要先让孩子自己回忆查找，这样有意识地训练孩子的记忆能力。

而对那些粗心大意的孩子来说，即使走到半路，或者已经离目标距离很远了，家长也不要代劳，要让孩子自己或者跟着孩子一起去取，如果因此而耽误了一场表演或者迟到，也在所不惜，一定要让孩子从这次事件中得到和记住教训，从心里真正感受到马虎大意给自己带来的不便和危害；而对于那些总是由于粗心大意爱丢东西的孩子，家长也不要纵容，即使是一块橡皮，也不要在孩子丢了以后马上就买新的，一定要让孩子从中得到教训，让他知道每一件东西都来之不易，不可以轻易地丢失，这样下次孩子就会小心保管和珍惜自己的物品，逐渐改掉胡乱放置或丢弃东西的毛病。

适时提醒，为孩子做榜样

在找出孩子丢三落四的原因后，家长就要针对孩子这一毛病和原因，对症下药，帮助孩子改变这种状态。对于没有头脑的孩子来说，家长的确要适时提醒，但不可成天为了此事唠叨不停，这样不但不会让孩子改变这一毛病，还可能引起孩子的叛逆心理，使孩子反而更加不负责任。家长要在适当的时候进行提醒和教育，不必太过责怪和批评，在孩子有点进步的时候，更要适时给予夸奖和鼓励。

另外，家长更要给孩子树立良好的榜样，改正自己大咧咧的行为。如果家长总是爱丢三落四，粗心大意，就会在潜移默化中影响孩子。因此家长要在孩子面前以身作则，生活规律，爱护物品，并把自己的物品码放整齐、妥善保管，从身边的每一件小事做起，用自身的行为教育孩子。家长还可以从孩子身边的伙伴中找到好榜样，让孩子模仿这个榜样有条理的生活习惯，用伙伴的榜样精神激励和帮助孩子，让孩子感到做事有条理、有规律是一种人生准则，这样更加有助于孩子改掉丢三落四的不良习惯，形成对自己负责、对他人负责、对集体负责的生活态度。

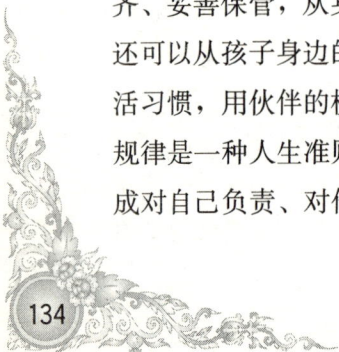

第四章

对孩子不良学习习惯说"不"

在知识日新月异、社会高度发展的今天，学习显得尤为重要，每个家长都对自己的孩子寄予了很大的希望。希望孩子能够更好更多地掌握文化知识，将来能够适应社会的需要。但是很多孩子身上存在着各种不良的学习习惯，从而影响了他们的学习成绩和自身的良好发展。因而，当发现孩子的不良学习习惯时，家长一定要及时纠正，让孩子知道学习的重要性，引导他们顺利步入学习的正轨。

1. 听课常常 "开小差"

小勇最近没少让妈妈操心，学习有些退步，成绩一路下滑，期中考试也不太理想。学校家长会后，老师专门找了小勇的妈妈谈孩子的学习问题，并告诉妈妈，说小勇最近上课总是不集中精力听讲，老是"开小差"，不知在想些什么。希望妈妈能和学校配合，把孩子的成绩搞上去。

小勇的妈妈一回到家里，就气不打一处来，看见小勇在书桌前拿着笔对着作业本发呆，更加生气，"你怎么搞的，发什么呆啊？看看你的成绩！你成天脑子里想什么呢？"

"没想什么。不就是这回考得不好么，以后努力就是了。"小勇这才缓过神来，赶忙回答着。

"努力？我看你是根本就没打算努力。今天家长会老师说了，你总是在课堂上'开小差'。你说，上课都不好好听讲，是不是就是为了这个东西啊？"妈妈气得上前一把拿过小勇书桌上的模型，扔到了一边，"告诉你，你以后别想再弄它了。不把学习搞好，上课再胡思乱想不听讲，看我怎么收拾你！"

小勇看着心爱的模型被摔坏了，心里委屈，眼泪扑簌簌地掉了下来。

此时，妈妈看着儿子伤心的样子，心里也不是个滋味，心想：当初孩子玩模型，也是自己同意的，据说对孩子的智力开发有帮助。但自从孩子迷恋上模型后，上课就开始不专心听讲，老是想着这玩意，做作业也不认真，弄得学习成绩下降。于是妈妈把所有的模型全都藏了起来，以为这样就能让孩子不再受干扰。没想到，小勇还是一如既往地在课堂上发呆，学习成绩仍在下降，小勇的妈妈也因此添了一块心病。

其实在课堂上"开小差"这一表现在学生中普遍存在。人是有感情、有思想的，在课堂上，头脑里突然冒出个与学习无关的事情，是很正常的。但是，如果这样长此以往，就很可能影响学习效率和学习成绩。因为你在不适当的时候做了不应该做的事。课堂是老师为我们传授知识的专场，也是我们获取知识的重要时刻，这时我们必须要集中精力，把知识掌握好。在课堂上"开小差"，很可能会因此遗漏了最重要的知识点，导致学习成绩一直难以提高。为此，家长和老师都应该注意及时纠正孩子上课溜号这一不良的学习习惯，以免造成学习上的缺憾。

关注年龄特征，客观对症施治

在年龄较小的孩子里，上课思想不集中，爱"开小差"的现象比较多见。很多专家认为"开小差"跟孩子的年龄有关，低年龄的孩子都比较好动，注意力不容易集中。因为孩子在这一成长阶段，神经系统发育还不完善，容易受外界影响，自控能力较低。另外，孩子上课精力不集中，往往跟学习兴趣有关，比如对某学科没有兴趣，自然会把注意力转到其他方面，容易出现"走神"等现象。

如果得知孩子上课总是"开小差"，家长首先要仔细观察，客观地分析孩子"走神"的根本原因。看看孩子是否过于疲劳、睡眠不足，是否受外界影响，是否对某门功课不感兴趣等等，只有认真细致地了解了孩子"开小差"的真正原因，家长才能对症下药，有针对性地采取相应的措施，帮助孩子集中精力上课。

以讲故事服人，提供良好环境

很多家长在处理孩子注意力不集中，上课"开小差"这种不良习惯时，都是以"理"教子，如对孩子讲诸如"上课一定要好好听讲，才能获得好成绩，将来才能有出息"等一堆大道理，让年龄尚小的孩子一头雾水，似懂非懂。其实，对于小孩子，还是用讲故事的形式比较好，这样更能让孩子从中理解和体会其中包含的道理，从而有助于改善孩子不专心听讲的状况。

在说服教育的同时，家长更应该给孩子提供一个有利于独立思考的安静环境。在安静的环境里，孩子更容易集中精力，静下心来学习。而在孩子做作业、认真学习时，家长不要随意打扰。有些家长为了监督孩子学习，常常在孩子身边"陪侍"，看这问那的，这都不利于孩子专心思考，容易分散孩子的注意力。家长即使发现孩子的作业出现了错误，也不要马上指出，等到学习告一段落，再帮孩子发现并改正错误。这样更有助于训练孩子集中注意力做事。

作息时间规律，提高学习兴趣

孩子正在认真学习的时候赶上开饭，有些家长因心疼孩子的身体，不管孩子当时的状态如何，都会马上催促孩子吃饭。这种情况在日常生活中司空见惯，但孩子很容易因此而被打扰。虽然叫孩子按时吃饭是为身体健康着想，但也很可能会因此造成孩子注意力时常分散。为了"两全其美"，家长应该帮孩子制定恰当的作息时间表，让孩子有计划、自主地安排做各类事情的时间，对提高孩子的注意力效果会更好。

我们都知道，做自己喜欢的事情时精力都很集中，孩子也是一样。如果他只是上课或者上某门课时爱"开小差"，那一定是对学习的兴趣出现了问题。这时家长就应该想方设法培养和提高孩子的学习兴趣。一般来说，孩子对什么都好奇，都想探究，但如果在探索的过程中不快乐，或是遭到挫折，他们就会对此失去兴趣，因而拒绝接受此类事情。如果家长一看到孩子学习成绩不好或下降，就大加指责，批评惩罚，往往会使孩子对学习失去兴趣。但迫于大人的压力，孩子只好敷衍了事，造成在学习上精力不集中。因此，家长应该鼓励孩子学习，帮他一起温习功课，给他创造轻松安静的学习环境，让他保持旺盛、专注的精力。

必要时，家长还可以对孩子进行加强注意力的训练。比如，可以每天安排10～15分钟左右的时间，让孩子及时复述家长刚刚说过的一组数字或一段话。家长的朗读语速不可太快，如果孩子正确复述三组，家长可以再加一个数字或词语，如果复述错误一次，可以减掉一个词语或数字。只要坚持训练下去，一定能提高孩子的注意力。

2. 时常上演"逃学威龙"

逃学，在很多家长和老师看来可是件不可饶恕的"大事"；在同学眼里，谁要是敢逃学，那可是胆大包天，尤其是对小孩子来说，简直就是"英雄壮举"。但这些事情确实时常发生在我们身边。

小龙是个不折不扣的淘气鬼，成天窜房越脊，像个泥猴。妈妈每天都为他操心，生怕他出危险。本来就对学习没兴趣的他，这一阵子又添了新毛病——逃学。爸爸妈妈每天工作忙，早出晚归的，并没有太注意他的行踪。直到有一天，老师打电话给他妈妈，问小龙今天没上学，是不是病了，家里人才发现他逃了学。

那天妈妈跟单位请了假，急急忙忙赶回家，担心小龙出了事。在家里没有看到儿子，妈妈一颗心提到了嗓子眼，哭着把爸爸也叫了回来，夫妇两人心急火燎不知如何是好。已经到了傍晚，可还没见孩子回来，就在夫妇俩打算报警时，小龙兴冲冲从外面跑回来了。

爸爸妈妈看到儿子像个小叫花一样站在眼前，心里别提有多伤心了。问过才知道，原来小龙去西河沟捞鱼去了，那里可是个野河塘，父母听了直冒冷汗。

看着没有吃午饭、早已饥肠辘辘的儿子妈妈哪里还想得起问他逃学的事，赶忙给儿子洗澡、做饭。

夜深了，夫妇俩看着早已疲惫不堪的儿子，躺在床上呼呼大睡时，相视叹了口气，又是气又是怜爱，只好商量着明天怎么跟老师说孩子逃学的事。

小龙爸妈的这种错误做法，不仅会纵容孩子的逃学行为，更会使他以后心安理得地逃学。家长心疼孩子并没有错，但要有个度，不能超越极限，过度的宠爱反而会害了孩子。像小龙这样，明明逃学出去玩，回家后父母因为看着孩子心疼，不但没有批评他，反而好吃好喝地"伺候"他，这就会给孩子造成一种错觉——"我这样做没有错"，久而久之就会养成孩子随心所欲、肆无忌惮地逃学、出走的坏毛病。

小霞平时是个乖巧的孩子，平时学习也很好。可不知为什么，她竟然逃学了。

这天，班里公布期中考试成绩，小霞的数学没有考好，只得了85分。作为数学科代表的她可算是"跌了面"，平日里只有她笑话别人学习不好的份，今天却遭到了同学们的嘲笑，她心里别提多难受了。

中午回到家，她连饭都吃不下。恰好下午又是数学课，这让小霞更是觉得没有颜面，她不想再看到班里那几个同学的表情，更怕数学老师批评她。于是，她下午索性逃学，独自在家睡大觉。

没想到，刚过16点，妈妈就风风火火地跑了回来。当看到小霞安然地躺在床上，才舒了一口气。忙问女儿为什么逃学，小霞的解释并没有得到妈妈的同情，妈妈反而非常严厉地批评了她，并唠叨个没完。这让小霞越发觉得委屈。

看着泣不成声的小霞，妈妈开始害怕，真怕女儿从此动不动就逃学。

面对孩子逃学的情况，家长千万不要唠唠叨叨、反复数落孩子的错误。有些家长甚至还由此扯出些陈芝麻烂谷子，与此事无关的话题。这不但会让孩子反感，而且会增加孩子的逆反心理，更对教育无益。当孩子坦然地承认了自己的错误和原因，作为家长应温和耐心地说服教育，让孩子明白逃学是错误的，逃学更不能解决任何问题，只会让自己损失更多。

小虎是个单亲家庭的孩子，爸爸妈妈在他很小的时候就离婚了。由于妈妈在国外，所以小虎一直跟着爸爸生活。爸爸非常疼爱小虎，但就是脾气不好，遇事爱急，尤其是教育小虎时也总是急赤白脸的，还动不动就打人。小虎的爷爷奶奶为此没少跟小虎的爸爸怄气，可小虎的爸爸自有一番理论，那就是"棍棒底下出孝子"。

在学习方面，爸爸望子成龙心切，对小虎要求更加严格。考试成绩好，怎么都行，如果成绩不好，那就请等着挨揍。就这样，小虎慢慢对学习失去了兴趣，越来越不想上学，于是就偷偷逃课，结果被爸爸发现，又是一顿狠揍。小虎越来越想念妈妈，他决定离家出走，去找妈妈。这回可是把爸爸和爷爷奶奶给急坏了，已经两天没看见小虎了，学校也没有他的踪迹，急得老师发动全班同学探寻小虎的下落。

第三天，爸爸终于接到了公安局的电话，说他们在火车站找到了小虎。当爸爸接小虎回家时，小虎躲在警察叔叔身后，死活都不愿意跟爸爸走。爸爸此时已经意识到自己的错误，流着泪对孩子说："小虎，爸爸以后再也不打你了。"

中国有句古话，"子不教，父之过"。许多父亲在孩子眼里都异常严厉，可能是由于男人在社会上占领着主动的地位，所以许多男人也愿意扮演"严父"的角色。有时候孩子不听话，妈妈教育不了，一准爸爸怒目上场，吓得孩子不敢再犯。

但在孩子的教育问题上这样做是非常错误的。对于孩子逃学这一"重大事件"，有些家长更是容易冲动，从而令孩子胆战心惊，更加不愿意上学，甚至想办法逃学。因此，家长虽然不能纵容孩子逃学，但更要冷静处

这样对孩子说『不』最有效

理，耐心说服孩子自觉返回学校。

🕊 查明逃学原因，教育方法得当

从以上三个例子中我们不难看出，对待逃学孩子，教育方式是关键。遇到孩子逃学时，家长虽然不能纵容、坐视不管，但也不能唠唠叨叨说个没完，生怕孩子记不住，时刻提醒，更不能情绪冲动，不问青红皂白，就对孩子进行教训甚至打骂。家长的冲动行为很可能把孩子原本就不多的求学热情扫荡得干干净净，也容易使孩子因怕被打骂而撒谎，更容易给一些不法分子可乘之机，使在家受了"伤害"的孩子向那些人靠拢。为此，家长得知孩子逃学时，一定要先平息自己心中的怒气，耐心了解孩子逃学的原因。不要一味地埋怨孩子，要以积极的态度帮助教育孩子改掉逃学的不良习惯。

🕊 密切关注孩子，及时防微杜渐

许多孩子逃学很长时间了，家长都没有发现，这是家长的失职。有些家长总是借口工作忙，而忽视孩子。在孩子的教育问题上，家长一定要做个有心人，时刻留意孩子常到什么地方玩，常和什么人接触，一旦发现逃学等迹象，要及时制止。

平日里家长应该跟孩子多接触，每天抽出一定的时间和孩子聊聊天，听听孩子的倾诉，看看他的作业，帮助他克服困难，节假日可以带着孩子一起运动或郊游。要把孩子当朋友，不要在孩子面前总端着家长的架子，学会"蹲着"与孩子对话，这样才能更好地和孩子沟通。

🕊 多方积极配合，转变厌学思想

许多孩子逃学的最根本原因，就是厌学。出于贪玩、学习成绩不理想、不合群等多种原因，对学习产生了反感情绪，上学、听课对他们来说就成了一种负担，于是他们想方设法脱离学校、脱离课堂。而父母和老师如果管教方法不当，孩子还可能离家出走。

有些孩子的贪玩特性造成在学习方面缺乏细心和耐心，一旦学习成绩不理想，又常因为学习问题遭到家长老师的指责，就很可能对学习失去信心，自觉放弃学习的愿望；而有些孩子由于爱好的问题，偏爱某一门功课，但对其他学科不感兴趣，如果这种倾向没能得到及时纠正，孩子就会越来越厌烦这门功课，导致想方设法躲避这门课，从而造成逃学、逃课等现象。因此，这就需要学校、老师和家长共同配合，找出孩子厌学的原因，及时予以纠正和改善。

纠正孩子逃学这一不良行为，学校和家长双方必须密切配合，只靠单方面努力都无法获得良好的效果。在校期间，老师要密切关注学生的动态，发现孩子逃学、逃课现象，要及时与家长取得联系，更要关心和帮助逃学的孩子，让孩子感到学校和老师的吸引力。

无论是老师还是家长，纠正孩子逃学行为都不宜操之过急，更不能强制甚至暴力处理。要想真正解决问题，老师和家长应该共同采取各种有效的手段培养和调动孩子的学习热情。一旦解开了孩子在学习上的心理症结，他们自然愿意回到学校里。

3. 无理由拖欠作业

当学生的，总有两件最烦心的事，那就是做作业和考试，有时甚至对这两项艰巨的"工作"深恶痛绝。但长大后便会知道这是学习和掌握知识的必备环节，做作业是为了巩固知识，而考试则是为了检验所学成果，两者缺一不可。所以作为过来人，家长都会督促自己的孩子在做作业和考试

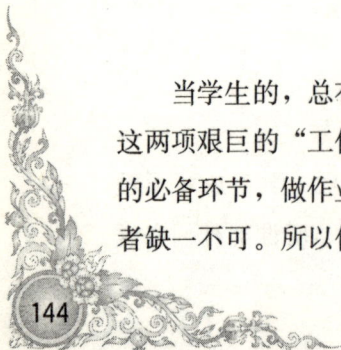

上下功夫，尤其是做作业，如果不打下良好的基础，又怎么能在考试中取得好成绩呢？又怎么能更好地学习呢？但往往有些孩子却不明白此中道理，常常出于各种原因，认为作业就是累赘，能躲就躲，能拖就拖，弄得家长和老师颇为烦恼。

小峰虽说并不厌烦学习，但对做作业可是不胜其烦，每天看见作业就头疼，想方设法地躲避作业的"袭击"。但无奈爸爸妈妈和老师催促检查，天天硬着头皮在本子上动笔。

好不容易熬到了周末，由于周六家中一位远房表哥结婚，所以小峰一放学就被妈妈催促着写作业，因为到表哥家的路程较远，大家晚上就要上路去表哥家。

本来作业这个难题就常常让小峰头疼，现在又要去参加表哥的婚礼，只要一想到热闹的婚礼场面，小峰哪还有心情写作业啊！于是他绞尽了脑汁，想出了一个万全之计。他先拿出课本和作业本，胡乱划拉一阵，但又怕妈妈检查，就来了个偷工减料，本来要做10道题，他只写了5道；本来要抄写生字、默写和复习，他只把生字抄了，默写和复习扔到了脑后。

小峰心想，反正今天家人都在忙活出行的事情，没人真正监督他，出去了就更顾不上他了，即使妈妈检查作业，她也不知道老师到底留了什么作业，还不是听自己的一面之词。再说了，如果周一老师问起为什么没有完成作业就说"忘了"，"家里有事，没时间默写"，至于那个复习嘛，只要自己说复习了就行了，老师又看不到。

事情果真如小峰想的一样，爸爸妈妈、爷爷奶奶哪有时间管他啊，大家一下午都在忙活出行的服装、物品、礼品什么的，只是其间妈妈简单地问了问小峰的作业情况。小峰的回答当然是肯定的，再说妈妈刚才也看到他"奋笔疾书"了，也就没有深究，只是说等回来检查他的功课，然后就让小峰也赶紧换了衣服，准备出行。

就这样一家人浩浩荡荡地出发，参加婚礼，高高兴兴地过了一个假日。周日晚上回到家中已经很晚了，爸爸妈妈都很疲倦，早就把检查小峰作业这件事忘到了脑后。小峰暗暗庆幸自己能够蒙混过关。

但是，小峰的这一小伎俩蒙过了家长却蒙不了老师。周一下午放学后，老师拿着小峰的作业本和默写本把小峰叫到了办公室，"小峰同学，你能告诉我你的作业为什么没有全部完成吗？"

"我家里有事，妈妈忘了给我默写了。"小峰按着自己的计划行事。

"那为什么，数学作业只做了一半？"老师继续问道。

"哦，周末我们家有事要出去，可能是我着急走，忘了。"还是在小峰的意料之中。

"那好吧，既然上个周末你家里有急事，造成你的作业没有完成，"老师不温不火地说着，"那这样，明天把你爸爸妈妈请来，老师想跟他们谈谈，了解一下你家里到底出了什么事情，好吗？"

这下小峰可傻了眼，他千算万算，却把老师会请家长这件事给疏忽了。"老师——"小峰站在原地一动也不动，双手使劲搓着衣角，"老师，能不能不请家长，我下次一定按时完成作业。"

老师看着小峰窘迫的样子，心里早已明白小峰为什么没有完成作业了。

写作业是孩子在学习过程中的一个重要环节，老师每天给学生留作业，是为了弥补孩子基础知识薄弱等不足，也是为了更好地提高学生的学习质量。孩子只有认真完成作业和适量的练习，才能及时检查学习效果，加深对所学知识的理解，巩固所学知识，有效提高学习能力。只有每天坚持写作业，才能形成良性循环，从而逐步养成孩子良好的学习习惯。

了解孩子特点，家校共同协商

对于不爱写作业、总是拖欠作业的孩子，老师和家长一定要先了解清楚原因孩子的心理，有些孩子不愿意写作业可能是由于课堂上没有听明白老师的讲课内容，因此对作业，尤其是数学类作业一筹莫展；而有的孩子可能有自己的一套学习方法，这样的孩子非常聪明，他们能很快就完全理解学习的内容，因此感觉写作业就是浪费时间；还有些孩子本身就不爱学习，对于写作业更是厌烦不已了。

因此，针对孩子拖欠作业这一行为，老师应和家长及时、认真地沟通，共同分析孩子不爱写作业的具体原因，并协商达成共识，联手帮助孩子改掉不完成作业的坏习惯。家长和老师之间可以建立联系手册，老师把每天所留的作业，利用联系手册传递给家长，并与家长经常保持联系。这不但方便家长及时督促孩子完成作业，还可以有效杜绝孩子在家长和老师之间传递错误信息或是撒谎。而班主任老师还要及时与科任老师沟通，特别关注这些孩子的作业情况，共同把关，及时纠正孩子拖欠作业的毛病。

创造安静环境，养成良好习惯

很多孩子由于贪玩或者不专心而耽误了做作业，这就需要家长在督促孩子的同时，想出更好的办法，帮助孩子及时完成作业。家长可以每天在固定的时间段里，关掉电视或者电脑，给孩子留出专心致志学习、写作业、思考问题的时间。让孩子在安静的学习环境里养成良好的学习习惯。这样孩子不但能够专心，而且完成作业的质量和速度也会相应提高。

为了更好地督促孩子保质保量地完成作业，家长还可以在孩子写作业的时候，在一边看报做事等，但不要打扰他们，告诉孩子如果遇到难题或不明白的可以先不做，留到后面，等到所有作业都做完了，家长再和孩子一起解决这些问题，如果孩子的作业题家长也不会的话，就让它先空着。然后家长可以通过联系手册或者告诉孩子，第二天请老师或同学给讲解。

及时沟通鼓励，制定奖惩制度

在孩子不按时完成作业这一问题上，其实家长负有很大的责任。有些家长常常唠叨孩子，却不善于很好地与孩子沟通，这些家长并不十分了解孩子的内心世界，从而导致孩子形成错误行为和思想。

在这个竞争激烈的社会里，很多家长都害怕孩子输在起跑线上，希望孩子不断补充更多、更新的知识，常常给孩子"加餐"，在孩子完成作业后，还要让孩子做各种各样的练习或者试卷，令孩子感到压抑，从而把做作业看做是一种负担，即使快速准确地完成了，也还会有更多的课外作业等着，因此，孩子索性拖拖拉拉或者干脆不做，使家长的好意事与愿违。

再有，对于拖欠作业的孩子，老师和家长要及时跟孩子沟通，倾听他们的要求和苦闷，肯定他们的优点，指出他们做作业方面的不足，并帮助孩子分析这样的后果和危害，让孩子自己认识到不做作业会影响自己以后的学习和发展。

家长还可以制定相应的奖惩制度。如在了解孩子完成作业大致需要的时间后，家长可以在孩子的书桌上安放小闹钟，并告诉孩子如果按时且质量良好地完成作业可以得到奖励；如果提早完成作业，可以自由安排自己的时间等等，来督促孩子按时保质地完成作业。而老师可以在征求孩子同意后，给孩子制定一个作业表格，记好作业内容后，由老师签名，回家完成后再由家长签名，如果完成效果良好，则对孩子进行及时的表扬和奖励，以促使孩子逐渐养成良好的学习习惯。

4. 课堂上的"捣蛋鬼"

壮壮的语文成绩非常出色，但是他的数学成绩却总是不理想，因此他特别不愿意上数学课。每次上数学课他都硬着头皮听

讲，屁股上就像是长了钉子，不停地晃动，不是干点这个就是干点那个，要不就是在课堂上捣乱。

这天，壮壮从树上捉了一只毛毛虫，带回了教室。而这节恰好是数学课，当大家正在认真地听老师讲课，认真记笔记的时候，壮壮就开始动他的歪脑筋，想坏主意了。他趁同桌的女同学不注意，偷偷将那只毛毛虫放进了同桌的文具盒里。然后等待着即将爆发的尖叫。

这一时刻终于到来了，老师在黑板上给同学们留了一道数学题，让大家演算时，壮壮紧盯着同桌的女同学打开了文具盒，"啊——"一声尖利的惊叫打破了教室的寂静，同学们不由得齐刷刷将头转向了壮壮他们的座位。

老师也被突如其来的尖叫吓了一跳，向发出声音的方向望去，只见壮壮的同桌惊恐地站在课桌旁，脸上毫无血色，随即"哇"的一声大哭起来。老师走过去，只见女同学的课桌上爬着一条白白胖胖的大肉虫子，老师赶紧用纸巾拿走了虫子，安慰被吓哭的女孩。抬头却看到壮壮在一旁掩饰不住地偷笑，老师立刻明白了，"壮壮同学，刚才的虫子是不是你放到她文具盒里的？"

然而令老师感到意外的是，壮壮并不否认，而是得意地点点头，"真没想到，她的胆子竟然这么小，呵呵。"壮壮还是忍不住地笑着。

下课后，老师将壮壮叫到了办公室，问清了他上课捣乱的原因，并对他进行了批评教育。

很多孩子在课堂上故意捣乱，很可能是对这门功课或是对授课的老师有意见，但也很可能是出于想要引起老师和同学的注意，甚至幼稚地认为没有人比他更能干，只有自己敢在课堂上捣乱。由于这些错误思想的诱导，他们从不顾及课堂纪律和对老师同学的尊重，以自我为中心，把课堂当做他们随心所欲的场所。

波波就是这样一个胆大妄为的孩子，在那些男同学中间，他可是统帅，平时总是一呼百应，如果谁要是不听他的调遣，那就得尝尝他拳头的厉害。所以班里的同学都对他敬而远之，而那些胆小的孩子更是对他退避三舍。

这样的孩子当然对读书没有多少兴趣，因此常常在课堂上捣乱，无论哪门课他都不放过。不仅让同学们生畏，更让各科老师头疼。

这节正好是波波最讨厌的语文课，老师今天讲解作文。当老师将判过的作文发到大家的手上时，波波看见自己的作文又得了"待合格"的批语，气得咬牙切齿，心中暗暗发誓今天非要让语文老师好看。

课堂上，语文老师首先简单讲解了一下作文的写作方法，然后让此次写得优秀的同学分别朗读自己的作文，让同学们从中体会写作文的要领。第一个朗读的是班里的语文课代表程程。程程站在课桌前，语气认真地朗读着，而她有些细声细气的语调，突然拨动了波波的神经。

程程刚读了没几句，波波就在下面学着她的声音，一句一句地跟着读，并做出夸张的表情。波波这一举动惹得全班同学哄堂大笑，课堂秩序立刻被打乱了。程程看见自己突然成了同学们的笑柄，委屈地站在那里不住地掉眼泪。

语文老师生气地走到波波面前，"波波，你不愿意听讲，也不能打扰同学们，破坏课堂纪律啊！"

"我没有啊，是程程的声音太细了，像踩了鸡脖子一样，哈哈！"波波不但没有承认错误，反而更加嚣张。"像踩了鸡脖子，哈哈！"这时课堂上更是乱做一团，那些跟着起哄的孩子不住地笑着。

语文老师看课堂秩序无法一时恢复，只好先让大家自己复习，然后把波波带到办公室。一进门所有科任老师都认出了波波，看来一向在老师办公室常来常往的波波的确是个"刺头"，而那副"无所谓"的神态也不是一朝一夕练就出来的。

根据一些有经验老师的判定，爱调皮捣蛋的孩子大多聪明好动，但往往是老师面前的"失宠儿"，其实他们在课堂上捣乱就是想引起老师和同学的注意。而对于这种孩子，家长和老师不要太"较真"，可以对他们进行软处理，切记不要和这样的孩子"硬碰硬"。

课上置之不理，课下敞开心扉

有的学生在课堂上捣乱是为了引起轰动，妨碍老师讲课。尤其个别孩子就是想成心气气老师，看老师如何解决这样的问题。这时，老师越是当场教训捣乱的学生，这个学生就会越来劲，进而对课堂秩序的影响就越大；大家把注意力越集中在捣乱的学生身上，捣乱的学生就会越觉得自己是"英雄"。所以对待这样的孩子，老师就应该假装视而不见，听而不闻。这样，捣乱的孩子就会觉得没趣，自然就会自己退出"演出"。

虽说老师对在课堂上"犯疯"的学生不予理睬，但是并不等于听之任之。老师要在课下找机会与这样的孩子进行交流，倾听他们的心声，了解孩子在课堂上捣乱的原因，引导孩子讲出心里话和愿望，从孩子的谈话中了解孩子的家庭情况和兴趣爱好等，并主动向爱捣乱的孩子吐露自己的心声，敞开心扉，讲述自己在求学过程中的经历、生活和学习中的烦恼，将真实的自我展现在孩子的面前，将心比心，用真诚打动孩子，从而赢得孩子的理解和信任。

真诚与其交友，教其控制情绪

对爱捣乱的孩子，老师可以真诚地与他交朋友，可以让孩子帮点小忙或者给他安排点小事情做。对于老师的这种信任和认可，孩子会非常高兴和乐意接受。别看这些孩子表面上似乎什么都不在乎，其实他们内心十分渴望别人关注。老师可以经常与他们一起游戏、聊天、参加体育活动，鼓励和表扬他们在某一方面的"闪光点"；老师还可以用拍拍肩膀、摸摸头、竖起大拇指等"亲昵"动作来表示对孩子的认可和喜爱。当孩子完全接受和信任老师的时候，再适时地指出孩子课上捣乱的事情，孩子就不会再有抵触情绪，而是会心甘情愿地接受批评和教育。

由于在课堂上爱捣乱的孩子平时与众多老师"积怨"过深，经常遭到人们的批评、训斥和厌弃，自尊心受到极大的伤害，从而产生自卑心理，但强烈的反抗意识使他们又不愿被人瞧不起、不允许别人对自己的藐视。因此在种种复杂的心理下，孩子更容易用粗暴的行为发泄自己的压抑、恼怒和不满情绪，这样就形成了恶性循环，导致他们在课堂上用捣乱和暴力证明自己的存在。作为老师，应该深入了解这些孩子的心理，通过友善的谈话、疏导，让他们倾诉苦恼和愤懑情绪，帮助他们认识到自己的错误，学会自我检讨，通过分析指导，使这些孩子看到自己的优点，找回自信，获得心理平衡。这样，就会让孩子逐步正视自己的优缺点，学会控制自己冲动、任性的情绪，从而主动积极地改正扰乱课堂秩序的缺点。

练就真功夫，家校及时沟通

虽说学生在课堂上肆意捣乱，是学生的不对，但是对老师来说，也应该有所思索，要让学生对自己有信任感，就要练就一身真本领，不断提高自己的教学能力和沟通能力，反思自己的知识能力是否足够，教育方法是否得当。俗话说，打铁还需自身硬。只有老师自己练就了真功夫，不断提升自己的修养和人格魅力，热爱教师事业，热爱自己的学生，在学生面前以身作则，才能得到学生的信任与欢迎。

老师还应该及时与"捣蛋鬼"的家长取得联系，并建立家庭和学校的联系网络，促使家长改变教育观念；家长也应该帮助孩子养成良好的生活与学习习惯，增进与孩子的交流和沟通，多关心、鼓励孩子，注意孩子的健康，合理安排饮食和作息时间，让孩子在爱的环境中不断汲取生活的营养。家长还要多鼓励孩子，解除孩子的苦闷，培养孩子的自信、自律，进而改正上课捣蛋这一不良习惯。

5. 读书＝"吃书"

读书就是读书，那么"吃书"是什么意思呢？举个小例子：记得上学的时候，学生们在发了新书的时候，都非常兴奋，赶紧找挂历之类的厚纸包上书皮，保护自己的课本。可是有些同学却满不在乎，往往还没到期中，课本就已经破烂不堪了。而家长和老师常常称这种行为为"吃书"。这节我们所要谈的就是一些孩子在学习和读书的过程中不爱惜学习用品的不良习惯。

别看小婵是个清秀的女孩子，平时衣着整洁，办事干净利落。可是不知怎么，她的课本和图书总是"缺胳膊少腿"的，崭新的课本还没用到三个月，就已经面目全非，书角全无，书皮也不知道去了哪里。为此爸爸妈妈没少提醒小婵，也没少给她四处转悠换新书，可是只要新书到手，即使包好了书皮，没过多久也还是那个样子——新书变旧书。

周末，小婵放学回到家，打开了书包，把她那些缺皮少角的课本拿出来开始写作业。别说，小婵在学习上还是很认真的，没一会儿作业就写完了。小婵兴奋地拿着写好的作业让妈妈检查。

妈妈接过小婵的作业本，认真地检查着，可是越看越觉得别扭，作业题倒是都准确无误，但是就是这个作业本，那叫一个脏，除了不整洁的涂改以外，还有几处已经被小婵用橡皮擦破了，裂着大口子，怎么看怎么不像是女孩子写的作业。妈妈拿着不堪入目的作业本，心里不禁叹气，"小婵，去把你的语文书拿来，妈妈想看看。"

小婵忙不迭地跑进屋里拿出了语文书。啊？要说这作业本虽不好看，但也就凑合了，作业嘛，难免涂涂改改的。但当妈妈看到小婵的语文书时，简直就是大惊失色，原先包得好好的书皮早已不知去向，不仅书的封面已经少了三分之一，边边角角已经破损，就连书中的空白处也被小婵写满了字，有的甚至还画了画，弄得污垢不堪。看着满目疮痍的语文书，妈妈气得简直不知道说什么好，这可是一个月前刚刚给小婵新换的，谁想到还不到一个月，就又成了这个样子。

看着一脸无辜的小婵，妈妈也只有叹气的份了。没办法，妈妈能做的就是第二天带小婵再去买新书。

大成的书本跟小婵的情况差不多，不过男孩子嘛，平时就邋里邋遢的，什么都弄不利落。而且不仅是书本，就连他的文具、玩具也经常被他弄得体无完肤。

要说小婵可能是一种无意的行为，但大成可是有点成心，他并不是什么都毁，妈妈从国外带来的一对小瓷玩偶，他宝贝得什么似的，不仅包了一层又一层，还把它们放在安全的地方，生怕一不小心将它们打破，想它们的时候，才小心翼翼地拿出来放到床上不容易摔坏的地方，轻轻地抚摸欣赏之后，再小心地把它们放回原处。

但是对自己不喜欢或厌弃的东西，那大成可是太不上心了，总是希望它们早点完结，但总有些皮实的东西不大容易毁坏，这经常让大成深恶痛绝，常常绞尽脑汁搞破坏。他的铅笔盒盖早就让他扭得变了形，那些铅笔大多折断了头，尺子、橡皮也都只剩下一半，书本就更不用说了，早就撕扯的只剩下了"断壁残垣"，就连结实的书包也常常被他摔打得"遍体鳞伤"。

老师常常为大成的这副"丐帮"形象深表痛心，也为此找过大成的父母，但大成的爸爸并没有把这件事情放在心上，总是认为男孩子嘛，肯定淘气，不太容易爱惜东西，等到长大了渐渐就

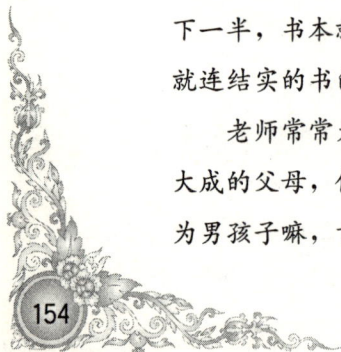

会好起来；再说孩子的妈妈经常在国外工作，自己又当爹又当妈的，很难管理好孩子的日常生活，只要孩子不出大错，就不必太计较了。

因此，只要老师一提到此事，爸爸肯定马上给大成换新的，生怕老师再找他们爷俩的"麻烦"。

与上述随意浪费、一点都不珍惜学习用品的孩子对比鲜明的，是一篇报道中关于一个山区小女孩的故事。那是一个老师领着特约小记者们去偏远贫困山区采访，在那里同学们采访了一个被"希望工程"救助的女孩子。在采访中，了解到这个贫困的孩子连正式的书包都没有，而那只用两块旧的碎花布缝制的书包已经用了 5 年，而且已经又缝补了好几次，但女孩依然珍爱它，即使在下雨的时候，也要把它藏在怀里，不让书包淋湿；不仅如此，这个女孩从来没有用过橡皮，当小记者把自己的橡皮送给她的时候，那个小女孩竟然欣喜若狂，并因为橡皮有香味而想舔舔。女孩的这些自然反应，让小记者们很受震动——生活在大城市的他们从没有那么爱惜过自己的书包、文具，他们可以随意更换书包、随意拿书包当垫子、把橡皮切成小块相互扔着玩，而这一次的亲身经历，让他们对自己的行为感到羞愧不已。

不起眼的文具虽然廉价，但是对它们是否爱惜则体现了一个孩子的行为习惯。珍惜和爱护文具会帮助孩子养成良好的节俭习惯，而这种好习惯可以使人受益终身。

禁止浪费行为，杜绝攀比心理

由于时代的发展，城市里的孩子家庭大都比较殷实，即使有些家庭并不富裕，但对于孩子在学习上的要求和需求也都有求必应。这就造成了孩子缺乏节省的概念，形成很多不必要的浪费，对学习用具更加不懂得珍惜。

造成孩子们这一浪费现象的原因主要有三点：一是由于学生年龄小，尤其是小学生，使用和保护学习用品的意识和能力比较差，由于使用或者管理不当，造成学习用品的损坏；二是由于家庭生活条件比较宽裕，家长对孩子在学习用品上的花费不太在意，滋长了孩子不懂得爱惜的思想，从而造成学习用具的频繁毁坏和过度浪费；三是现在很多孩子攀比心理比较强烈，市场上精美、新颖、时尚的学习用品吸引着孩子们的眼球，因此常常想方设法让家长购买，甚至故意毁坏已有的物品，来满足自己好新奇、虚荣、好炫耀的心理。

因此，对于孩子不珍惜学习用具的不良习惯，家长一定要予以纠正，及时对孩子进行爱惜学习用品的教育，坚决杜绝孩子这种浪费行为。

老师重视教育，家长积极配合

在教育孩子珍惜学习用品、培养良好习惯上，老师和家长要积极配合，共同教育纠正孩子浪费的不良行为。

从幼儿园开始，老师和家长就应该重视培养孩子勤俭节约的好习惯，使孩子养成做事具有条理性、计划性。如家长要教孩子整理好自己的学习用品，文具要整理整齐、轻拿轻放，教科书和作业本要保持整洁，不能随意损坏这些文具和书。还可以编首爱惜学习用品的歌谣，教孩子唱，以时刻提醒孩子要爱惜学习用品。家长还可以通过故事，或者观看有关的影视片，让孩子懂得学习用品也是经过多少人的劳动而成的，来之不易，不能随意损坏和浪费，教育孩子养成勤俭节约的好品质。

在学校里，老师可以针对孩子浪费和不爱惜学习用品这一行为开展主题班会活动，让孩子在班会上了解学习用品的由来、制作、材料等方面的知识，讲授名人珍惜学习用品、勤俭节约的故事，让孩子明白节俭是一种美德，而浪费是可耻的行为，使孩子们从中受到教育，从而养成珍惜学习用品的好习惯。

老师还可以组织和开展一系列实践活动。如，参观学习用品的生产过程，让孩子从工人的劳动中体会到学习物品的来之不易；还可以通过书本大比拼，"比一比谁的书本最整洁"或者"谁是节约小能手"等活动对孩子进行教育；还可以组织孩子对贫困山区的孩子进行捐赠活动，把自己的学习用具捐给需要的孩子们，教育他们懂得珍惜自己的学习用品。让孩子们从这样的"小事情"里体会出人生的"大道理"、"大精神"，用爱护学习用品的小习惯，培养孩子节约不浪费的大品质。

6. 就对学习没兴趣

说起学习兴趣问题，不只是孩子，就连很多成年人也会为之头大。虽然近年不断呼吁和号召创造学习型社会，但总会有一些人不善于或不愿意学习，而这类人大多从小就厌倦学习，没有养成良好的学习习惯。

小劲一提学习就头疼得要命，每天爸爸妈妈都为他的学习状况着急。究其原因，那还要从小劲刚上学的时候说起。

那时候，刚刚6岁的小劲满怀着希望和好奇走进了学校的大门，而小劲所在班的班主任老师刚好是号称学校里最厉害的李老师。李老师的严厉是全校出了名的，他教过的学生没有不"怕"他的，就连高年级的几个天不怕地不怕的"不良"学生对李老师也会敬而远之，唯恐避之不及。但许多家长都为孩子能有这样一个严格的老师而欣慰。

而小劲又是个贪玩好动的孩子，加上年龄小不懂事，上课总是小动作不断，有些坐不住，因此在课堂上常常被老师批评。平时在家一直受父母宠爱的他，便认为老师是有意跟他作对，每天上课都很郁闷，尤其对李老师的数学课，更是赌气不愿意听课。也正因如此，在课上不好好听讲，回家就不能很好地完成作业，课堂上没有学明白的知识，回到家就更抛之脑后了，尤其是那些在他看来乱七八糟的数字和符号，更让小劲无从下手。随着年龄的不断增长，知识的难度不断加大，小劲越来越无力应付那些对他来说颇有难度的数学题了。又由于对班主任老师有偏见，小劲更不想向老师请教问题，以免遭到老师的批评。就这样，小劲的学习陷入了恶性循环的状态，越不听讲越不会，越不会越不愿意听讲，从此他渐渐对学习失去了兴趣和耐心，把学习和上学当成苦差，每天都是草草敷衍了事。回到家中就是看电视、玩游戏，连功课都让同学帮忙做或者抄袭同学的。

小劲的父母对孩子的学习表现看在眼里，急在心上，但是他们也苦于没有更好的办法帮助孩子摆脱学习的困扰，小劲不爱学习的问题，也就成了父母的心病。

其实像小劲这样厌学的孩子并不在少数，厌学是最危险、最普遍的一种学习心理障碍。厌学的孩子常常消极对待学习、远离学习环境；他们课上不认真听讲、课下不完成作业，对学习完全失去了兴趣，有些孩子甚至一提到学习就头疼、恨老师、怕考试。这种厌学行为严重地影响着孩子们的身心健康，尤其对其心理的健康发展具有极大的危害。

小雅对学习和大多数课程也不是很感兴趣。但要说她厌学，那还真有点冤枉她，因为她非常偏爱美术。她从小就喜欢画画，父母也为了培养她这一爱好费尽了心血，花费了不少金钱，给她报班上课，甚至托人请名师指点。

而小雅也的确有绘画天赋，常常在各种美术比赛中荣获大奖，让自己和家人脸上增光。虽说这一特长为小雅赚得了不少荣誉，但她那不爱学习的习惯却成了致命伤。小雅每天沉浸在绘画中，对其他知识的学习从来都不重视，那些语文、数学、英语的习题早就被她抛出了九霄云外。她的理想就是长大了当一名名副其实的画家，在她心里画家就是要专心作画，画出好作品，至于其他的知识没有必要那么费劲学，只要认识几个字，不当文盲就行了。

正是由于小雅其他学科成绩太差，父母怕影响她的发展，已经为她换了不少学校，甚至聘请家庭教师，可是她的学习成绩依然没有上升，她反而对学习越来越不感兴趣，天天沉迷于绘画当中，弄得父母毫无办法。父母有的时候甚至剥夺小雅绘画的权利，让她专心学习，但看着孩子在这一领域的不断进步而取得的辉煌成绩，也不忍心伤了孩子的自尊，毁了孩子的前途。为此，如何能让孩子认真学习、提高学习成绩，就成了小雅的父母现今最大的任务。

其实，就像前面所说的，孩子不爱学习与家庭、老师的责任都是分不开的，需要家长和老师共同努力，一点一滴教育孩子，通过心理疏导等方式对孩子进行引导，让孩子渐渐爱上学习。

分析厌学原因，调整孩子心态

家长一旦发现孩子出现厌学现象，不要心急火燎、手足无措，先要分析孩子厌学的原因。有些孩子厌学是由于缺乏理想，没有远大的人生目标和奋斗意识，孩子自然会陷入厌学的沼泽；有些孩子由于自身的某些"缺陷"，因自卑消沉情绪、丧失学习信心而厌学；有些孩子则可能因为学习方法不得当，学习困难大，对学习感觉力不从心而厌学；有些孩子由于父母离异、家庭不和睦等原因，心灵受到伤害而厌学；有些孩子由于家教过严，家长对孩子要求过于苛刻甚至经常冷嘲热讽，孩子心理压力大、进取心受到严重打击而厌学；有些孩子由于老师在教学上过于严格，因害怕老师，或者感觉老师对待自己与对其他同学不能一视同仁、赏罚有偏向等，导致心理扭曲、自暴自弃而厌学。

面对孩子这些厌学的原因，家长和老师更应该主动了解和理解孩子，在教育和教学的同时调整好孩子的心态，引导他们从小树立远大的理想，培养他们乐观的处世态度和坚毅不拔、勤奋刻苦的学习精神。使孩子认识到，人一定要有远大的理想和人生目标，不能浑浑噩噩地虚度一生，充分调动孩子的潜能，树立自信、自立、自强的精神，掌握学习方法，勇于在逆境中挑战自我，这样才能走出学习的困境，享受学习的快乐和收获。

主动承担责任，鼓励肯定孩子

既然孩子厌学跟家庭教育有着密切的关系，那么家长对孩子的学习和教育就有着不可推卸的责任。鉴于现在社会的竞争压力，多数家长都望子成龙，希望孩子努力学习，将来能更好地适应社会竞争和迎接挑战。因此，这些家长对孩子的要求就格外严格和苛刻。学生时代，能体现出孩子能力的方面，无外乎就是学习成绩。因此为了这个成绩，家长不惜任何代价，不停地让孩子学习、学习、再学习，让孩子本来快乐的少年时光都被学习剥夺了，所以孩子很可能因此而痛恨学习；而有些家长更是为了学习，对孩子实施打骂政策，如果孩子考试成绩好，就什么条件都可以答应，而只要学习成绩不好，就惩罚孩子，甚至冷言冷语、冷嘲热讽，对孩子本来就脆弱的心灵造成极大的伤害，同时也激起孩子的逆反心理，越来越讨厌学习，讨厌家长的态度和行为。

因此家长在教育孩子努力学习的时候，一定要设身处地地为孩子着想，努力为孩子创造良好的学习环境，不断地鼓励和引导他们学习，从而提高孩子对学习的兴趣。对于那些年龄还比较小的孩子，家长可以把知识融入到游戏中，让孩子在游戏中主动学习知识，即"寓教于乐"。家长不能忽视孩子的感受，孩子在学习中遇到困难和烦恼时，家长要竭尽全力地帮助；在孩子犯错误的时候，也不要一味地埋怨和训斥，要帮助他们认清错误，分析犯错的原因，耐心引导他们改正；但最主要的是当孩子在学习中取得好成绩或者成绩有所改善的时候，家长一定要给予肯定和表扬，不断的鼓励才能使孩子更好地学习，鼓励他们阅读相关书籍，学会发现问题、提出问题，并学会到书中找答案，这样才能使孩子对学习产生欲望和兴趣，在轻松、愉快的学习环境中提高学习能力，更好地学习。

老师耐心辅导，注意因材施教

许多孩子在学习过程中由于学习方法的欠缺，学习成绩一直都上不去，而老师往往对这样的孩子要求更加严格，孩子也因此而害怕老师，即使在学习中有不会、不懂或者其他困难，也难以向老师开口求教，这样反而使学习越来越困难，成绩也越来越差，很容易产生自卑心理，就此陷入学习的怪圈，导致厌倦学习甚至放弃学习。

因此，老师只有了解学生的需求和他们的愿望、想法，才能真正地与学生沟通，并对他们提供帮助和支持。有的老师对成绩优、差的学生存在着不同的教育理念和方式，客观上造成了同学之间的差异和不均等的学习机会。老师只是希望厌学的孩子不影响课堂纪律，而对他们在学习上和思想上并没有真正地关心和重视，导致厌学的孩子对老师有潜在的抵触情绪，产生了消极的学习态度，更加厌学。

因此，作为老师不应以传统的思想和教学方式去应对学生，更不应以学习成绩作为衡量和评价每一个学生的标准，要从不同的视角观察和看待每一个学生，关心和爱护每一个班级成员，促进学生个性品质的形成与发展。

为了更好地激发孩子的学习热情，老师可以通过设计一些具有开放性、发散性、挑战性的问题，选择颇具吸引力的材料，调动学生的学习兴趣，把学生从苦学的深渊带到乐学的天堂，让孩子们充分享受学习、交流和成长的乐趣。

除了学习方面，老师还应该努力培养孩子高尚的品质，正确的人生观、价值观，树立孩子的自信心，采用灵活的方式方法，调动学生学习的内在动力，增强学生的自制能力，提高学生的学习能力，对学生有问必答，因材施教，主动帮助在学习上有困难的学生，解决学生在学习以及生活中的烦恼和困惑，让学生在不同领域有所提高，从而体会到学习的快乐，摆脱学习负担，以积极主动的自觉心态去学习。

7. 学习上的 "小马虎"

"小马虎，马小虎"，不知大家是否还记得有一部叫做《小马虎》的动画片。片中讲述了一个叫马小虎的孩子，做事情非常马虎，而且还老是自称，"马马虎虎，挺好的"。一个偶然的机会，他有幸跟着一只自称是齐天大圣后代的小猴去了马虎国。这里从国王到臣民都以马虎为荣，因而国家忘了安城门，国王的王座只有三条腿。而马小虎更是因他发明的"奶油补衣法"而受到马虎国荣誉勋章，并荣任马虎国老师。结果马小虎在教学生的时候由于马虎漏洞百出，造成很多不必要的麻烦和危险，一番痛苦的经历让马小虎幡然醒悟，逃离了马虎国，从此改掉了马虎的毛病。

其实在我们的生活当中有很多人都存在马虎的毛病，但大都不以为然，总觉得这是小毛病，不值得小题大做。尤其是那些在学习上马马虎虎的孩子，点错了一个标点、写错了一个字，或者看错了一个数字，他们都不以为然，简直就是翻版的马小虎。

小龙就是一个马虎的孩子，他和那个马小虎一样被人称做是"小马虎"。每天总是马马虎虎，不是丢了这个就是忘了那个，上学总是忘了带书本，害得爸爸妈妈时常请假为他送学习用品。他经常把爷爷的眼镜送到爸爸手里，错把浴液当成洗头水，家里人为他这毛病多操了不少心。

这天小龙放学回家，一进家门就急急忙忙地写作业，因为今天晚上电视台播放他最爱看的动画片。小龙翻开记作业的本一看，呀！今天的作业可真不少，老师不仅留了10道数学题，而且还要抄课文和抄写新学的生字。别看小龙做事马马虎虎的，可是对学习还是挺上心的，学习成绩也不错，要不是因为马虎，早就名列前茅了。

这点小作业可难不倒他。不管三七二十一，小龙用他超强的能力和神速，很快就完成了大部分作业，只剩下两道题了，小龙异常高兴，赶紧抓紧时间做题。

"咦，"小龙看着最后一道题，有些疑惑，"这页没有第14题，老师怎么留的作业？"

刚刚下班，正好进屋的妈妈听见小龙在自言自语，就关心地问道："儿子，你自言自语什么呢？老师留的作业怎么了？"

"妈妈，"小龙见妈妈回来了，赶紧拿着书向妈妈请教，"您看，这页上明明没有第14题吗？"

妈妈赶紧凑过来仔细看了看数学书上的练习题，只有8道试题，的确没有第14道题，"是不是你记错了啊？让妈妈看看你记作业的本。"

妈妈要来了小龙记作业的本一看，明明写着第15页第14题，这时妈妈也有些迷糊了，"的确没有你们老师留的题目。这样吧，我给你们老师打个电话问一下啊。"

于是妈妈赶紧拨通了老师的电话，询问作业情况，结果得知老师留的是"第15页的第4题"，原来是小龙马虎记错了。

"你啊，怎么总是这么马虎啊？"妈妈无奈地看着小龙。小龙自知有错，吐了一下舌头转身跑到屋里做题去了。

晚上，吃过晚饭后，小龙津津有味地看着心仪已久的动画片。而妈妈则在一旁认真地检查小龙的作业，看着看着，原本和颜悦色的妈妈脸上渐渐出现了怒色，但没有当时爆发，一直等到小龙看完了动画片，妈妈才叫过他来。

"小龙，"妈妈一脸严肃地说，"看看你的作业，你是怎么做的啊？"

小龙不知是怎么回事，"认真做的啊，怎么了？错了？"

"何止是错啊，"妈妈生气地说，"你难道就不能认真点，你看看好几道题你不是把'＋'号写成'－'号，就是把'3'写成了'5'，怎么总是这么马虎啊！"

小龙自然心虚，所以马上主动认错，"妈，我下次一定认真。"

"认真、认真，"妈妈终于发作了，"我看你什么时候能认真？"

爸爸看到母子俩的谈话不愉快，赶紧上前劝解，教育教育小龙，又哄哄妈妈，还是平时那一套。总之先息事宁人，对于小龙做事马虎的毛病，爸爸也无计可施。

虽说马马虎虎有时似乎对事情没有什么大的妨碍，但实际上长此以往，它不但影响孩子的学习，更妨碍孩子成才。孩子做事缺乏认真的态度和严谨的作风，将来很可能一事无成。而一项调查表明，某小学马虎的孩子居然高达70%。可见，孩子在学习上马虎的现象十分普遍，并且十分严重，必须引起家长和老师的注意，帮助孩子克服马虎的坏习惯。

查明马虎原因，增强危害意识

家长要想帮助孩子克服马虎的毛病，首先要找到原因。有些孩子由于不认真，对学习缺乏责任心，在理解知识时囫囵吞枣，作业也是敷衍了事，凑合完成；有些孩子由于性情比较急躁，常因急急忙忙而出错；有些孩子是因为对功课掌握不熟练，对习题理解似是而非，容易出现错误；有些孩子则是心理负担过重，一到考试就过分紧张，平时不会出错的题，考试时也会做错。

针对这些不同的情况，在纠正孩子马虎时也要采取不同的措施，提高孩子对马虎危害的意识。孩子常常认为马虎不是什么大问题，就是题写错了，又不是不会做。甚至有些家长也认为马虎没有什么大不了，忽视马虎可能造成的危害。试想，如果在工作和生活中我们都不认真，经常马马虎虎的，那将会出现什么后果？造成多大的损失？如果农民在果蔬上施农药时，把浓度搞错，那就会使人吃了中毒；如果医生由于马虎，给病人开错了药，那可就是人命关天的大问题啊！所以，家长一定要重视这个"小"毛病，并认真对待。

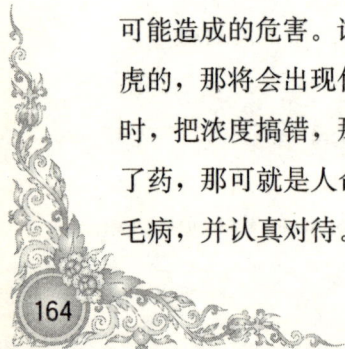

用故事教育孩子，教孩子学会自检

对于孩子马虎这个问题，可能空洞的说教很难让孩子理解和接受，家长这时可以用讲故事的方式教育孩子，比如那个众人皆知的关于马虎危害的故事。

传说宋朝开封一个画家粗心大意，画了个虎头马身的"马虎图"，结果害了自己的两个儿子，为了后人引以为戒，他痛苦地写了一首打油诗："马虎图，马虎图，似马又似虎。大儿仿图射死了马，二儿仿图喂了虎。草堂焚毁马虎图，奉劝诸君莫学吾。"

用这样具有一定教育意义的故事或者传说，提高孩子对马虎危害的认识，这比训斥孩子更有教育意义，也更能让孩子接受和令孩子深思。让孩子在生动的故事中不知不觉地接受教育，从而改正马虎的毛病。

家长还可以用切身体会或者他人的真实经历，如，自己或者朋友曾经因为在中考中马虎，错将小数点点错了位置，结果做错了题，分数受到影响，而没有考上理想的高中等真实的例子来教育孩子，让孩子从这些事例当中领悟到马虎的危害，并引以为戒，促使孩子改正马虎这一不良习惯。

家长给孩子检查作业是一件很平常的事情，但是这样却导致孩子养成了依赖思想，以为反正错了，还有父母给我检查。这样就助长了孩子不负责任、马虎的坏习惯。因此家长应该让孩子自己检查作业，自己发现错误，这样孩子发现自己由于马虎犯错，就会自觉得到提醒，这不但可以提高孩子的自检能力，在考试的时候也能熟练地应用自如，还可以帮助孩子养成仔细认真的好习惯，马虎的毛病自然就会得以改正。

帮助分析错误，培养认真习惯

为了改正孩子马虎的毛病，家长可以把孩子由于马虎而出错的试题，汇总为一本"错题集"，给孩子留下一个引以为戒的"错误档案"。对于每一道题，家长都留下备注，告诉孩子错在哪里，是由于怎样的马虎所致，写得越详细越好，以便帮助孩子分析错误，找出漏洞，提醒孩子不要再犯同样的错误，减少因马虎而造成的错误率。

家长还可以锻炼孩子少用橡皮，每次作业认真完成，争取一遍做对，不要经常涂改，这也是防止孩子马虎的重要措施。这样可以锻炼孩子"三思而后行"，养成先动脑后动笔的良好学习习惯。

孩子容易出错，其实并不是不会，主要是由于粗心，尤其是在考试的时候，很容易造成遗憾，所以家长和老师要训练孩子审题，看清题目，不要看见题就盲目上手，要理解了题意后再认真做题。这样可以使孩子克服急躁情绪，减少马虎造成的失误。

8. 考场上的"作弊王"

"考场风光，千里纸飘，万里眼瞟。望教室内外，风景甚好，交头接耳，互打手势，欲与考官试比高；需来日，看试卷成绩，互喜互贺。惜八股取士，摇头晃脑。死记硬背，甚是苦恼。一代天骄，时代骄子，考试作弊出高招。俱往矣，数风流高手，还看今朝。"

这首经过修改的、有着深刻寓意的词，仿佛让我们又回到了学生年代，亲临了一场别开生面的考试。

在学生时代，最让老师头疼和同学厌恶的就是考试作弊，但它也是在学生中最流行的应试方法。一些孩子平日里不好好学习，考试的时候怕成绩不理想，甚至怕不及格，于是试图利用抄袭、作弊这种方法蒙混过关。

小超平时成绩虽不算班级里最好，但也不是最差的，总是在"中庸"道上徘徊。虽然小超的父母对孩子的成绩不太满意，但小超自己可从来没为成绩烦恼过，他每天的生活就是一写完作业便去做自己喜欢的事情，这让爸爸妈妈很是无奈。谁不想让自己孩子的学习成绩名列前茅呢？为此，爸爸妈妈没少为小超的学习操心，还买了不少的课外辅导书，但小超就是没有兴趣。

为了能让小超在期末大考有个好成绩，爸爸妈妈决定也采取奖罚措施，来个物质刺激。

可用什么物质刺激小超的学习积极性呢？要说还是当妈妈的心细，她发现了孩子一个秘密。小超每天急着做完作业后，总是埋头在一个小本子上记着什么，原来小超在写旅游日志。

可从来都没出过远门的小超哪来的旅游经历啊？原来自从看了同学在海南拍的风景照后，小超就开始迷恋上了旅游，他常常羡慕班里的同学有机会随父母出游，也希望自己能够游历大江南北、世界各地，但是由于年纪尚小，而且爸妈工作繁忙、时间有限等问题，结果除了所在城市及周边外，小超哪儿也没有去过。因此他只好经常收集相关的旅游常识和资料、风光照片等，聊以自慰，殷切地希望能有一天自己也出现在崇山峻岭、海角天涯。

妈妈于是把这个秘密告诉了爸爸，结果夫妇俩一商量，为了儿子的前途，也为了儿子的发展，他们终于下决心以暑假桂林旅游作为奖励，鼓励孩子在期末大考中取得好成绩。

要说爸爸妈妈这一招真可谓是有的放矢，果真取得了巨大的收获，小超居然在班级考试"龙虎榜"上，从平日的十几名，一跃上升为第五。这对爸妈来说，简直就是天大的喜悦。也令老师和同学刮目相看。当然，那旅游的奖励也自然而然地实施了。此后，爸爸妈妈仿佛找到了诀窍，一再如法炮制，也一再取得效果。但终于有一天事情出现了意外。

这天，又是期末考试，考完试孩子们就放寒假了。正在琢磨寒假带儿子去哪里过年的妈妈突然接到了班主任老师的电话，便急急忙忙请假去了学校。到了学校才知道老师"传唤"家长的原因——小超在考试中作弊。原来小超在当天的考试中打小抄，被老师逮了个正着。这个消息对于小超的妈妈来说，无异于晴空霹

雾。她万万没想到自己的孩子会在考试中作弊。

在接受了老师的批评教育，带小超回到家后，妈妈一心想要弄清楚小超作弊的原因。

"儿子，你告诉妈妈为什么要作弊？"妈妈紧紧盯着神情窘迫的小超，"实话实说，妈妈不怪你。"

"我就是为了能出去旅游。"小超头都不敢抬，"如果考试成绩差，你们就不会带我出去了。"

这一答案完全出乎妈妈的意料之外，"你那次期末全班第五难道也是——"妈妈甚至有些不敢说出来。

妈妈看着儿子默默地点了点头，心里一下子被重击了一般。她万万没有想到父母对孩子所谓的奖励竟然成了孩子学习投机取巧的始作俑者，这使她陷入了深深的沉思中。

由此可见，在孩子考试作弊这件事情上，家长和老师都负有很大的责任。每个家长都抱有望子成龙的心态，希望孩子在学习中获得满意的成绩，而平时可能并未注意孩子的学习方法和学习状况，只是在考试前才想起督促孩子要考出好成绩。但往往这种临时抱佛脚的心态，葬送了孩子的真诚。为了不让家长失望也为了自己的荣誉，孩子选择了"作弊"这一"捷径"。因此家长和老师必须对孩子的这种行为及时加以纠正，让孩子正确认识考试和学习的关系，改正作弊的不良习惯。

找出作弊根源，做到未雨绸缪

作弊，说白了就是不诚实，是利用非正常、非公开的手段获取私人的利益。而孩子在考试中作弊，主要是为了提高成绩，抄袭他人的试卷或者事先准备好的知识"小纸条"，以求在考试中取得优良成绩。而作弊这种见不得光的行为颇为人所不耻，因而作弊行为一旦暴露，孩子也常常因遭到批评或议论而心理负担加重。

为了能够纠正孩子作弊的陋习，家长必须先查明孩子作弊的原因。在学校里学习成绩优秀的学生，常常受到老师的喜爱和同学的尊重，而所谓的成绩也就是考试成绩。考试成绩的好坏在一定程度上往往就决定了学生

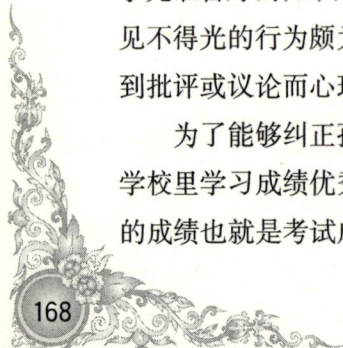

的好坏和被人们喜爱与欢迎的程度，从这个角度讲，孩子在考试中作弊，很重要的原因是为了受到老师的喜爱和同学们的欢迎。

而有些家长也抱有这种观念，用考试分数的高低来评价自己孩子的好坏和能力，在他们眼里，孩子的考试分数比什么都重要，而忽略了对孩子健全人格和优秀品质的养成教育，而孩子也会为了达到家长的要求而出此下策。

社会上的一些不良风气也影响了学生在考试中的行为表现。有些班级"考试抄袭"成风，而由于监考老师的疏忽，作弊的学生侥幸过关，则日后愈演愈烈，如果孩子由于虚假的成绩而得到赞扬时，其他同学便会纷纷效仿。不仅如此，社会上一些夹带、剽窃，甚至请人代考等现象，也给孩子的心灵造成不良的冲击，导致作弊之风盛行。

了解了孩子作弊的真正缘由，家长和老师就应该未雨绸缪，加强预防意识，切不可把考试成绩当成评判孩子能力的唯一标准，当发现孩子有作弊现象时，更不可轻易、草率地给孩子扣上"不诚实"和"坏孩子"的标签，家长要注意控制情绪，不能因此便对孩子大发雷霆甚至打骂，一定要分析孩子作弊的原因，然后对症下药，治标更要治本，从而彻底纠正孩子作弊的不良习惯。

教师家长沟通，树立信念信心

在学习和教育等问题上，老师和家长应该及时沟通，因为孩子在学校的情况只有老师知道，而孩子在家里的表现也只有家长了解，这就形成了家长对孩子在校情况、老师对学生在家情况知之甚少。为了更好地教育孩子，家长和老师需要保持联系、互通有无，不要只在孩子犯错的时候才沟通，与其亡羊补牢，不如防微杜渐。而老师和家长都应该在平时主动关心孩子的学习和生活，积极营造诚信的学习气氛和严谨的考试氛围，引导和树立孩子良好的学习观、考试观，教育孩子胜不骄、败不馁。家长平时也要注意自己的诚信，说话办事要做到言必信，行必果，为孩子树立诚信可靠的榜样，从而促进孩子身心健康发展。

另外，家长和老师还要努力挖掘孩子的闪光点。有些孩子虽然在数学上可能是个"白痴"，却在艺术方面有着惊人的天赋和表现，引导他们发

挥自己的特长，让他们享受成功的快乐，可以帮助孩子树立信心。同时，也要引导孩子树立坚定的信念，让他们明白"诚实的失败"比"虚假的成功"更加重要，让孩子们懂得宁要"诚实的第三"，也不要"虚假的第一"。道理很简单，诚信是一个社会是否繁荣、是否昌盛的准则，它的缺失将会导致整个社会的腐化与堕落。因此，无论是谁都要把诚信当成第一信念，每一个人的成功都是靠自己的努力和诚信换来的，虚假只能骗得了一时，而骗不了一世。因此，诚实的品德比分数更重要，这也是孩子未来立足于社会的根本。

其实，作弊并不是不可饶恕的，关键是如何改正，老师和家长要正确看待，虽说这是一种欺骗行为，但从积极的角度上说也反映了孩子思想积极向上的意愿，只不过实现这种意愿的手段不是很光明。这就需要老师和家长针对孩子的求胜心理进行疏导和教育，让他们切身体会到，如果为了一个虚伪的成绩丢失掉了诚信的美德，自己将遗憾终身。试着让他们将考场上恐慌的心和恐惧的眼神，以及心灵的压抑和忐忑，慢慢恢复到平日的坦然和真诚，放下包袱轻装前进，让自己诚实磊落地踏出每一步。

9. 一知半解闯天下

一知半解，这一成语源于宋严羽《沧浪诗话》，也见于清《唐宋诗醇》。《沧浪诗话·诗辨》里有："有透彻之悟，有但得一知半解之误。"宋朝诗人陈师道认为，苏东坡的诗风格初学刘禹锡，后学李白。清朝时期的《唐宋诗醇》却有不同的观点："洵乎独立千古，非一代一人之诗也；而陈师道顾谓其初学刘禹锡，晚学李太白，毋乃一知半解。"后来，人们便用"一知半解"来表示对问题了解得不深不透，所知道的东西并不多。

明白了一知半解的含义，也就明白了孩子在学习上为什么总是出现那么多的错误，看来这都是"一知半解"惹的祸。而有些孩子甚至很可能就是不懂装懂，不但对问题和事物不求甚解，甚至为了自己的颜面还可能给你一番自以为是、啼笑皆非的解释。

小勇平日里总是跟着爸爸"走南闯北"，由于爸爸是个职业摄影师，也有意培养孩子，带孩子见见世面，所以常常带着小勇外出，但是小勇却有个不太好的毛病，就是不懂装懂。

暑假，爸爸又带着小勇出发了，这回爸爸带着小勇到了云南。这里可真是好地方啊！浓郁的少数民族风情和秀美的山水，让人流连忘返。小勇兴奋异常，跟着爸爸和叔叔们忙活了一天的摄影，晚上，大家住在当地居民家中。

晚饭，都是当地的特色美食，其中有一道"炒饵块"，鲜香可口，大家吃得津津有味赞不绝口。小勇初次来云南，不知道这是什么，只是觉得好吃，在一旁自顾自地吃着。跟爸爸一起工作的叔叔们看着小勇吃得不亦乐乎，就故意问他，"小勇，你知道你吃的这个叫什么吗？"

"这个啊？"吃得正香的小勇忽然被提问，有点意外。心想，我怎么知道这个东西叫什么啊？刚才还想悄悄问爸爸呢。但怎么也不能丢了这个面子，"年糕啊！这还用问吗，年糕你们都不知道？"小勇一边漫不经心地回答，一边想，就凭我这"老江湖"，你们还能蒙得了我？

没想到，小勇话音刚落，满桌子的人哄堂大笑。

"有什么可笑的，其实你们也不知道。"小勇有点心虚，但依然硬撑着。

"傻孩子，那叫饵块。"爸爸笑着解释着，"是云南的一种特产。"

"我知道，"小勇虽然感觉有点尴尬，但是依然不懂装懂，"不就是用面做的吗？"

又是一阵哄堂大笑，"那是用米做的。哈哈。"

此时，小勇简直就是无地自容，真想找个地缝钻进去。

看了这个故事，大家可能会发现，其实这一知半解和不懂装懂很像是一对同胞兄弟，它们都有一个共同的特点，就是对问题和事物不仅不了解，而且还自以为很正确，以掩饰自己的不足，这又不禁让人想起一则笑话：

从前，有个财主不学无术，但平时却假装斯文。这一年又到了新春佳节，家家户户都忙着写对子、贴春联，财主也不例外。但由于知识浅薄，他只好请人帮他写。来人写的春联的上联是：春回大地人增寿；下联是：福满人间笑满门。财主一看，感觉并不满意，于是自己大笔一挥把春联改了，上联"春回大地娘增寿"；下联"福满人间爹满门"。结果第二天，路过他家门前的客人看见春联，都笑得前仰后合，可是他却不明白怎么回事，还以为大家夸他的对联写得好呢，连连说："请多多指教。"

由此可见，一知半解和不懂装懂，不但有损了我们的颜面，更重要的是由于虚荣扩大了"自我"，进而导致了自欺欺人的结果。而孩子由于年龄的问题，对事物分析得不够透彻，更应该养成虚心好学的品质。一旦发现孩子出现这种行为，家长应及时给予教育纠正。

就像孔子所教导的，"知之为知之，不知为不知，是知也。盖有不知而作者，我无是也。多闻，择其善者而从之；多见而识之。知之次也。"就是说，知道的就说知道，不知道的不强做解释，这就是聪明和智慧。也许有人"生而知之"，但自己不是这样的人。多读书、多听、多问，选择其中好的采纳；多看多亲身体验，然后记在心里。这就是学习的程序。

克服虚荣心理，客观评价自己

由于孩子的自尊心比较强，常常怕回答错问题而丢脸，因此即使对问题不是很明白或者理解得不是很准确，也不愿意提问或者求解，以致对所学的知识总是一知半解。而有些孩子纯粹是虚荣心在作怪，由于对现实中的自我不满意，而编出一个幻想中的假"我"，意在抬高自己的身价，希望别人对他另眼相看，这样的孩子往往缺乏自信，有些自卑或者自负情结，目的就是为了受到别人的重视和尊重。由于孩子对自我的评价和认识能力不够，为了表现自我，获得尊重，因而强化理想中的自我，于是便产生了信口开河、不懂装懂、自欺欺人的言行。所以说，这种不良习惯其实都是虚荣心在作怪。

家长要帮助这样的孩子改掉这一不良习惯、克服虚荣，就要让孩子学会客观地凭价自己。教育孩子勇于面对自我，诚实对待自己，这样不仅是尊重自己，更是对自己负责的表现。如果一个人总是生活在虚幻想象当中，不能正视真正的自我，用自欺欺人的手段来获取别人的尊重，一旦被人戳穿，那就只能使自己更加蒙羞；而不能在学习和生活中诚实待人，则势必会失去别人对自己的信任。

不在意他人评价，正确对待名利

为了消除孩子的虚荣心理，家长应教育孩子不要太在意他人对自己的评价。其实很多孩子不懂装懂，都是为了给别人留下一个博学的印象，来掩盖自己在知识上的欠缺和不足，获得一种心理满足。这种想法是非常幼稚的。一个人的真才实学是别人永远也夺不走的财富，而吹嘘出来的东西总有一天会真相大白，所以，要让孩子知道不能因为一时的快乐和满足而失去做人最根本的东西。

家长还要引导孩子正确看待名利，不要让孩子从小就生活在虚荣的环境里，要通过生活中的点点滴滴灌输孩子认真负责的态度，严谨的作风，对知识一定要求甚解，不能敷衍了事。要让孩子懂得，名利很可能只是过眼烟云、转瞬即逝，而拥有真正的知识和能力，才是一生最重要的财富。

耐心热情帮助，勇于说"我不会"

有些家长总爱对孩子说："人家怎么懂那么多，你怎么什么都不懂?"这类的话语，也许只是家长的一种无心质问，但对于孩子来说，很可能伤害了他们的心，让他们心中充满失败感，产生自卑心理，从而想塑造新"我"。这些孩子不敢公开承认自己不懂，在学习上更不敢说"我不会"。这种恶性循环在日积月累中会越积越重，最后成为负担，为学习造成的阻力也越来越大，更容易使孩子丧失自信心和学习兴趣。为此家长要鼓励孩子说出"我不会"。

家长要有足够的耐心和热情帮助孩子找到处理难题的办法，引导他们勇于向老师提问，不要害羞，不要怕别人说自己不懂，因为每一个人在某个领域都可能是"白痴"，世界上没有绝对的"万事通"。不仅如此，当孩子说出"我不会"时，家长千万不要冷嘲热讽，要肯定孩子这种实事求是的精神，然后帮助他们解决难题，鼓励他们不断地学习、进取。告诫孩子一知半解和不懂装懂的危害，让孩子一步一个脚印、踏踏实实地学习，从而改正孩子不求甚解的不良习惯。

10. 争强好胜我第一

在大家眼里争强好胜是件好事，也是一种积极的心理。任何一个心理正常的人都不甘于人后做一名弱者，而好胜心的积极作用就是不甘落后，勇于进取，勇于拼搏，勇于争先。但是无论做什么事都要有个度，超越了范围的争强好胜，就未必是件好事，很有可能成为一种心理或思想负担。因此，有时孩子的争强好胜，很可能变成求胜心切，从而表现出争强好斗、逞强等不良行为，甚至为了战胜别人不惜采取恶劣手段，以达到自己的目的，满足自己的虚荣心。

"看，小满又是全年级第一。"期末考试的排行榜一出，众多同学就围上前去一看究竟。"小满，你又是第一名！"同学们对小满的学习成绩都是美慕不已。

"那还用说，我不是第一谁是啊？"小满每次都这样得意忘形，心想回到家里，爸妈知道了，肯定又要夸奖我了。

果不其然，回到家里，小满把成绩单一放，洋洋自得地看着妈妈，"妈妈，这回你该带我去海南了吧？"

"去，当然去！"妈妈手捧成绩单，脸上笑开了花，"妈妈答应就一定去。"

小满如愿以偿在海南玩了个痛快。暑假过后，开学了。小满也又升了一级，同学们开始了一如既往的学习，当然小满也没有落后，仍保持着第一的势头。

俗话说，人中自有强中手，一山还比一山高。开学没多久，班上转来一名女生，弱弱小小的样子，没人把她放在眼里。没成想，就是这个不起眼的小女孩，学习却非常出色。刚过了半个学期就初露锋芒，在一次模拟考试中摘了桂冠。

这个出乎意料的"壮举"，让所有人吃惊不已。小满也终于从冠军"宝座"上下来了，这让小满在吃惊之余，心中充满了愤愤不平。回到家中，小满一脸不高兴，妈妈得知是因为儿子考了第二，唏嘘了一下，"我还以为出了什么大事呢，敢情没考第一。没关系，成绩不错，下次努力再把第一夺回来。"妈妈一番安慰的话，让小满又重拾信心，更加努力地学习了。

没想到，好像老天就是成心跟小满作对，在寒假前的期末大考中，小满又落在了那个小女孩之后。同学们私下里纷纷议论，说小满遇到了克星。这一下子激怒了原本就不服的小满，"你们说什么，她是我的克星？你们等着瞧，看谁厉害！"

从此小满与女孩结了"梁子"，可也怪了，不管小满怎么努力，那个不哼不哈的女孩每次总能打败他，弄得他在同学面前没了风光。就这样，小满渐渐恨上了那个女孩，有事没事地就找她别扭。终于有一天，俩人爆发了战争，小满打伤了女孩，受到了老师的严厉批评。当小满妈妈得知一向表现良好的儿子闯了如此大祸，十分吃惊和不解。儿子怎么会打人呢？难道就是因为人家比他学习好？妈妈的眉头拧成了一个疙瘩。

小满的这种极端表现，恰恰说明他好胜心切。从来都是第一的他，自从来了竞争对手，就走出了同学的"神话"，落入凡间。这让他觉得既没面子又威风扫地。因此，事事刁难竞争对手，最后恼羞成怒，不惜伤害对方。

姐姐也是个学习成绩优秀的孩子，每次考试在班里都名列前茅。可是，天有不测风云，正赶上期末考试时，本来身体就弱的姐姐生了病，结果考试成绩出来，她被挤出了前三名。其实要说全班第五名，成绩已经不错了，但一向争强好胜的姐姐老是觉得心里别扭，尽管老师和爸爸妈妈都说，在生病期间，还能考第五名的好成绩，已经很不错了。班主任老师还就姐姐带病考了第五名的好成绩，特别在班里表扬了她。没成想，不表扬还好，这一表扬倒把姐姐给惊了。她认为老师当着全班的面说她得了第五名，是诚心寒碜她，以后自己怎么有脸和班里的同学打交道啊？妈妈为此没少开解姐姐，"老师对你的表扬是真诚的，你干嘛老是跟自己过不去呢？这样时间长了，会闹出病的。"

此话不幸被妈妈言中了。这事之后，姐姐总是一个人发呆，茶不思饭不想，成天呆在自己的屋里怎么叫都不出门，有时候还一个人偷偷地抹眼泪。弄得老师和父母都为她着急。没办法，老师给牛牛找了个心理医生。医生与姐姐接触后，告诉她的父母，孩子心理压力太大，可能患了抑郁症，要积极治疗。这一晴天霹雳，让姐姐的父母不知如何是好，这么小的孩子怎么就得了"抑郁症"，难道就是为了那个第五名？

过度的求胜心是把双刃剑，在刺伤别人的时候，有时也会反过来伤害自己。孩子如何适度地掌握好"要强"的尺度，这就要看家长和老师引导了。对好胜心强的孩子既要积极鼓励，又要适当指点，使好胜心真正成为孩子一种前进的动力。

支持鼓励孩子，适度争强好胜

在现今竞争激烈的社会里，哪个家长不希望孩子有颗争强好胜的心，希望他们面对困难勇于攀登，为更好地发展创造条件？但是，这种好强要适度，过分的好强，会导致孩子心灵扭曲。而且优秀的孩子往往由于受到老师和父母的格外宠爱，而难免有些骄傲的心理，虽然有的孩子嘴上不说，但是只要能获得胜利，就会有说不出的喜悦。

总是生活在高高的殿堂之上，俯视群臣的"皇帝"，一旦走下神坛，和百姓平起平坐，他们的窘迫可想而知。这也反映了人的一种"只能上，不能下"的心理。因此，家长在鼓励孩子竞争的同时，更要在孩子失败的时候支持他。平时要积极创造条件，让孩子多体验生活，在考试、游戏、比赛等活动中树立正确的成败观、荣辱观和竞争意识，这才是最重要的，让孩子拥有一颗平常心，不要把平时某一方面的优秀看得太重。

正确认识成败，积极迎接挑战

社会机制就是优胜劣汰，孩子只有在比拼中才能不断挑战自己，在较量中确立自己的自信，学会应付挫折。这就需要家长教育孩子正确认识成败，不要被一时的胜利冲昏头脑，也不应为挫败而苦恼。俗话说，胜败乃兵家常事，胜利和成就从来都是无数次失败的积累，要知道罗马不是一天建成的。

特别争强好胜的孩子，在他的字典里没有"失败"二字，因此他们总是雄心勃勃，凌人之上，久而久之就形成了唯我独尊的思想。一旦失败或出现对手，心里就不能承受，从而发生意想不到的糟糕情况。因此家长要教育孩子，这世上没有长胜将军，只有正确对待对手，把对手当做朋友而不是敌人，才能更好地进步，让孩子拥有在竞争中胜不骄败不馁的良好心态。

✿ 家长调整心态，竞争不论成败

如今的竞争是那样的残酷和无情，所有的父母都希望孩子具有强劲的竞争能力，从众多竞争者中脱颖而出。所以从孩子小时候开始，父母就非常注意培养孩子的竞争意识和好胜心理。就连幼儿园的小小比赛，父母都看得很重。一旦孩子上了学，更不用说，自然是学习成绩第一重要，父母常常鼓励和督促孩子好好学习，争取考第一。甚至有些家长拿物质刺激作为奖赏，只要孩子考了第一，就如何如何；而如果名落孙山，就满脸的不高兴，倍加指责。这也造就了孩子扭曲的好胜心理，认为只能做第一。

因此父母要以正确的思想和方法培养孩子的竞争意识，帮助孩子在竞争中正确地评价自己和他人的能力，学会如何与人交流和相处，学会如何面对压力，学会自信，学会应对成败，学会自我展现。

值得特别一提的是，不管你的孩子多么具有能力，多么要强，但他更需要健康快乐，因此，作为父母，我们不应给孩子太大的压力。其实只要孩子能健康快乐地长大，得第几并不重要。

对孩子无休止的欲望说 "不"

欲望是人与生俱来的一种心理特征，但过多的欲望，无止境的奢求，往往会导致人们犯错，这是一条亘古不变的真理。欲望定论对于每个孩子来说也同样适用，他们的心里同样有自己的美好愿望和需求。但是，为了孩子的健康成长，塑造他们健康的人生观，家长就一定要遏制孩子不合理和无止境的欲望，让他们懂得什么才是应该得到和拥有的，从而培养他们正确的人生观。

1. 什么东西都想要

记得小时候，物质生活很匮乏，那时看到柜台里的糖果、点心馋得忍不住流口水，非常想让妈妈给买。可是由于当时的经济条件不允许，所以多数家长都选择拒绝孩子的这一愿望。

现今可大不一样了。经济条件好了，哪个家长还会拒绝孩子的这一小小要求呢？为了孩子的成长，每个家长都尽量满足孩子的要求，尽量不让孩子失望。有些孩子就是抓住了家长的这一心理，见到什么都想要，一旦大人带着逛商场、超市的时候，看见好吃的、好玩的不管有用没用，家里有还是没有，统统想要，一旦家长拒绝，就撒泼打滚，引得路人侧目，议论纷纷。

丹丹生活在一个幸福的家庭里，爸爸是一家大公司的老板，生意非常红火，妈妈作为全职主妇照顾全家的生活。爸爸妈妈就丹丹这么一个女儿，而且家里又不缺钱花，所以对丹丹的要求可谓是有求必应。可是最近妈妈越来越发现，丹丹有点过分，每次逛商场或超市时，她总是见到什么就要什么。起先，妈妈看到有些东西丹丹没有，觉得女儿喜欢就买吧，可是丹丹却越发来劲，明明家里同一个品牌、同一个口味的薯片还没有开封，她却偏偏还要再买一个，学习用品、玩具、衣物就更不用说了，她的卧室里都塞得满满的。

然而，丹丹还是不满足。有一次，在妈妈看首饰的时候，她竟然指着一条价值不菲的钻石项链，要妈妈给自己买。妈妈告诉

181

她，"这个不是小孩戴的东西。等丹丹长大了，妈妈再给你买。"可她就是不依不饶，还赖在地上撒泼打滚，好说歹说都不行。商场的顾客都围了过来，气得妈妈脸上都变了色。最后，还是售货员阿姨帮忙解了围，告诉丹丹这个项链她们不卖给小孩，才哄着丹丹离开了珠宝柜台。

丹丹这一行为让妈妈非常生气。晚上，妈妈本想跟老公说说，让老公管教一下丹丹，没想到，老公听了，哈哈大笑，"女孩子啊，都是这样，从小就爱臭美。没什么的，不必太在意了。她要是真喜欢，如果确实不错，有升值价值，买就买了，留着她长大了再戴。"

这一晚，妈妈翻来覆去地睡不着，心想，再也不能这样惯着孩子了，不然她长大了，占有欲太强，见什么都想要，可怎么是好。

丹丹的故事让人不由得想起了一部名为《天生购物狂》的电影中，那个叫芳芳的购物狂，到处买东西，见到什么都要，结果债台高筑，最后不得不找心理医生纠正治疗。这种见什么都想要的毛病，可能就是所谓的"给我综合症"。就是指一种以不断地、坚持不懈地要拥有越来越多的东西为特征的行为模式。对于孩子来说，就是喜欢乱要东西。

在当前信息发达的时代，经济主导着各个领域，电视等媒体富有煽动性的广告越来越激发孩子对物质的欲望，购买商品带给他们快乐，这使孩子不可避免地患上见啥都要这一"病症"。

作为家长，无论你是否有钱，都不能让孩子如此不加节制地购物，一旦孩子养成这样的不良习惯，对他以后的生活和人格都有着不良的影响。

购物慎重考虑，学会创造生活

对于孩子什么都要的这一"顽症"，家长不必过于生气上火，也不要想象得过多、过坏，只要在日常生活中，注意用实际行为教育和纠正孩子的这一不良习惯。

在带孩子购物的时候，家长要有计划，慎重考虑每一件要买的商品，看看是否真的有用。对没有价值的或者暂时用不着的东西，不管它是否正在促销，都不要购买。让孩子一开始就知道，购买每一件商品都应经过考虑，不能随心所欲。

不管家长是否有钱，都要向孩子强调，拥有很多的物品并不一定就拥有快乐。而且必须让孩子明白，有些东西是毫无价值的，根本不值得购买。让孩子理解这两点，有助于他形成正确的消费观，日后成为理智的消费者和自律节俭的人。

为了避免孩子产生疯狂购物的倾向，家长要尽量少带孩子去购物场所，不要让孩子过多体会购物的兴奋与满足感；尽量少看电视里关于儿童物品的广告，以免引起孩子的购物欲望。适当给孩子安排一些家务劳动的事，比如打扫房间、浇花等。让孩子从小学会生活，懂得劳动所得来之不易，家庭的财富都是靠劳动积累的，不能随意挥霍。

❥ 断然坚决制止，解释拒购原因

大多数孩子在自己的购物欲望遭到拒绝的时候，或像前面故事里的丹丹那样大哭大闹，或不断纠缠大人。这是他们欲望受阻的必然表现。大多数家长遇见这种情况都会非常紧张，不知所措。在大庭广众之下，让孩子为了可能值不了几个钱的东西大哭大叫，引来其他人的侧目，不仅觉得有失父母脸面，更觉得这样对孩子可能有点过分。正是这种心态，造就了孩子见什么都想要，不给就哭闹的不良习性。

所以，不管在什么地方，孩子如果出现这样的情形，父母都要置之不理，千万不要心软妥协。同时耐心地向他解释，这个东西为什么不买，比如说"家里已经有了类似的玩具，咱们不用再买个同样的了"，或"油炸食品对健康不利，咱们还是回家自己做"。

如果孩子不听劝说，还是一味坚持，家长可以断然拒绝，告诉他"不买"。要是他还纠缠不清，哭闹不止，家长可以假装生气走开，"你一个人在这里闹吧，我走了。"然后躲在一个孩子看不到的地方，观察孩子的举动。通常孩子看见爸爸妈妈确实不买账，而且转身离去，都会紧张害怕地追随父母而去，而不再哭闹下去。

🕊 家长理性购物，为孩子做榜样

其实孩子胡乱要东西，很多是受父母影响。现代社会人们的压力都很大，很多工作忙碌的人把购物当成一种发泄，再加上商家众多的打折促销等刺激消费活动，导致不理智购物的现象颇为严重，尤其是妈妈们。孩子见到什么都想要，正是受到父母这种购物倾向的误导，造成了对购物行为的错觉，形成无休止的购物欲望。

为了避免孩子养成这样的不良行为，更好地树立孩子的价值观念，家长一定要从自己做起，注意理性购物，为孩子做好榜样。另外要从小抓起，给孩子灌输正确的价值观念，让他形成正确的消费观，养成健康有度的消费习惯。

2. 就认钱的小·"守财奴"

提起守财奴，不禁让人想起巴尔扎克笔下的《欧也妮·葛朗台》。小说把那个嗜钱如命和极端吝啬的老葛朗台的形象刻画得淋漓尽致、深入人心。我们这里不讨论这部小说的中心思想是否真的是为了表现葛朗台的吝啬，但主人公的所作所为，的确让读者感受到了"吝啬"的本质，一个贪婪敛财的卑劣化身，令人生厌。因此他也成为教育孩子的负面典范。

但由于每个孩子的家庭环境、所受教育不同，他们对金钱的态度在一定程度上也有所不同。而对金钱的态度，也决定了孩子未来的理财习惯，

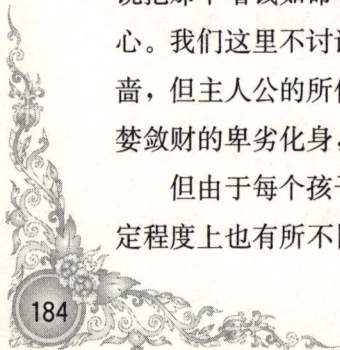

而理财习惯又可能会影响孩子的一生。因此，如何正确引导孩子对金钱的态度已成为现今家长们的一门必修课。

刚上小学一年级的小康就和现在那些大手大脚的孩子不一样，从小他就对钱很在意，从来不舍得花钱。有人肯定认为是小康家庭困难，父母收入不多，才教育孩子从小懂得节省。其实不然。小康的家庭生活非但不困难，而且还很富有。爸爸妈妈经营着一家非常大的公司，就连小康上的也是昂贵的私立学校，而且爸爸妈妈平时每月都给孩子为数不少的零用钱。可是小康就是舍不得花，一毛一毛地都攒起来，把几个小存钱盒都装得满满的，而且他几乎每天都要把这些钱拿出来数数，家里人都笑称他是个"小葛朗台"。

再过几天就是妈妈的生日了。这天吃完饭，爸爸看到小康又不声不响地回到自己的卧室，打开他的那几个"金库"，开始数钱，那认真的样子不禁让爸爸哑然失笑，忽然爸爸计上心来。

爸爸悄悄走到小康的面前，"呦，儿子你都攒这么多钱了？让爸爸看看你有多少钱了？"

这一问可不要紧，吓得小康就像遇到了强盗一样，赶紧用手捂住桌子上的钱罐，"没有多少！"

爸爸没想到儿子对钱这么重视，乐出了声，"哈哈！"然后一本正经地对小康说，"儿子，爸爸跟你商量点事，你看后天就是妈妈的生日了，咱们爷俩给她买点什么好呢？"

"妈妈不是喜欢首饰吗？"小康这时才将手慢慢从钱罐上拿开，"您就给我妈买条项链吧！"

"嗯，我看可以。"爸爸说着目光转向了桌子上的钱罐，"可是妈妈喜欢的项链有点贵，爸爸现在没有这么多钱，你能不能赞助爸爸点儿，也算是对妈妈的一份心意？"

这原本是爸爸有意逗儿子的话，但在小康耳朵里简直就是炸雷，"那可不行！我的钱我自己都不舍得花！"说完又赶紧抱起那些钱罐，匆忙地放进抽屉，好像生怕爸爸抢走一样。

晚上，爸爸把这件事情当笑话说给妈妈听，妈妈听后不禁皱起了眉头，"咱们平时还真的没有注意小康这样吝啬，孩子不乱花钱是好事，但是如果孩子对钱的态度是只能进不能出，变成了守财奴，那对孩子的将来可不好啊！"

妈妈的一番话让爸爸也深思起来，感觉平时在孩子如何理财方面的教育不够。于是夫妻二人开始商量起对小康的理财教育。

要说这吝啬的孩子，还真不止小康一个，还在幼儿园的西西竟然也是个天生的小"财迷"。

西西爱财可是家里出了名的，才1岁的时候她就知道钱了。当年周岁抓周的时候，西西面对满桌子琳琅满目、五颜六色的东西，全都无动于衷，毫不犹豫，一伸手就将那红红的百元大钞抓在了手里，而且谁要都不给，爷爷奶奶说这孩子以后准是个挣大钱的料。

谁也没想到，从此以后西西好像真的和钱结下了不解之缘。每次见到钱都两眼放光，偶尔看到桌子上有些一元、一角的硬币，就伸出小手去抓，抓不到还要请爸爸妈妈帮忙，逗得一家人笑个不停。妈妈看到西西这么认钱，喜出望外，还特意给她买了个存钱罐，让她把那些零钱存起来。随着年龄的不断增长，西西的那个存钱罐已经很沉了，但她并不满足。

除了攒钱，西西还特别喜欢过年，因为过年的时候爷爷奶奶、爸爸妈妈还有众多的亲戚都会给她"压岁钱"，每当拿到压岁钱的时候，西西就像吃了蜜，笑得甜甜的。所以每到过年，西西一反平日不搭理人的常态，总是主动给亲朋好友拜年，以求得到大红包。

这不又到了一年一度的新春佳节，西西早早地就编好了压岁歌，一进爷爷奶奶的家门，就大声喊起来，"新年到，乐开怀；西西给爷爷奶奶来拜年；恭喜全家发大财，红包快快拿过来！"逗得全家人开怀大笑，当然免不了纷纷给西西掏红包。

这时，正好叔叔的一个外国朋友到家中做客，并给爷爷奶奶

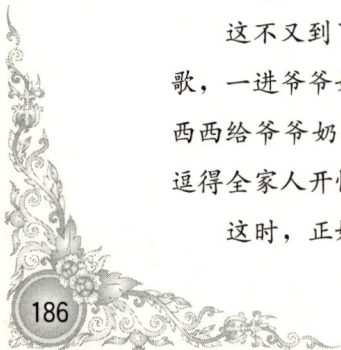

拜年。西西一看到来了个陌生的叔叔，以为又有得红包的机会了，于是主动向那位叔叔拜年。由于叔叔对中国传统春节给小孩子红包习俗不了解，所以只是一个劲地感谢，并夸西西有礼貌，却没有任何举动。

西西看洋叔叔无动于衷，终于忍不住了，"叔叔，我给你拜年，你还没给红包呢。"

"红包？红包是什么？"洋叔叔用半生不熟的中国话问叔叔。叔叔被西西这一举动弄得很尴尬，但又不能不解释，就含糊地说就是"礼物"。洋叔叔"恍然大悟"，赶紧从包里拿出早就准备好的玩具，递给西西，"光顾说话，我差点忘了。"

西西看到洋叔叔并没有给钱，只是给玩具，就解释道，"我不要玩具，你应该给我压岁钱。""西西不许没有礼貌！"妈妈赶忙上前制止西西的行为，并把她带到了一边。家里人也赶紧说些别的话岔开了这个敏感的话题。好在这位洋叔叔的中文不是很好，就这么稀里糊涂地混了过去。

但这件事却对西西的妈妈有所触动，她没有想到孩子竟然"财迷"到向别人索要金钱。该如何帮助孩子改正这一不良习惯呢？妈妈陷入了沉思。

其实家长对孩子爱钱这一举动无须大惊小怪，因为每个孩子的"财商"和对金钱的看法都有所不同，有些孩子喜欢挥霍无度，而另一些孩子则会一分也舍不得花，把那些平日父母给的零用钱统统存起来。为此父母要针对孩子的理财特征"因材施教"，让他们形成良好的理财习惯。

端正金钱观念，引导正确消费

金钱是个敏感话题，在这个充满生机的世界里，孩子面对太过丰富和充满诱惑的物质，产生了对金钱的渴望和无尽的要求，怎样正确、合理地安排和运用这些金钱，对于孩子的未来人生观有着极大的影响，因此当今社会的家长对孩子的"财商"教育也是相当的关注。

在不同孩子的"理财"习惯里，有些孩子属于"海狸鼠"型。这些孩子对金钱有一种特殊的热爱，平时他们勤勤恳恳地攒钱，满满的储蓄罐，叮当的钱响会让他们开心无比。虽然平时有零用钱，但他们从不舍得花，他们单纯地不断增加自己的积蓄，而当看到自己喜爱的书籍或者需要购买的文具时，他们还会向家长要钱或者让家长购买，绝不会用自己的零用钱。如果家长要求他们用自己的零用钱购买，他们宁可忍痛割爱，放弃要买的东西，他们的乐趣就是看着自己的"金库"数额不断上涨。

这样"顾家"和"财迷"的孩子，其实都非常会精打细算，对金钱的管理能力较强是他们的优点。但是从另一个角度说，孩子过分看重金钱本身，导致对金钱的崇拜，而妨碍孩子未来更妥善和合理地运用金钱，甚至影响孩子的人生观和价值观。头脑中金钱观念太重，还会使孩子产生拜金主义，并因此影响他们以后的交往和人际关系。因此对待财迷的孩子，家长需要正确适当地引导他们进行合理消费。家长可以让孩子用自己积攒的零用钱，支付一项家庭日常生活中如交通费这样的小费用，让孩子感觉自己已经长大，可以独立花钱了，用成长的喜悦替代"有钱"的骄傲；家长还可以策划一些家庭活动，让孩子把自己攒的零用钱拿出来作为活动费用，并让孩子在活动中体验成就感，让他们感觉自己的零用钱用得其所；家长还可以让孩子将零用钱捐献出去或资助贫困失学的孩子，从而培养孩子的爱心。这种热心助人，热爱社会的理念和行为，更能培养孩子正确的金钱观。从而让"守财"的孩子明白金钱的价值并不是数字的堆积，而是要将它合理地用在需要的地方。

🕊 家长教育有方，学习理财方法

孩子珍惜金钱，并懂得储蓄是个非常好的习惯，这样可以有效抑制对金钱的无度挥霍，更能让孩子在未来不陷入"月光族"的泥潭。但是过于珍惜钱财，孩子也很可能易受金钱的诱惑或形成过分"抠门小气"的癖性，因此家长在鼓励孩子储蓄金钱的同时，也要适当引导孩子的消费，防止孩子过分专注金钱和金钱数字的积累。

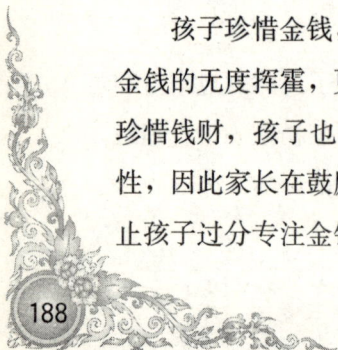

很多人会说，孩子爱财是天生的，其实不然。孩子看重金钱的习性很大程度上受家庭生活习惯和家庭成员的观念影响。有些家长本身就很会精打细算，对家庭的收入及开销都十分在意，而且每每存钱后都会为储蓄的数字越来越多而兴奋不已；而有些家长更是抠门，无论做什么事情能省就省，即使自己并不缺钱，但只要一提到花钱就头疼，甚至为了少花钱而占别人的小便宜。种种这些日常生活的点点滴滴，无时无刻不在影响着孩子对金钱的认识和使用的方法。这些"善于经营"的家长对孩子省钱和努力攒钱的能力时常表示鼓励和提倡，就是促使孩子形成"财迷"行为的直接原因。虽然小孩子还不完全明白攒钱的目的，但也会从家长的行为中感受到存钱和攒钱的重要性，而把攒钱当做可以炫耀或是可以得到家长更多奖赏的资本。

对家长来说，一般既不想让孩子养成随心所欲、大手大脚花钱的习惯，但也不想孩子对待金钱太过注重而变得吝啬，如何正确适当地对孩子进行财商教育就成了许多家长的心病。其实这个问题只要认识到了，解决起来并不难，那就是适当教给孩子理财的方法，让孩子懂得量入而出、勤俭节约的同时，也要让孩子摆脱金钱的束缚，合理适度地享受金钱带给自己的快乐和情趣。钱要用在合理和需要的地方，而人更不能成为金钱的奴隶，从而培养孩子正确的价值观和金钱观。

3. 花钱无度似 "大款"

不知道大家是否注意过，我们经常能看到三个一群、两个一伙的学生，随意地出入麦当劳、肯德基等一些快餐店，甚至消费不低的餐馆。他们出手阔绰，几张百元大钞在他们手里根本不算什么，似乎比上班挣钱的

大人还有钱，而他们那鼓鼓的小钱包甚至让辛苦赚钱的成年人都为之咋舌。

如今很多孩子花钱似流水，从不计较多少。因为他们不知道起早贪黑、辛辛苦苦地挣钱养家糊口的不容易。更何况他们都是家里的宠儿，哪个家长不愿满足孩子的需求呢？正是家长的宠爱和娇纵，导致了孩子在金钱上养成挥霍无度的不良习惯。

小娇可是家里的乖宝贝，富足的家庭，有钱的爸妈，让小娇从小对金钱就没有什么概念，从来都是想要什么就有什么。随着年龄的增长，小娇渐渐学会了自己花钱，每月爸爸妈妈给小娇一笔数目不小的零用钱，让小娇想买什么就买什么。而过年过节亲属给的压岁钱，也都被妈妈存在小娇的账户里，而那个现金卡更是放在了小娇的手中，任由她支配。

可是，随着可支配的钱额越来越大，小娇的欲望也越来越多，她早已不满足买零食、尺子、橡皮之类的文具和一些小玩具，渐渐地她把目光瞄向了大商场。每次妈妈带小娇逛商场，她都要求妈妈给她也买东西，妈妈也从没有拒绝过。小娇全身上下都是名牌，而且出手大方，在同学中是名副其实的小"大款"。

既然被封为"大款"，那在花钱上更是不能计较，小娇为了显示自己有钱，常常请要好的同学吃冷饮、点心和糖果；请同学们到家里做客；还常常请好朋友去吃麦当劳和肯德基，甚至给好朋友买文具和玩具。总之，只要是钱能解决的问题就不是问题。正因为小娇"大方"，她在班里人缘极好，也有不少的好朋友。

这天，正巧赶上好朋友慕容过生日。每次朋友过生日小娇都会送上好礼，这次也不例外。她本来精心准备了一只玩具熊当做礼物，但是没想到班里的小靳也准备了一只玩具熊当礼物，这让小娇感觉很不舒服，心想：我怎么能和别人送一样的东西呢？于是她开始琢磨送点什么不一样的东西。可是放学就要去慕容家了，已经没时间去买了，情急之下突然一个想法跳入小娇的脑海。

于是，放学后，小娇高高兴兴地和好朋友们来到了慕容家。大家纷纷拿出自己事先准备的礼物，向好友庆祝生日。等大家都忙活完了，小娇才从书包里拿出一个漂亮的红信封，笑着递给了慕容。慕容有些诧异，赶忙打开袋子，里面竟然是两张崭新的百元大钞。所有同学都为此感到惊讶不已。

正在招呼小朋友们吃蛋糕的慕容妈妈看到这个情景，赶忙走了过来，"小娇，非常感谢你对慕容的生日祝福。但是你的礼物太重了，我们不能收。"说着把那个红包交还到小娇的手里，然后又对所有的小朋友说，"你们作为慕容的朋友，能来给她庆祝生日，我们就很高兴了。"

小娇看着手里的 200 元钱，满不在乎地说："阿姨，没事的。这点钱不算什么，您就让慕容收下吧。让她随便买点喜欢的东西。"

"你们都是小孩子，都不挣钱，不应该送超出范围的贵重礼物。"慕容妈妈拉着小娇的手温和地说，"这些钱都是爸爸妈妈辛辛苦苦挣来的，不应该乱花的。更不能随随便便地就送人啊！"

小娇听了阿姨的这番话，有些不好意思，惭愧地低下了头。

花销无度可以说是现代孩子的一大特点，也是当代社会突出的问题。随着社会物质生活的极大丰富，家长对孩子大都有求必应，这就导致孩子养成了爱花钱、敢花钱的不良习惯。但由于孩子对赚钱的认识尚浅，不知道挣钱的辛苦，对他们来说只要对钱有需要，便可伸手即来。太容易得到的东西，就不容易珍惜，因此，这些孩子就容易养成挥霍金钱的不良习惯。因此家长一定要规范孩子的花钱行为，引导孩子树立良好的金钱观念和理财观念。

体验赚钱不易，杜绝盲目攀比

对于爱花钱的孩子，家长一定要及时纠正他们对金钱的看法，教会他们按需有度地花钱。孩子不懂得钱来之不易，就从不会考虑父母挣钱的辛苦，只知道没有钱了就管家长要，花完了也还会有，这就让孩子觉得钱来得太容易，从而花得也容易。因此，家长要让孩子从小学会节约和勤俭。

为了减少孩子日常的无谓支出，家长可以对孩子的消费进行管制，除必要的学习用品和生活必需品外，其他的物品经考虑是否必需后再决定是否购买，让孩子懂得不是想要什么就可以得到什么。在零用钱的给予上，家长更要坚持有计划、少量的原则，教会孩子正确使用和支配自己的零用钱。还可以通过在家里劳动或者帮家长干些力所能及的事情，让孩子获得相应的报酬作为自己的零用钱，并由他自由支配。但是如果孩子提前花完了，家长也不再无偿给予，这样可以让孩子懂得钱并不是轻易就能得到的，要想获得金钱就要付出劳动和努力，以此控制孩子无度的消费，让孩子学会对自己的消费行为负责。只有这样，才能让孩子懂得"钱并不是花完就会有的"，并学着思考如何管理和支配钱。

有些孩子用不断地花钱买东西，来显示自己的"富有"，而正是这种攀比的心理，让他们过度消费，胡乱花钱。对此，家长一定要坚决说"不"，让孩子认识到这种盲目攀比的行为是错误的，帮助孩子树立健康的消费观。家长在为孩子买东西的时候，可以带孩子一起去商场、超市、批发市场等不同购物地点进行辨别比较，让孩子亲身感受不同地点的价格差距，教会孩子买东西一定要"货比三家"，明白怎样的消费才算是合理和有价值的，从而纠正孩子错误的消费观念和行为。

懂得居安思危，树立理财观念

花钱大手大脚、相互攀比已经成了现代城市孩子的通病。家长与其为此焦虑，不如传授给孩子理财知识和科学的理财方法。例如，家长可以制订一个家庭财务计划，并让孩子参与其中，让他知道家中的各项开支情况，收入是多少、支出是多少，最后剩余多少。这样可以让孩子知道如何合理地运用金钱也是一门学问。家长还可以与孩子签订零用钱账目清单，让孩子将自己的消费全部记录在案，每月月底分析各项消费是否合理，从而帮助孩子养成自我管理、自我约束的好习惯，这也是锻炼孩子对金钱统

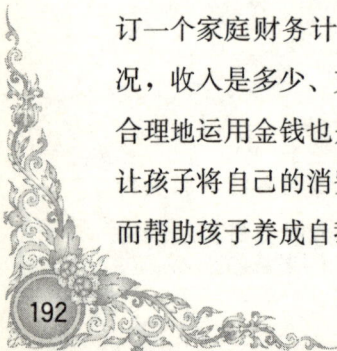

筹安排的好方法。孩子也能从记账中体验挣钱的艰辛，明白如何正确对待金钱，从而形成正确的理财观、道德观和劳动观。

家长在让孩子懂得"花钱容易挣钱难"的同时，更要帮助孩子树立危机意识。让孩子明白，在花费的同时还要储蓄，不能把挣的钱全部花掉，要有"居安思危"的意识，这样才能保障自己的"财务安全"。如今虽然人们基本上已摆脱了贫困，但也必须要有危机意识，在任何时候都需要有充足的钱财以保障家人的正常生活，预防不测。"天有不测风云，人有旦夕祸福"，这种警示在任何时期都不过时。

让孩子懂得了这些理念，再加上家长的榜样作用，孩子一定会对金钱和消费产生新的认识，从而改正肆意消费、花钱无度的不良习惯。

4. 总想"领导"他人

小潘天生就是个当"领导"的料，事事他都想抢在别人前面，对小朋友总是喝来唤去的，结果小伙伴们都对他"敬而远之"。小潘的这种"领导"欲望可能来自于爷爷的影响。

爷爷当年工作的时候就是单位的大领导，每天车接车送，平日里那些阿谀奉承的人总是往家里跑，送这送那，就连小潘也享受了不少人家"孝敬"的好东西、好玩具。因此，小潘的理想就是长大了一定要当"领导"。

这不，小潘已经上三年级了，班里又开始选班长了。小潘对这个位置向往已久，但由于同学们总是不买他的"账"，而且老师似乎对他也不"感冒"，因此一直还停留在班干部的替补席上。

为此，小潘决定在选举之前一定要在老师面前好好表现一下。于是这几天小潘特别勤快，不是向同学献殷勤，就是帮老师做事，忙得不亦乐乎。

这天正好赶上班里大扫除，小潘觉得这可是展示"领导风范"的好机会，于是早早就煞有介事地排兵布阵了，"玲玲，你擦玻璃"，"小溪你扫地啊"，"那谁，你把黑板全擦干净啊！"——可就是没给自己派活。

当同学们热火朝天地劳动时，小潘不但没动一个指头，还在一旁指手画脚，"小琴，你是怎么搞的？连窗台都没擦干净！""火火，赶紧的，就你最慢，一会儿老师还要检查呢！"

——小潘的不断训斥招来了同学们的不满，"你怎么不干活啊？""你不干活，还老说别人干得不好，真是的！"

小潘看到大家怨声载道，竟摆出一副领导的架势，"你们怎么这么多话啊？让你们干什么你们就干什么！班里的事情总要有个人管吧。"他还当真已经把自己当成班长了，"我要是不管，谁管？"

"切！你当你是谁？班长啊？哈哈！"同学们一阵抢白和嬉笑让小潘觉得很没有面子，"怎么了，难道我就不能当班长？你们等着，看我当上班长怎么治你们！"同学们又是还以一阵爆笑。没过两个星期，班长的选举结果出来了，虽然小潘名落孙山，但他依然不减"领导"风范，满怀信心等待着下一次机会。

"不想当将军的士兵就不是好士兵"这句话是为了鼓励人们在自己的工作岗位上努力工作，积极进取。但也有些人狭隘地认为无论在什么地方，干什么工作都要当领导，把权力看得尤为重。而这种对权力的渴望，并不一定就是成年人的专属，这一思想在孩子堆中也不乏存在。

兰兰虽说是个女孩子，却有统领大军的巾帼气魄，在幼儿园里就统领着小朋友们。由于她长得甜美，又能说会道，老师和小朋友们都很喜欢她。她也因自己的这一能力而感到非常自豪。兰兰每天都很早起床，早早到幼儿园报到。她可跟那些成天哭哭啼啼，抱着家长大腿不放的孩子不一样，她上幼儿园从不哭闹，而且一到幼儿园大门就主动地跑进去，从不让爸爸妈妈操心。她这种懂事的表现让爸爸妈妈很欣慰，而老师也总是拿她作为榜样，教育那些爱哭的小朋友向她学习。

这天一早，妈妈发现兰兰有些发烧，就赶紧请假准备带兰兰去医院看病，并且替兰兰向幼儿园老师请了两天假。从医院回来，兰兰就要求妈妈送她去幼儿园，但毕竟还发着烧，妈妈好说歹说让兰兰休息一天，等明天病好了再去。结果兰兰虽然在家里养病，但总是心不在焉。

第二天一大早，天公不作美下起了大雨。兰兰病刚刚好，妈妈自然想让孩子再休息一天。没想到，兰兰却大哭大闹起来，非要去幼儿园不可。妈妈看着瓢泼大雨劝兰兰，"好孩子，你病刚好，今天天气又不好，咱们明天再去幼儿园吧！"

"不嘛，"兰兰倔强地撅着小嘴，"我不去幼儿园，老师会想我的。"

"妈妈已经跟老师请假了啊！"妈妈继续劝着，"咱们明天一定去啊。"

"不行，"兰兰死活不答应，"今天我就要去，小朋友们没有了我怎么行，谁管他们啊？"

至此，妈妈终于明白兰兰为什么爱上幼儿园了，敢情她天天在当小朋友们的领导，把能领导小朋友当成了一种乐趣。妈妈抵不过兰兰的不停哭闹，只好冒着大雨送兰兰去了幼儿园。

曾有这样一篇报道，记者看到有些不是班干部的孩子，纷纷购买来小队长、中队长、大队长等肩牌佩戴上，这些孩子虽然在学校里并无"一官半职"，但佩戴上班干部的标志也能过把"当官"的瘾，觉得去亲戚朋友家会很有面子。从这个报道中可以看出孩子对"当官"的向往，并用这种手段来满足自己的虚荣心。虽然这样看起来风光，但对孩子的成长却极为不利，对此，家长应该给予孩子相应的指导，让孩子认识到，只有端正自己的思想，勤奋努力学习，积极为班级和同学服务，才有可能成为大家拥护的"官儿"。

避免太关注"长"，注意心态平和

很多孩子对所谓的"当官"并没有明确的认识，他们只是模糊地感觉"当官"就是领导他人。这些想"当官"的孩子普遍认为，如果能当干部那是很威风的事，想管谁就管谁，想让谁干什么只要下个命令就行了，班里的小朋友们都得听他的；而且当了班干部，就会得到其他同学的羡慕与追捧，很多同学会主动跟班干部亲近，甚至还有人会主动送礼物给班干部；再有，如果当了班干部，家长知道了会非常开心，而且就连家里亲属朋友或者邻居都会由此对自己另眼相看，大加夸奖。

孩子对"当官"的渴望心理值得家长和老师深思。其实当官的愿望并不是一件坏事，从一个侧面表明孩子的竞争意识和进取精神，而且当班干部也能培养孩子的组织能力，但是从某种意义上讲，近年来成人世界官场的一些作为却越来越多地体现在孩子身上，使孩子的虚荣心膨胀，更有一些因为当官而带来的"好处"，让很多孩子特别关注"班干部"这个职位，一门心思地去经营"官道"，通过各种方法去谋取"官职"。因此，家长在纠正孩子片面思想的同时，更要让孩子明白"当官"的真正含义。当官并不像孩子们想象的就是为了"管人"、"虚荣"和"好处"，而是要起到在同学中起到表率的作用，要有责任感，更要帮助和关心别人。教育孩子在面对"当官"这件事时，要努力做到心态平和，不能因为没有当上什么"长"，就感觉自尊心受到了伤害而心理失衡。

免受世风影响，正确引导"官路"

虽然有"当官"的欲望从某方面来说表明孩子具有积极进取的精神，但对于孩子沾染了所谓世风的"官瘾"，老想"管"别人的不正确思想，作为家长也应该好好反思一下。有些家长为了自己的仕途，挖空心思，甚

这样对孩子说『不』最有效

至不择手段，成天请客送礼等，甚至为了自己的虚荣心，为了能让孩子当"官"，也将社会上弄虚作假、"贿选"等陋习统统搬来为孩子候选"助阵"。这些行为无时无刻不腐蚀着孩子原本纯洁的心灵，孩子也因此潜移默化中沾染了很多社会不良习气，渐渐成为"小官迷"。

因此，家长要首先以身作则，注意自己的一言一行，时时刻刻都不能忘记自己的职责和对孩子的影响，正确引导孩子对待"当官"的心态和作为。在培养孩子积极进取的同时，更要培养孩子为大众服务的意识，其实孩子虽小但已经具备了很强的自我意识和进取竞争精神，并希望能够得到充分的施展舞台，而"当官"正好是体现这一意识的一个良好途径。对于孩子的这种心态，家长要进行正确引导，可以通过善用孩子"当官"的心态，来激励孩子的自信心和积极的心态，培养孩子的责任心，让孩子明白"当官"并不是为了"领导"别人，而是要承担比别人更多的责任和义务，要比别人做得更好，比别人更多的辛苦，潜移默化地培养成孩子良好的品格。

5. 永不停嘴"大胃王"

小荷最爱吃零食，糖果、薯片、水果等等吃个不停，尤其对糖情有独钟，无论何时何地嘴里总是嚼着糖块之类的东西，而且不爱运动，在家时不是看电视就是睡觉，结果一走起路来，全身的小肉肉一颤一颤的，整个一名副其实的小胖墩。

但就是这样，爷爷奶奶竟然还一个劲儿地让孩子吃，经常买一堆零食。爸爸妈妈只要一阻拦，爷爷奶奶立刻不高兴，说什么孩子能吃是福，弄得小荷的妈妈为小荷这不停嘴的毛病和不断增长的体重郁闷不已。

实在没有办法，爸爸妈妈悄悄决定送小荷去幼儿园，因为幼儿园里有规范的作息时间，这样小荷就能按时吃饭、运动和学习，对孩子身心都有好处……

这天，是小荷上幼儿园的第一天，爸爸妈妈早早就叫小荷起床、洗漱、吃早饭、准备行装，好不容易准备停当，就在临出门前，奶奶却突然想起了什么，从屋里拿出了一大包零食，非要让小荷带上，妈妈连忙阻拦，"妈，幼儿园里不让带零食，小朋友在那里有饭和水果。"谁知一听说不让带零食，小荷"哇"的一声大哭起来，说什么也不去幼儿园了。一家人好说歹说，最后妈妈只得答应带上了那包零食，才算了事。

妈妈终于把小荷送进了幼儿园，当老师看到那一大包零食时说："对不起，小荷妈妈，这零食太多了，我们不主张孩子吃零食的。"

"哎，您不知道，这孩子就爱吃，我要是不带，她就不上幼儿园。"小荷妈妈无奈地说，并跟老师讲述了家里和小荷的一些情况，老师听后决定帮助小荷妈妈改正小荷"爱吃"、"嘴馋"的不良习惯。

老师把妈妈带来的零食放到了高处的柜子里，打算等到接孩子的时候再让家长带回去。谁知道，这一切被小荷看在眼里。上了一堂课，小朋友们开始玩游戏，没一会儿小荷就跑到老师身边称自己饿了，想要吃东西，老师告诉小荷一会儿就吃午饭了，让她等一会儿，小荷百爪挠心地好不容易挨到了吃饭时间，一连吃了三大碗饭，把小肚子撑得圆鼓鼓的，走起路来一摇三晃，惹得小朋友们捧腹大笑。

午休时间到了，小朋友们都乖乖地睡觉了，可是小荷却怎么也睡不着，心里还惦记着自己的零食。看到小朋友们都进入了梦乡，老师也刚刚检查完出去，小荷悄悄从床上爬了起来，笨手笨脚地下了床，来到屋外，看到零食袋子被放在高高的储物架上，就搬来小椅子爬了上去，好不容易拿到了袋子，不管三七二十一拿出一包薯片，撕开，吃了起来，随着嘴里的"咔嚓"声，小荷的嘴角立刻浮起甜滋滋的笑意。

这时老师听见有声响，赶紧走了过来，看见小荷正在大嚼零食，"小荷，你怎么不睡觉啊？"老师走到小荷身边轻声说，"咱们不是刚吃完饭没多久吗，你怎么又吃上零食了？"

"老师，我没吃饱，"小荷一边大口大口地嚼着一边说，"我每天吃完饭，都吃点别的，奶奶说，这叫'溜儿缝'。"

老师看着小荷浑圆的小肚子和圆滚滚的手臂，想起了小荷妈妈的话，"没办法，爷爷奶奶惯着，我们在家里根本就管不了，一说，爷爷奶奶就先不高兴了。送孩子来幼儿园，就是希望得到老师的帮助，调整孩子的饮食结构，让孩子健康成长。"此时，老师深感肩上的责任重大。

小荷的行为无疑折射出现在的孩子好吃懒动的习性。虽说民以食为天，但是这样无限制地吃下去，不仅对孩子的身体，而且对孩子的心理都会产生不良的影响。孩子不停地索食，其实也是一种欲望和内心的发泄。但过多的饮食无疑会给孩子的身体健康造成隐患。在崇尚科学饮食的今天，很多家长都十分注意孩子的饮食结构和营养搭配，但总是有太多的美食不断地吸引着孩子们的眼球，让孩子在五光十色的美食面前垂涎三尺，尤其是那些绚丽、美味的糖果、巧克力，甜滋滋的碳酸饮料，毫无营养的油炸食品和垃圾食品充斥着超市货架、街头小摊，这无疑让家长感到担忧且无奈。

远离甜食诱惑，减少进食数量

要说甜食，可能是世界上最美味的东西，那甜甜的感觉融化在嘴里更融化在心里，令人心旷神怡。就是因为这种美好的感觉，才会使人们那样钟爱，尤其是孩子，他们对甜食可以说是没有一点抵抗力，美味的蛋糕、香滑的巧克力无时无刻不冲击着他们的嗅觉和味觉。但是我们都知道，过多食糖对身体尤其是孩子的牙齿可是绝对有害。因此为了让孩子更健康地生活，家长一定要减少孩子甜食的摄入量。比如，尽量不在家中存放甜食，避免孩子贪吃；家长还可以按照一日三餐制订饮食计划，除了给孩子加点健康的水果和零食外，那些含有人工色素、高脂肪、高糖分的东西都要远离孩子的视线，从而减少对热量和糖分的摄入。虽说要减少甜食，但是一点都不摄入是不可能也不可取的，适当地食用一些并不妨碍健康，只是要把握好时间，晚上或者临睡觉前，一定不要让孩子吃零食和甜食，否则不但不利于牙齿的健康，更容易使体内积攒过多的热量无法挥发，而影响身体的健康。所以家长在对待孩子贪吃这一问题上，要严守进食准则，不能因为孩子哭闹或者心疼孩子就放低要求甚至妥协，每一次的妥协和退让都会使孩子的健康受到更进一步的伤害。

家长以身作则，拒绝不良食品

家长在孩子面前更要注意自己言行的表率作用。有些家长自己就很喜欢吃，无论糖果、点心、饼干、饮料等等，零食不断，而且还经常在吃完晚饭后，一边看电视一边大口喝着碳酸饮料、吃着零食；有些家长生活饮食没有规律，什么时候想吃就吃，从不顾及是否给孩子以潜移默化的影响。这些行为都在无形中为孩子的不良饮食习惯打下了基础。如果家长自己大嚼特嚼，而不让孩子动嘴，那岂不是"只许父母放火，不许孩子点灯"？如此孩子怎么能善罢甘休？因此家长一定要注意言传身教，生活有规律，不乱吃零食，适当运动，养成良好的作息习惯，为孩子做出好榜样。

为了更好地控制孩子的饮食，父母还可以达成协议，保持教育的一致性，共同监督和管理孩子的饮食，调整孩子的饮食结构和内容，合理安排饮食，并保证自己生活的规律性，让垃圾食品远离家门，远离孩子的视线。更要引导孩子养成勤劳动、多运动的好习惯，以转移孩子对食物的注意力。如果吃过饭没多久，孩子又嚷着说"饿"，还要吃其他东西，那就

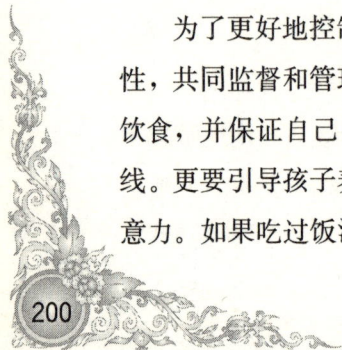

把有营养的蔬菜和水果拿给他，那些汉堡、点心和饼干之类的东西，坚决不能让他碰，即使孩子为此使性子闹脾气，家长也不能妥协，因为这是为了孩子的健康着想，一定不能因为心疼孩子而心软。

俗话说，要让孩子安，需带三分饥和寒。其实孩子贪吃，很可能是家长太过于注意孩子的饮食，为了给孩子更好的营养，在"吃"的方面太下功夫，变着法子给孩子吃，使得孩子的注意力全部集中到了"吃"上。因此，家长应该从自我做起，尽量少给孩子买零食，多抽出时间陪孩子游戏、出游，多参加体育活动，让孩子的兴趣尽可能广泛，让他知道还有很多比吃更加快乐的事情。

6. 坐享其成，不劳而获

中国人有句谚语，大树底下好乘凉。在当今竞争日益激烈的社会形态下，很多家长都努力工作，通过自己的奋斗，创下丰厚的基业，目的就是想让下一代不再吃苦，可以在家人的大树下庇荫。基于此，一些家长在孩子的成长过程中往往忽视了对孩子进行吃苦教育，在不断供给孩子"荣华富贵"的同时，也在无意中为孩子铺垫了"贪图享受"、"好逸恶劳"的"温床"，养成了孩子坐享其成的不良习惯。

小雄的爸爸妈妈由于单位不景气，前几年相继下岗，夫妻二人眼看着没有了生活来源，"逼"着自己不得不开始经商。夫妻二人齐心合力，不断积累经验，生意做得红红火火，从小作坊一直扩展到大公司，近几年来还成立了多家连锁经营的分公司，社会地位随之上升，成为当地众所周知的"富翁"。

　　而小雄也从一个默默无闻的普通小孩一跃成为"富二代"。当初爸爸妈妈做生意，就是为了让儿子的生活不受影响，现今不仅已经大大改善了家庭生活水平，更不必再为了钱财而操心，因此爸爸妈妈对儿子的投入和开销更是从不吝啬，对孩子的要求也是百依百顺，只要是儿子想要的、喜欢的，爸爸妈妈几乎从不曾拒绝。

　　而小雄更是对家庭的转变深有体会，虽说他年龄并不大，但是许多事情在他的脑海里仍然记忆犹新：刚上幼儿园那会儿，由于爸爸妈妈下岗，家里穷，连一个十几元钱的小玩具都不舍得买，害得小雄为此跟幼儿园嘲笑他的小朋友打架，爸爸妈妈为此心酸落泪，也因此总是觉得亏欠儿子。

　　而今小雄可算是翻了身，别说是十几元，就成百上千的东西也不在话下，只要是自己看中的，一准儿明天爸妈就给买回来了。小雄也从此在同学们面前神气起来，时常请同学吃东西，甚至送东西，出手阔绰，而那些为了这些小利巴结他的同学也越来越多，颇有点"跟着大哥走，吃喝全都有"的感觉。刚刚上初一的小雄，就俨然一副有钱大老板的模样，身边聚集着不少"弟兄"。

　　这天，小熊课间在操场上与其他班级的学生发生了争执，小雄被对方推了一个跟头，双方剑拔弩张，眼看即将开战，幸好体育老师及时赶到，才制止了这场"战争"。但平时娇纵惯了的小雄却始终对这件事情耿耿于怀，决意报复。于是小雄召集自己的那些"弟兄"，共同商议了报复计划，决定放学后，在路上给那个家伙点颜色看看。

　　果不其然，在放学的路上，小雄和"弟兄"们"教训"了一顿那个学生后，扬长而去。但没想到，第二天还在上课的小雄就被老师叫到了校长办公室，小雄的父母也被告知，对小雄的这一恶劣行为，学校要严肃处理。小雄的爸爸妈妈闻听此事，赶紧赶到学校，又是向受害的同学及其家长道歉，支付了医疗费用和精神补偿，又是向老师和校长保证一定要教育好孩子。但是学校为了教育孩子，也为了惩戒这一恶劣行为，还是给了小雄和他的那些同伙校内察看的处分。

而小雄的父母也从这件事情上得到了教训：不能只知道给孩子大把钱，让孩子享受物质生活，而忽略了比金钱更重要的东西，忽略了对孩子的品德和其他方面的教育。

这则故事不禁让人想起一个真实的报道：

在我国的南方，也有这样一个三口之家，他们住在一个偏僻的小城镇里，爸爸平日里靠打工过日子，而妈妈则是帮助人家做些零工，夫妻二人收入非常微薄，虽不至于缺吃少穿，但日常生活也总是捉襟见肘，而住所就是一间面积仅够三人容身的小平房。孩子从小就生活在这样一个贫困的家庭中，但父母从小就教育孩子节俭、自尊、自爱，并鼓励他在逆境中好好学习，将来成为对社会有用的人。孩子非常懂事，知道父母挣钱养活他不容易，所以非常勤勉，学习成绩也非常优秀，而且还在业余时间打工挣钱补贴家用。他的梦想就是长大了一定要努力工作，挣钱抚养父母，让他们过上好日子。

然而，他万万没有想到，有一天事情会突然发生巨大的转变。

那天，在盼望已久的高考录取通知书寄到他手里的那一刻，他真是喜忧参半。喜的是他终于如愿以偿地考上了名牌大学；而忧的是，他怕家里没有钱支付大学昂贵的学费。于是，孩子忐忑地将录取通知书拿到父母跟前，爸爸妈妈喜极而泣，妈妈的眼泪止不住地流，而平日里坚强的爸爸，此时也不禁流着泪，抱着、拍打着儿子的肩膀。孩子有些不知所措，怕是因为家里缺钱，但爸爸这次没有叫穷，而是向儿子保证一定资助儿子读完大学。在全家欢喜过后，爸爸想起了自己的承诺，爸爸在儿子高考前曾经对孩子承诺，如果他考上大学一定会送给他一个礼物。

为了庆祝儿子考上大学，第二天爸爸和妈妈请儿子到大饭店吃饭。这可是绝无仅有的，这十几年来，在孩子的印象里，全家人几乎都没有在外面吃过饭。这当然让孩子欣喜若狂，然而让他更没有想到的是，回到家中，爸爸拿出了一个小盒子，里面装着爸爸送给儿子的礼物，当儿子打开盒子的时候，惊呆了。盒子里面竟然是一把汽车钥匙，孩子愣愣地被爸爸妈妈拉到外面，一辆崭新的名牌轿车停在了门前，孩子不敢相信这就是爸爸送给他的礼物，这辆车少说也要几十万，他们哪来那么多钱啊？

看到儿子像雕像一样站在那里，妈妈和爸爸的眼睛湿润了，忍了十几年的泪水夺眶而出。原来他们并不是什么穷人，爸爸很早就开始创业，是一家大集团的老总，拥有雄厚的资金和财产，在当地可谓是个呼风唤雨的人物。但自从儿子出生以后，夫妻二人怕孩子从小沾染上不劳而获等恶习，为了让孩子懂得幸福生活来之不易，让孩子健康成长，竟然将生意交给他人托管，夫妻二人带着孩子背井离乡到了一个无人认识他们的地方，刻意过着清贫的生活，并让孩子在这样贫穷的环境下长大。如今历经磨难的儿子终于长大成人，成为一个健康、有才华、有能力的好青年，而父母几十年的刻意栽培也取得了丰硕的成果，终于达成了心愿。

整件事情让人看起来不可思议，但它确实真实存在。这对大款父母的用心良苦的确逆转了中国人的传统教育理念。他们并没有像其他有钱人那样，让孩子肆意挥霍，坐享其成，而是通过生活的艰辛和苦难教育孩子，幸福是来之不易的。清贫的生活不但激励了孩子奋发读书，更树立了孩子的远大理想和志气。

🕊 培养坚强意志，教育自我创造

如今的社会物质极为丰富，而且家里多是一个孩子，父母往往对孩子过于娇宠，什么都为孩子代劳，在不知不觉中养成了孩子坐享其成的习惯。

比如现在独生子女的压岁钱零用钱越来越多，这些"巨款"也促成了孩子的畸形消费。这些富有的孩子大吃大喝、肆意挥霍，由一个被动消费者一跃成为变相的主动消费，他们穿名牌，互相攀比、摆阔，欲望不断膨胀。他们全部心思都用在享受上，而在学习意识和思想品德的培养方面却出现严重的缺陷。

家长要正视这一现实问题，在孩子学习期间，不仅要注重孩子的物质生活，更要重视孩子的精神世界，要注重培养他们奋发图强的精神和远大理想，让他们体验生活的艰辛，在生活中磨炼坚强的意志。而过早地让孩子感受物质上的"至尊"，享受奢侈的生活，成天坐享其成、不劳而获，只有百害而无一利，不仅不利于孩子的成长，还很可能让孩子掉进家长亲手炮制的"温柔"陷阱。

为此，家长一定要注重培养孩子的自我创造精神和意识。常言道，温室里开不出美丽的花朵。如果孩子从小就在生活上依赖父母，缺乏独立生活能力，在经济上处处需要家长的资助，就会养成好逸恶劳、贪图享受的不良习惯，进而缺少面对社会、面对竞争和面对失败的勇气，一旦遇到挫折和困难就容易丧失信心和力量，从而迷失自我，难有建树。

教育摆脱依赖，学会奋斗自强

在生活中，很多中国家长都对孩子太过重视，他们含辛茹苦，对儿女百般疼爱呵护，从小到大，甚至结婚生子，全都由父母一手操办。父母不仅要给孩子准备"票子"，更要给孩子准备"房子"，可谓是事无巨细，样样齐全。因此难免造就众多的"啃老族"。这种对子女的"全包"式关爱，只能助长孩子的依赖性，到头来还是一无所长、无所作为。所以家长从小就要教育孩子自强、自立，摆脱对父母的依赖，要让孩子学会自己去独立奋斗，而不是只知道依赖家长、坐享其成；严格要求孩子认真、努力学习，从小过劳苦的生活，学会接受挑战和承担压力，从失败中吸取教训，从而得到教育和锻炼。唯如此，孩子才能具有适应社会的能力，形成与现实生活融合的健全人格和良好的心理素质。

"除了阳光和空气是大自然赐予的以外，一切都要通过劳动获得。"这句日本谚语，揭示了家长对孩子的教育真谛。在国外，很多孩子都会在课余时间用劳动换取自己的零用钱，就连有钱人家的孩子也不例外。闻名遐迩的世界级富翁洛克菲勒，就是一个智者。在他的家中并没有人们想象的宽大游泳池、网球场和棒球场，而孩子们更是穿着和工人们一样的普通衣服，玩着简陋的玩具，甚至他们的零用钱都会受到严格的控制。这种"限额供应"每周只发放一次，且每笔开销都要有详细的记录，若发现不正当开销，在下周发放时还会予以适当扣除，父母还鼓励孩子们通过参加劳动和做家务获得额外的补贴。这些做法似乎让人难以理解，但洛克菲勒却认为，"这是为了避免出败家子"。正是因为父亲处心积虑的教育，洛克菲勒的6个孩子个个前程似锦，使洛氏家族及产业不断攀升和发展。

由此可见，在社会无情的竞争中，躺在父母的"树荫"下生活的孩子是难以有所作为的。因此家长要着力培养孩子的素质和能力，着重在孩子精神道德上的磨炼，让孩子拥有独自奋斗的勇气和能力。

家长教育得法，美德胜于财富

有人问鹰："你为什么要到高空去教育你的孩子？"鹰反问："如果我贴在地面上教育孩子，他们长大了又哪会有机会去接近太阳呢？"这则寓言揭示了一个道理，那就是家长要从小培养孩子自立的能力，要让孩子从小就树立高远的志向和宏伟的理想，而不是拥有金钱和享乐。要给予孩子自己独立生活的条件和环境；给予孩子自由驰骋的空间，并引导和教会孩子独立生活的本领技能，而不是金钱。只有这样，孩子才能茁壮成长，才能充满自信地面对充满竞争和挑战的世界，才能走向成功。

而作为家长，更要为孩子树立良好的榜样。许多富有的家长自身其实就是一部奋斗史，但他们并不愿跟孩子提起，虽然他们只是不想让孩子重温自己的苦难，却于不经意间错误地将孩子引入了坐享其成的误区。其实，为了孩子的良好发展，这些家长不妨将自己的辛酸苦乐告诉孩子，让他们在分享父辈成功的时候，也体验他们的艰辛和苦难，从而让懂得幸福来之不易，应该好好珍惜。家长还可以鼓励孩子把零用钱用于捐助贫困地区的失学儿童，让他们亲身感受奉献爱心比享受和挥霍更加有意义。一个人的成长需要逐步的学习，生活方式、方法与能力造就了人的生活取向，只有独立思考和独立能力才能让孩子在成长中得到良好的锻炼，为此，家长可以有意识地创造"条件"，让孩子经受一些磨难和困难，让他们从中感受挫折和失败，这样能够使他们更好地认识世界、认识社会，更好地适应环境。要让孩子明白，幸福、金钱和荣誉是靠自己创造得来的，而不是坐享其成地享受，让孩子拥有"优越"的心灵比"优越"的生活更重要。

7. 异想天开的"幻想家"

"九九同学，请你重复一下我刚才提的问题。"数学老师看着正在发呆的学生说着，"九九同学——九九——"老师一连叫了好几次，九九才仿佛从梦境中苏醒。

"啊？什么？"九九四处张望着，好像早已忘记自己还在课堂上，"谁在叫我呢？"

他的这一反应惹得全班同学哄堂大笑，当他看到老师已经站在了他面前，才猛然惊醒。

这已经不是第一次了，九九经常在课上发呆，老师也曾经问过他"在想什么"，他却从不肯回答。为此，老师决定找九九的父母谈话，共同探寻九九发呆的原因，以便更好地帮助九九学习。

当天下午妈妈就来到了学校，班主任老师就九九这阵子的课堂表现与妈妈做了交流，并请妈妈帮助分析九九发呆的原因，妈妈冥思苦想了半天也没有想出九九为什么上课发呆，因为妈妈工作非常繁忙，常常加班，有时回到家里时，九九都已经睡了。不过为了让孩子更好地学习，妈妈答应和老师一起找到九九发呆的原因。

于是，回家后妈妈和爸爸就九九的问题进行了详谈，并叮嘱爸爸多观察孩子的生活，看看九九放学后到底在干嘛。功夫不负有心人，经过爸爸的仔细观察，还真有了新发现。

九九每天放学回家，第一件事就是飞速地做完作业，稍事休息后，就回到自己的房间，拿出一个厚厚的笔记本开始在上面写着什么。由于爸爸是暗暗观察，无法上前察看，偶尔找借口给九九送水果，他也像触电一样赶紧合上笔记本，根本就不让爸爸看。爸爸还发现九九好像对写那些东西特别专注，连吃晚饭都要催上三四遍，他才肯放下手中的笔，很不情愿地坐到饭桌前胡乱吃两口，就赶紧一头扎进自己的小屋继续写，直到爸爸催他上床睡觉，他才恋恋不舍地把本子藏到抽屉里。

此后，爸爸妈妈就更注意观察九九的一举一动，并想找机会和九九做一次开诚布公的谈话，妈妈想知道九九为什么那么专注地写东西，那个本子里记载的到底是什么，而这些到底和上课发呆是否有直接关系呢？

机会终于来了。一个周五晚上妈妈回来很晚，已经是夜里12点多钟了。爸爸已经躺下休息了，妈妈怕影响九九父子休息，所以轻手轻脚地走进屋子。她突然发现九九的房间还闪着微弱的灯光，妈妈以为儿子睡觉前忘了关灯，于是悄悄推门进屋，准备给儿子关灯。没成想，推开门后，映入眼帘的是九九正在台灯下认真地写着什么，专注得连妈妈走到身旁都不知道。妈妈怕吓着九九，并没有叫他，而是轻声咳了一下。这一下果真让九九如梦初醒，猛抬头看见妈妈正站在自己的身旁，"妈妈！您怎么来了？"他不知所措，"噢，您刚下班吧？"

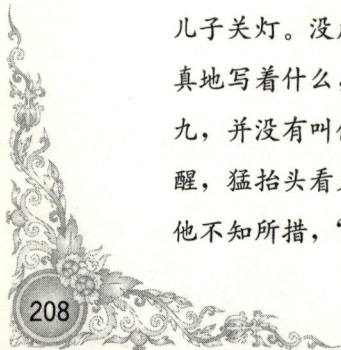

"九九，这么晚了，你怎么还不睡啊？"妈妈的目光从儿子身上转到桌子上的笔记本上，"你这么认真，在写什么呢？"

这一问不要紧，九九意识到妈妈已经发现了他的秘密，赶紧用手捂住本子，"没，没写什么。妈，您赶紧休息吧，明天还要上班呢。"九九有些慌张。

这时，妈妈并没有生气，她只是好奇，好奇九九这么神秘到底在干嘛，并下定决心今晚一定要弄清这个秘密，因此妈妈并没有理会九九的话。"九九，能把你写的东西给我看看吗？"

"这……"九九极不情愿，但手还是从本子上拿开了，"也没什么，就是——"

妈妈拿过那个厚厚的笔记本，看着上面的字迹虽然有些潦草，但已经写了好几十页。于是妈妈翻到了第一页——《小飞侠奇遇记》，妈妈看着这个题目先是一愣，然后继续耐心、细致地看下去……原来九九每天埋头苦干，是在写小说。

妈妈如释重负，拉过一直忐忑地站在一旁的九九，"儿子，你喜欢写小说，为什么要背着我和爸爸呢？"

"我怕你们说我不务正业。"九九始终不敢看妈妈的眼睛，"所以我每天都偷着写。"

"妈妈先不说你写小说的事。"妈妈想弄清楚一件事，"妈妈只想知道，你为什么最近上课总是走神、发呆，难道也是因为写小说吗？"

"嗯，"九九点了点头，"上课的时候，有时我沉醉在小说的情节中，或是想下一个情节和故事怎么写，所以就不知不觉在课堂上走了神。老师问我，我也不敢说。"

这回，妈妈终于知道了儿子的心思，虽然那天有些晚了，但妈妈依然心平气和地和儿子做了一次长谈。母子俩从理想、爱好谈到将来的发展和人生规划，妈妈这时才发现自己由于工作的原因，忽略了儿子的感受，没有细心地了解儿子的内心世界。

说到异想天开，让人联想起多年前的一部电影《异想天开》，说的是，上海一名小青年，平时沉湎于武侠小说，为了看武侠小说，甚至通宵达旦，以至于常常不上班，魂不守舍。有一天竟然因抬头看见窗外马路对面电影院门口张贴的各式武打片、侦探片的巨型海报，不由得眼花缭乱，想入非非，而产生了所谓的幻境。

这些故事无疑都说明了一个道理，那就是孩子爱幻想并不是坏事。但如果无论何时、何地都在幻想，幻想甚至取代了正常的学习和生活，那就必须引起家长的重视了。

家长合理分析，找出幻想原因

孩子总是爱胡思乱想，是因为他们心中有渴望，看到老师可以管学生，就梦想自己将来也当老师；看了《哈利·波特》的电影，就幻想着自己也成为一名魔法师，在魔法世界里遨游……这些都是孩子的一种美好愿望的表现，其实异想天开并不一定是一件坏事，它可以调动孩子的思维和创造能力。但是如果像上面案例中的九九一样，课堂上也发呆冥想，影响了听课和学习的话，家长就必须对孩子所幻想的内容和方式给予科学合理的指导。家长一旦发现孩子所想的内容过于荒诞，甚至借幻想而撒谎，就要及时制止这种所谓的幻想，教育孩子不能太过沉迷于幻想当中而难以自拔。

当家长发现孩子在那里发呆、幻想时，一定要努力心平气和地让孩子说出自己的心里所想，不能轻率否定孩子，或者嘲笑孩子的无知和荒谬，要耐心地跟孩子一起分析他所幻想内容的合理性，从而引导孩子步入健康的幻想世界，摆脱对幻想的沉迷。家长还可以为喜欢幻想的孩子购买童话和故事书，让他们从书中学到更多的知识，并鼓励孩子在故事书中添加人物和情节，创造出更加引人入胜的故事，开发孩子的想象力，为孩子的幻想插上美丽的翅膀。

设定学习目标，培养专心素质

爱因斯坦曾经说过："想象力比知识重要，因为知识是有限的，而想

象力概括着世界上的一切，推动着进步，并且是知识进步的源泉。"虽说应该合理地鼓励孩子的幻想，开发他们的潜能，但是一旦这些幻想影响了孩子的注意力和学习，家长和老师就应该给予合理的指导和引导，让孩子从幻想中回到现实。

为了能让孩子的学习注意力集中，家长要帮助孩子为自己设计目标，当设定了一个自觉提高注意力和专心能力的目标时，孩子集中精力的能力就会在短时间内迅速提升。家长要教育孩子无论做任何事情，一旦确立了目标，就要不受任何干扰，认真地进行下去。如果漫不经心、漫无目的地学习，将永远都是一个失败者。只有集中注意力、全神贯注地做事才能走向成功。

孩子有了目标和专注力，家长就要教给孩子掌握各种学习技能和方法。对于孩子偶尔的注意力不集中，爱胡思乱想，家长不要总是唠叨，要鼓励和培养孩子的自信心，相信他们能够专心地做好每一件事，也能够从那些过度的幻想泥潭中走出来。

排除外界干扰，分清学习作息

由于孩子年龄比较小，思想很容易受到周围环境的干扰，所以家长和老师就要教给孩子一些排除干扰的方法。用名人的故事教育孩子排除心中的杂念，认真对待学习和听讲。不仅要排除外界的干扰，孩子更应该排除自己内心的干扰，那就是不合时宜的幻想。由于各种情绪和原因，孩子往往在不知不觉中陷入自我的想象，或是由于某项活动引起的兴奋，导致无法进入学习状态，这时，家长或老师可以教孩子放松心态，坐正身姿，将身体、整个面部放松，更要将整个心态放松下来，这样那些扰人的思想、心绪，就会慢慢随之而去，孩子的心自然就会回归到课堂上，专心致志地听讲、学习了。

此外，家长一定要让孩子分清和处理好学习和休息的关系。有些孩子，学习的时候想着玩，而玩的时候又掂记着作业还没有完成，结果既没专心学习，又没有玩好，结果得不偿失。因此家长一定要让孩子改正散漫

第五章 对孩子无休止的欲望说『不』

习性，该读书的时候就要专心致志、集中精力，该玩的时候就要放松、尽兴，张弛有度。同时要训练孩子的效率意识，不能熬时间，一定要在短时间内集中精力，快速高效地学习，要静如处子，动如脱兔，分配好时间，这样才能使孩子越来越专注，越来越用心，从而增强自制力，做到学习、"发呆"两不误。

8. 自由懒散随我心

小庄是个对自由极其向往的孩子，他总是觉得，上学要受老师和学校的约束，在家要受爸爸妈妈的约束，他们这些大人从来就是这个不行，那个不行，很多他觉得有意思的事情，大人都不让做，简直就是失去了人生的乐趣。

这天，好不容易盼到了上体育课，这可是他最爱的课程。在他的想象里，只有在旷野上驰骋那才叫自由，而在众多枯燥的课程中，也只有体育课能让他活动活动筋骨，可以在偌大的操场上大声说话，尽情奔跑。可是从那一天起，小庄却对体育课也有些失望了。

小庄本以为今天的体育课会跟往常一样，老师说两句，在操场上跑两圈，就能自由活动了，谁想到，今天好像老师偏偏跟小庄作对，上课就开始排练队形，说是为了迎接学校运动会，各班级都要进行队列表演。这下可让小庄十分的不愿意，他心想，没事排什么队列啊？走那么整齐干吗？最终不还是要看在运动场上谁跑得快，谁能拿冠军吗？简直就是形式主义。因此，练习时他

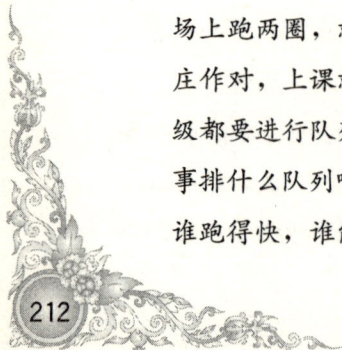

总是漫不经心，练队列需要的是专心致志，像小庄这样心不在焉，肯定会出错。果不其然，大家随着老师的口令左转，他向右；老师让后退，他向前。由于思想不集中他总是跟人家动作不一样，弄得大家因为他一个人出错，总要从头再练。

来来回回几次，大家都对他有了意见，"小庄，你没长脑子啊，分不清前后左右？""哎，我说哥们咱认真点行吗，你别老让大家跟着你费劲好吗？"同学们为此怨声载道。

老师为此还特意腾出几分钟，告诉小庄队列的顺序，告诉他怎样向左，怎样向右，以便帮他记忆。其实，小庄并不是不分前后左右，而是由于他心思没在上面，结果又练了两遍，他越来越觉得没意思，竟然趁着老师给大家讲解、没注意的工夫，从队列里遛了出去，到操场的另一头和别的班上体育课的同学打篮球去了。由于整齐的队列中缺了人，老师很快就发现是小庄开小差了。当老师把他叫回来的时候，同学们都说他太自由散漫了，老师也对他这种无组织无纪律的行为进行了批评。而小庄也从此开始讨厌体育课了。

现在有些孩子不仅是自由散漫，而且还好逸恶劳，懒得要命。什么事情都让家长帮着干，甚至就连自己吃水果都懒得洗，也要让家长代劳。每天衣来伸手饭来张口，真就像个寄生虫。

小梅都已经上六年级了，可是从来都没帮家里干过家务，就连自己的手织、袜子都是奶奶给洗，什么家务都不会。有时候连奶奶都说这孩子太懒了。

为小梅这个"懒"的毛病，妈妈没少费心，经常督促她打扫自己的房间、帮奶奶做点家务，告诫她什么生活技能都不会将来会自己犯难，等等。但她并不以为然。也是，奶奶什么活都替她干了，哪还需要小梅干什么呢？不仅是有奶奶帮忙，更重要的是在小梅心中从来就没有重视过家务劳动。她认为，妈妈的教育都是夸大其辞，不会做家务怎么了？屋子脏了，懒得收拾屋子，可以雇小时工干；自己不会做饭，可以到外面买着吃，想吃什么没

有啊，更何况餐馆里的饭菜比自己做的好吃多了，只要有钱，什么没有啊！然而，生活就是生活，并没有小梅想的那样简单和一帆风顺。

一天，奶奶的心脏病突然犯了，住进了医院，全家人为此非常着急，爸爸妈妈几乎每天都去医院陪护奶奶，有时甚至都没时间回家做饭，而小梅又不会做饭。因此，爸爸妈妈只好给小梅钱，让她在爸妈回不来的时候自己买饭吃。这下小梅可高兴了，不仅没人管了，而且还能买自己爱吃的东西，简直太自由了。

但这种快乐只持续了几天。那天由于奶奶要做一项有点危险的检查，爸爸妈妈得知消息后，匆匆忙忙赶往医院，陪奶奶做检查，竟然忘了给小梅留下晚饭钱。小梅放学回到家，看到爸爸妈妈的留言，心想，今天自己又可以自由地大吃一顿了。于是一边写作业，一边在脑子里计划着晚饭吃点什么。

作业终于写完了，小梅兴奋地走到客厅拉开柜子的抽屉，不禁傻了眼，里面竟然没有钱。这可怎么办啊？这时，小梅开始着急了，没钱吃什么啊？对，吃零食，等爸爸妈妈回来再让他们给我做饭。小梅赶紧跑到厨房，拉开橱柜，也是凑巧，零食也吃完了，空空的橱柜里除了方便面，什么都没有了。小梅决定忍着。

时间一分一秒地过去，小梅的肚子也开始抗议了。对，方便面，小梅如获至宝，跑到厨房，拿出方便面，但一阵兴奋过后，她就开始沮丧，她这才意识到，自己竟然连方便面怎么煮都不知道。这可怎么办啊？肚子不停地在叫，小梅无奈地撕开了方便面口袋，拿出面饼，艰难地嚼着，心想，今天怎么这么倒霉啊！不过谁让自己不会做饭呢，只能吃这个了，看来以后至少要学学怎么煮方便面——

这个小故事，不禁让我想起了那个由于家人外出，怕他饿着，就在懒人的脖子上套了张大饼，结果因为懒人懒得转圈咬，结果被活活饿死的经典故事。可见懒惰的危害有多大。

其实，每一个人天生都具有惰性。大人也有想偷懒的时候，更何况未

成年的孩子呢？像我们故事中的那两个主人公都说明，孩子的懒散和任性自由都与家庭的教育有关，在家长眼里，都希望能给予孩子宽松的自由度，不让他们干家务或者劳动，但这却养成了他们随心所欲的懒散习惯。

由于每个孩子成长的环境不同，自然形成的生活习惯也各有不同，由于家长和社会意识等原因，孩子在潜移默化中慢慢成了"四体不勤，五谷不分"的人，而且形成懒散的思想，往往做事拖沓、不负责任、自由散漫。这会严重影响了孩子将来的做事态度，往往造成大事做不了，小事做不好的后果。为了让孩子健康成长，家长一定要负起教育子女的责任。

做事要求严格，力求目标清晰

孩子懒散，做什么事情都漫不经心，不听别人指挥，总是以自我的行为意识为中心，这是与不当的家庭教育分不开的。家长对孩子的过度宠爱，导致孩子太过自我，不懂得尊重别人，想干嘛就干嘛，而且成人世界里急功近利的歪风，对孩子的成长也会产生不好的影响，让孩子从小就形成了太过爱表现、太过突出自我的意识，犹如浮萍漂泊流转而不自知，做事没有耐性，而这样的孩子对什么事情都粗枝大叶、懒散、没有耐心，对细致的工作没有兴趣，只重生活享受。

这些主要是由于家长从小对孩子要求不严格，平时做事散漫，没有帮助孩子养成做事目标明确的习惯。有些家长由于工作繁忙而疏忽了对孩子的管理，造成孩子在生活中比较盲目，做什么事情都注意力不集中、三心二意；有些家长溺爱孩子，对孩子管理不当，什么都不用孩子做，而孩子想干嘛就干嘛，没有责任感；有些家长管理不到位，只注重抓孩子的学习成绩，而忽略了生活的细节，造成孩子成为学习的奴隶，生活的"弱智儿"。基于此，家长在教育孩子时一定要有全局意识，重视孩子成长的每一个阶段，引导和鼓励孩子做什么事情都要有毅力和自信，对待任何事物要目标清晰、绝不含糊，以认真负责的态度干好每一件事情。

培养劳动意识，学会自理自立

据一项对目前我国独生子女的相关调查显示：现在的独生子女大多数从未或者很少做过家务，而日平均做家务的时间仅有 12 分钟。这个数据说明，现在的孩子已习惯于把做家务归为家长的事情，而自己的任务就是努力学习，学习好会受到家长和老师的称赞，而做家务再好也没有用。孩子这些偏颇的想法其实也正符合当今社会流行的不良风气——重脑力、轻劳动。而孟子那句"劳心者治人，劳力者治于人"，更是让所有的家长和孩子们找到了"亲知识、远劳动"的理由。

现在的孩子都是家长手心里的宝，太多家长为孩子鞠躬尽瘁、任劳任怨，凡事都不忍让孩子去做，以免"浪费"宝贵的学习时间。这样的思想和生活方式必然使孩子产生懒惰依赖的思想，离开父母这根"拐杖"便无从适从，日常生活更是一塌糊涂。因此，家长一定要注重孩子劳动意识的树立，从做家务、生活自理等小事做起，培养孩子的动手能力和自立能力。教育孩子所有的事情都不可能是坐等别人帮你完成的，而是通过劳动，自己亲自做出来的。家长还可以用形象的比喻，比如把学习和劳动比作我们身体的左膀右臂，如果左臂勤于锻炼，会变得很强壮，而右臂由于缺乏锻炼和劳动，就会萎缩，那整个人就会处于不平衡的状态。鼓励孩子勤动手多尝试，不依赖、指望他人。

总之，家长在对待孩子的教育上，不能只注重学业一方面，也要让孩子在劳动实践中了解什么是"自由"、什么是"责任"，让孩子自觉地转变观念，学会在动手操作中思考，从而全面发展成为独立自强、身心健康的人。

家长转变观念，解除自由懒散

在中国的家庭中，一般家长都认为家务是大人的事，与孩子无关，尤其是男孩子更是由于受封建思想的影响，很少做家务；不仅如此，很多家

长还认为孩子年龄小，对于做家务没有必要刻意培养，等孩子长大了自然就会了；更有些家长本身干活麻利，性子急，而孩子由于动手能力差，有时也会"越帮越忙"，家长看着着急就主动让孩子放弃了锻炼做家务的机会。

这就要求家长改变自己的观念，有意识地让孩子参与家庭劳动，让孩子了解家长工作与生活中的困难，使家庭成员之间统一思想。而父母更要注重自身的思想及行为对孩子的影响，让孩子知道家庭成员间是平等的，并不是家长就一定该做家务、孩子就应该坐享其成，大家都要尽力维护家庭的和谐与发展。而家长不仅要以身作则，更要有意培养孩子的劳动能力，主动让孩子帮助家长做力所能及的家务，从生活中的点滴小事开始，逐渐养成孩子爱劳动的好习惯。

而对于那些心急的家长来说更需要一些耐心，因为孩子出错是很正常的事情，不要急于替孩子做完一切，要更多地鼓励孩子尝试劳动，并告诉他们正确的方法，这种有针对性的教育对改正孩子的懒惰习惯才更有效。从每一件小事上引导、鼓励孩子，从而提高孩子能做的事情自己做的自理自立能力，进而培养孩子做事情的责任感。

第六章

对孩子的不得体穿戴说"不"

每个父母都不希望自己的孩子穿着有大窟窿小裂口的"酷装"，或浓妆艳抹去上学，或一身脏衣满世界跑，或衣裤鞋帽非名牌不穿……父母的要求并不多，就是希望孩子能根据自己的年龄和身份，穿着得体地去相应的场合。

1. 小小年纪就化妆

俗话说，爱美之心人皆有之。这句话即使对一个小孩子也同样适用。尤其是小女孩，爱美简直就是她们的天性。随着年龄的增长以及受妈妈或者周围阿姨们的影响，很多女孩小小年纪就悄悄用妈妈的化妆品，对着镜子在自己脸上照猫画虎地涂抹，有的甚至还跑到外面炫耀。即使受到家长的训斥，她们还依然我行我素涂得像"花猫"，弄得家长啼笑皆非。

小李一直是同事们羡慕的对象。她不但有个疼爱自己的老公，家庭生活也很富足，更令人称赞的是，她有一个漂亮的女儿，一家人生活得非常幸福。

天生丽质的小李是单位的业务骨干。由于工作的原因她时常要淡妆上岗，为此养成了天天化妆的习惯。自从女儿出生后，"奔四"的她为永葆容颜，更是天天在妆容上狠下一番功夫。偶尔早起的女儿，每当看到妈妈化妆，总是目不转睛地盯着看。

这一天，恰逢女儿5岁生日，又是个周六。小李和老公决定带宝贝女儿去公园拍照。小李早早起床，梳洗打扮。不经意间，她看到刚才还赖在床上不起来的宝贝，此时正坐在床上专注地看着她的一举一动。望着女儿粉嫩的小脸和好奇的大眼睛，小李突然灵机一动——给女儿也化化妆。

她走到女儿面前，俯下身，笑着说："宝贝，妈妈漂不漂亮？""漂亮，妈妈真好看！"女儿稚嫩的声音，让小李心里美滋滋的。

"今天是宝宝的生日，妈妈也让宝宝和妈妈一样漂亮好吗？"

女儿听后，一把抓住小李手中握着的口红，"妈妈，我也要这个。"

"好，今天妈妈一定要让宝宝漂漂亮亮的。"说完，小李就赶忙给女儿洗漱，然后，把她抱到化妆台前坐好，拿起眉笔，在女儿淡淡的眉毛上轻轻地描了两下，然后选了一支淡淡的粉色唇膏，在女儿嫩嫩的小嘴上细细地涂抹了一层，最后选了一只红红的口红，在女儿两眉之间的额头上，点了一个艳丽的红点。

"吃早饭喽！"

正当小李美滋滋地欣赏着女儿的妆容时，老公端着早点从厨房走了进来。他一眼看到女儿脸上的妆，笑容立刻僵硬了。

"你怎么给宝宝化妆了，要是过敏了怎么办？"

"没事的，我就给她涂了点口红。今天是宝宝的生日，拍照片效果好——"小李解释着。

"一会儿宝宝还不把口红都吃到肚子里！"小李的老公担心了。

看着老公有些不悦的脸，小李自觉不妥，于是赶紧拿纸巾给女儿擦嘴。

"不要，我就要红嘴唇嘛！"女儿一把推开妈妈的手，坐在化妆凳上，号啕大哭。

见此情景，夫妻二人不知如何是好，好说歹说，连哄带骗，好不容易给女儿擦掉了口红，吃了饭。谁承想，就在一家人刚要出门之际，女儿赶忙跑到化妆台前，抓起桌上的口红，举着非要让妈妈给涂。又是一阵哭闹之后，小李夫妇最终妥协，给女儿涂了口红了事。

此后，一有机会，女儿便会让妈妈给她涂"红嘴唇"。不涂，就大哭大闹，不达目的势不罢休。小李心疼孩子，一到此时，每每败下阵来。

随着时间的推移，女儿渐渐长大，也越来越"臭美"。光涂

口红，已远远不能满足她的化妆欲望，渐渐开始描眉、涂眼影、涂睫毛膏——她常常趁爸爸妈妈不注意的时候，偷偷精心打扮自己。小李偶尔发现，也全当做没看见，她总觉得这只是孩子好奇，随便玩玩。

这一日，小李突然接到了女儿就读学校班主任老师打来的电话，要她到学校面谈。小李赶忙请假奔到学校。一进老师办公室，女儿的一张涂抹得红红绿绿的小"花脸"，把她吓了一跳。在和老师详谈之后，小李才意识到，原来小小年纪的女儿已经迷恋上了化妆。看着眼前画得像个小鬼儿一样的女儿，小李心里就像打翻了五味瓶，她后悔由于自己的疏忽和大意，在不经意间给女儿的不当行为创造了机会，造成了不良后果。

化妆在成年人眼里是件再平常不过的事，正因为如此，许多家长忽视了孩子不分青红皂白的"模仿"水平，甚至有些年轻的母亲出于娱乐心理，主动给孩子化妆。殊不知孩子在潜移默化中养成了与年龄不符的习惯。虽说女孩子天生爱美，但要美的恰当，美的得体。这就需要家长在对孩子不符年龄的化妆说"不"的同时，更要对孩子的观念和习惯进行正确引导。

温柔提醒，善意引导

小孩子天生就爱模仿。每当看到化妆后的妈妈出奇漂亮的时候，许多女孩子都会为之心动。这种爱美的天性，就像是一副催化剂，使她们幼小的心灵对美产生幻想和欲望。她们幼稚地认为，那些瓶瓶罐罐里装的五颜六色的东西，就是能把自己变成公主的魔药，于是她们在好奇心的驱使下，模仿着大人的样子开始打扮自己。

家长一旦发现孩子化妆，千万不要做出过激的反应，而是温和地提醒和引导。

例如，妈妈看到女儿偷偷用化妆品为自己涂涂抹抹，先不要立刻责备、制止，完全可以装做很不在意的样子，给孩子洗脸，并温柔地告诉

她："小孩子本身就有一种稚气之美，就像含苞欲放的花朵，纯洁而自然。如果你非要在花朵上乱画，那么花还会美丽吗？""宝贝，你本身就已经很漂亮了，当然就用不着这些东西了。如果你喜欢化妆，等你长大了，妈妈教你好吗？"

✌ 有心无意，略施小计

其实，有时候小孩子化妆，只是出于好奇心，只是模仿妈妈，甚至想得到家长的肯定和赞扬。这个时候，家长一定不要对孩子的行为表现出惊诧、生气的状态，可以借助孩子的心理，略施小计，来纠正她这一不得体的行为。

例如：当看到女儿偷偷化妆，并在你面前炫耀时，你可以面无表情，有心没心地说："化妆品里有很多化学元素，容易刺激皮肤，如果选不好，很可能会让你的脸上长包包。长了包包的脸多难看啊。"或者"化妆品都是给像妈妈和阿姨这样的大人用的，如果你那么小就用化妆品的话，很容易会变老的。那么到了我这个年纪，你用什么好呢？"

✌ 理解为先，注重交流

有些家长口口声声说"理解女孩子爱美的天性"，但往往只是说说而已。一旦发现自己的孩子化妆，立刻就责骂。其实，理解一个孩子，不能只挂在嘴上，而是要真正做出理解的行为。对于一个未成年就涂口红的女孩，不要打骂，应该用一种交流的方式去评价她的行为，给出你的建议。

例如，可以告诉她："人再美也是有期限的。而有一种用不完的美，那就是知识和智慧，内外兼修远比外表重要得多。"或者"宝贝，其实这世界上有一种美远比外貌重要，那就是你自身的气质。它是靠你的学识和修养体现出来的，并不是靠化妆得来的。"

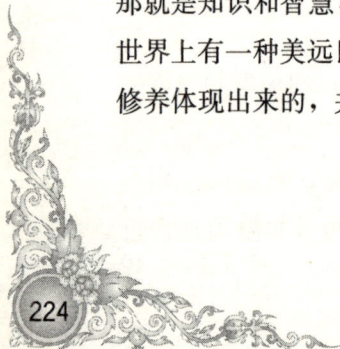

2. 孩子堆里的 "小·大·人"

曾有一位年轻的妈妈在网络发帖，为 4 岁女儿寻觅高跟鞋，"各位妈妈，哪里能买到适合 4 岁女孩穿的高跟鞋？最好 6 厘米左右的跟。"

帖一经发出，就遭到众多网友和各位明智妈妈的斥责，从而引出人们对当今孩子着装过于成人化这一敏感话题的热论。

其实这只不过是显露的冰山一角，正是有些家长的这些错误思想，为孩子的健康成长制造了障碍。

蔓蔓从小就喜欢模仿妈妈，她经常趁着妈妈不注意偷偷穿上妈妈的裙子和高跟鞋，在镜子前照个不停。每当妈妈看到女儿那副 "小大人"的可爱神情，总是被逗得哈哈大笑。

这天，蔓蔓照旧蹬上妈妈的高跟鞋，晃晃悠悠地在屋里走来走去，结果一不留神撞在餐桌上，来了个人仰马翻，鞋子飞到了一边。家人闻听哭声，忙跑过来，爸爸看到女儿跌倒在地，忙蹲下查看，发现女儿的脚踝有些异样，便连忙把女儿送到医院检查，结果是女儿的脚骨折了。看到女儿痛苦的神情，妈妈悔恨不已，后悔当初不该纵容女儿穿高跟鞋，学大人样。

这个故事对于那些为女儿寻高跟鞋的妈妈们无疑是当头一棒。她们往往从成年人的心理出发，打扮孩子。不少儿童服装，尤其是女孩子的服装越来越趋向于成人化。有些家长对此并不反对，有的甚至还特意给孩子穿上露背裙、低胸装，认为这样既漂亮又有个性。其实，这不仅是家长的一种误解，更是对孩子的一种误导。

就拿今年只有 7 岁的丽丽来说，她的着装千变万化，是班上出了名的"小大人"。据说这都是她妈妈的"功劳"。为了将来把女儿培养成"大明星"，妈妈可谓是煞费苦心。

为了这一心愿，丽丽除了正常的文化学习外，还要上舞蹈课、声乐课，甚至还在妈妈的带动下，学习服装搭配，以及进行仪表仪容修饰等训练。

一切为了孩子，丽丽的妈妈对这种投资从来就没有心疼过。对丽丽的着装更是用心良苦。为了让孩子出众，丽丽的妈妈不但热衷于关注时尚流行趋势，甚至每天早起，为丽丽搭配当天的服装。除了学校要求穿校服的日子或体育课穿运动服外，丽丽可谓是每每盛装出场，就连学校里年轻爱美的老师们，对丽丽时而端庄、时而华丽、时而又性感的着装都自叹不如。而丽丽更是因自己服装的变化，每天上演着"淑女"、"贵妇"，甚至"性感女郎"的不同角色。

就这样，"小大人"丽丽和同学们越来越远。班里的好朋友也渐渐离她远去。因为大家看不惯她穿着大人式样的衣服，学着大人的模样在学校里招摇，更听不懂她那些关于服饰的话题。而丽丽虽然表面上故作镇静，不屑和这群"土包子"为伍，但每当看到同学们在操场上摸爬滚打、尽情玩耍时，心里总有一种说不出的滋味。

其实，成熟性感的装扮，不仅不利于孩子的身体健康，更可能对孩子的心理造成很多负面影响。美国心理协会在一份关于"小大人现状"的调查报告中就曾指出："不适宜的性感服装等正在侵蚀孩子的童年，并使儿童遭受心理伤害。"

报告认为：在这个消费型社会中，不适宜的市场营销手段正在使儿童变得早熟。就五六岁儿童而言，迷你裙、低胸领和有闪光装饰片的领口，容易使他们形成错误的性别认同观和价值观。成人化的着装不但会造成孩子更注重表面，还会使他们产生拜金、追求物质享受等不良行为。

对此，我国儿童心理学研究专家也表示：许多时候，给孩子穿什么对他们

的性格形成会产生深远影响。服装过于成熟，会令孩子想尽办法让自己的举止符合穿着，并容易让他们产生优越感，导致他们在朋友圈中容易被孤立。

而当今孩子着装、行为过早成人化等现象主要是大众媒体的误导、家长错误的成长观等原因造成的。家长应该正确引导孩子成长，尽力排解一些社会行为对孩子的干扰，尽量给孩子创造属于他自己的纯净空间。

🕊 力排干扰，循循善诱

现今社会信息飞速发展，传媒无孔不入地渗透于现代人生活的每一个角落。孩子从小就身处在这个空前发达的传媒社会里，自然会受其影响。成人世界各种各样的信息，通过各种渠道不断充斥着孩子的视觉、听觉。成人世界铺天盖地的繁杂信息让孩子们无处可逃，而孩子们也从这些承载着成人行为方式的信息中，受到潜移默化的影响，被迫懵懵懂懂地接受着成人的风潮时尚，照猫画虎地学穿着成年人的服装，"顺理成章"地表现出与自己年龄不相符的言行举止及着装打扮。而社会上那些过度包装、宣扬各种童星的现象，也在干扰着孩子的视听，让孩子们幼小的心灵过早地接受成人化现象。

为此，作为孩子们的"卫士"，家长一旦发现孩子的衣着与其年龄不符，一定要重视这种苗头，理解孩子的心理，循循善诱。可以通过讲故事、举例等形式说明这是一种不恰当的行为，并阐述它的危害，让孩子切实体会到这种行为的错误性。

例如：家长看到孩子偷偷穿着妈妈的吊带裙在镜子前摆着各种 pose，千万不要立即上前斥责，而是神情镇定，和蔼地问她："宝宝，你为什么要穿妈妈的这件衣服啊？"也许这时，她会很天真地告诉你，她看到某人穿着很好看。这时，你可以告诉她："这样的衣服等你长大了穿才好看。你现在还小，妈妈还是觉得你穿小花连衣裙更漂亮。"或者"这是大人的衣服，妈妈觉得你穿并不漂亮。周围的小朋友谁会像你这样，把自己打扮成小老太婆呢？"将她的注意力从这类衣服上转移出来，灌输给孩子适合他们的着装观念。

纠正观念，回归童真

在竞争型社会和独生子女时代这一特定背景下，再加之社会上大肆宣扬的一些诸如"不要让你的孩子输在起跑线上"等极具功利性、煽动性的教育观念，使得家长对孩子的教育观产生了错误的认识，把孩子当做工具，烙上了急功近利的印记。有意无意间使孩子在其成长过程中，被迫提前进入成人的世界，对孩子的心理造成伤害。

家长往往按照自己的审美来为孩子选择衣服。有些家长之所以让孩子穿得像成年人那样考究，就是为了"孩子带出去比较有面子"。

正是家长的这些错误观念，造成了孩子不得当的着衣行为，使他们无形中丧失了童真、童趣，成为名副其实的"小大人"。

因此，作为家长，面对孩子着装"成人化"这一问题，更应该反省自己的思想行为，不要过于注重孩子的打扮，而要更好地呵护孩子的童真，选择符合孩子年龄、心理以及生理特点，可爱、宽松的衣服，让他们更加接近自然，接近生活，度过属于他们的童真时代。

3. 不拘小节的"邋遢大王"

熙熙攘攘的幼儿园门口，站满了接孩子的家长。自从儿子上了幼儿园，工作繁忙的小敏还是第一次来接儿子，平日里都是爷爷奶奶接送。

在急切的等待中，幼儿园的大门终于开了。小敏随着涌动的

人群，向门内张望，急切地寻找着儿子的踪迹。

"妈妈——"一声熟悉的叫喊，从幼儿园门口传了出来。小敏向喊声处望去，只见一个满身污垢、脏兮兮的小男孩冲着她怀里扑了过来。当儿子搂住她的一刹那，小敏才从惊恐中缓过神来。她看着儿子不整的衣衫，破了洞的裤子，不知如何是好。

这时，儿子的老师走了过来，"你就是涛涛的妈妈吧？见到你可真不容易啊！"小敏赶忙上前与老师打招呼。

寒暄过后，老师很认真地对小敏说："我很早就想跟你谈谈涛涛的事情。是这样，涛涛是个非常聪明的孩子，虽然有些淘气，但很惹人喜爱。他什么都好，可就是平时有点邋里邋遢的。虽说男孩子不一定要刻意注重穿着打扮，但孩子总不能老穿着破了洞的衣裤吧？我知道你们工作都很忙，不过希望还是要给孩子多点关心。"

老师的一番话，让小敏脸上一阵阵发热。告别老师后，小敏看着身边邋遢的儿子，心中窝了一股无名火。回到家，她拽着儿子便要给他洗澡换衣服，可儿子偏偏不肯，小敏狠狠地在儿子的屁股上打了两巴掌。儿子的嚎哭引来了爷爷奶奶，二老在得知原因后却都责怪小敏不该打孩子，说："小孩子每天都摸爬滚打的，穿了好衣服也会脏。尤其是男孩子，更没有必要天天衣冠楚楚的，还是自然最好。"弄得小敏哑口无言。

孩子常常衣衫不整、邋里邋遢，这显然是家长的失误。生活中，每位家长对待孩子的着装问题看法都各有不同。一些男孩的家长常常认为：男孩子小时候淘气，常常在外边玩土玩泥，即使给他好衣服穿，也一样会弄脏、弄坏，简直就是浪费。索性让他可一件毁，实在没法要了就扔。再说，男孩子又不是女孩子，穿那么好看有什么用，着装不必太在意。

的确男孩子天性活泼好动，不太注重仪表。但从社会礼仪角度来说，无论男女，衣着整洁得体都是一种文明的象征。尤其是在公共场所，或者出席重要的活动时，更要穿着整洁得当。这不但是对公众的尊重，也是一个人修养的体现。

对于孩子来说，穿戴虽不提倡奢华、标新立异，但一定要干净得体，这不仅有利于孩子的身心健康，更有助于培养孩子良好的生活习惯。

🕊 教育启迪，寓教于乐

20 世纪 80 年代，有一部名叫《邋遢大王奇遇记》的动画片曾轰动一时，深受大家的喜爱。故事讲述了一个号称"邋遢大王"，平日里衣衫不整、不讲卫生、不拘小节的小男孩，由于邋遢，沦落到与老鼠为伍，最终在磨难中幡然醒悟，从此不再邋遢的故事。

这部动画片对于那些平日里不太爱清洁、衣着邋遢的孩子来说，可谓是最好的教材。家长们可以利用类似的故事和事例教育启迪孩子，不必强迫孩子换衣，可以利用周围小朋友以及老师对他的评价，告诫他衣着不洁的危害，使孩子逐渐养成从小讲卫生、勤更衣的好习惯。

例如，父母面对衣着邋遢的孩子，可以告诉他："你看过《邋遢大王奇遇记》吧，如果你再这样，就会变成那里面的小邋遢。""昨天你们老师和小朋友都说你的衣服实在难看，不适合上幼儿园穿。""你看，小朋友们的衣着都很整洁，没人穿成你这样。"以引起孩子自觉更换衣物的意愿。

🕊 言传身教，从我做起

要让孩子衣着整洁得体，家长首先就要以身作则。如果家长平时就不注重着装，不修边幅，那你怎么能奢望孩子的着装得体呢？因此，爸爸妈妈平日里一定要注重自己的着装，不要因为不经意的懒惰，给孩子养成不拘小节的穿着习惯。尤其对于男孩子来说，爸爸的着装和生活习惯，更是孩子模仿的对象。所以爸爸一定要改变自身的一些懒散习惯，以整洁得体的着装带给孩子潜移默化的影响，让男孩子从小形成"男子汉也需要衣着整洁得体"的观念。

总之，家长平日里要勤给孩子换洗衣服，经常对孩子进行穿着卫生的引导教育，帮助孩子逐渐养成健康、得体的着衣习惯。

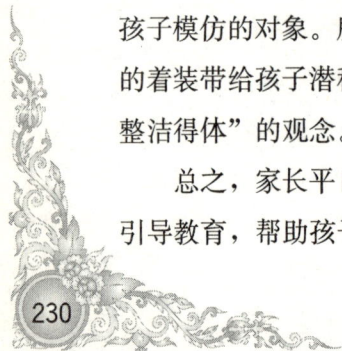

4. 超前的"奇装异服"

所谓奇装异服，就是与社会上一般衣着式样不同的奇异服装。多含贬义。在当今社会的年轻人中不乏奇装异服者，他们标新立异，旨在吸引他人的眼球，张扬自己的个性。但是作为未成年的孩子来说，那些超前的奇装异服就显得格外的刺眼，不符合他们的学生身份，不仅给自己的生活和学习带来不便，而且会引起周围人的反感。

洋洋对自己的装束很是在意，就连头花都有好几个，而她的长头发也总是变换着不同的发型。平时洋洋不论是头发还是衣着在学校里都很显眼，而她的时尚打扮也成为女同学们纷纷效仿的对象。

随着年龄的增长和审美情趣的不断变化，洋洋对自己的着装越来越不满意，再加上个别女同学也总是学着她的样子，不是弄条相似的裙子，就是上衣的颜色一致，颇有"撞衫"的感觉。于是穿什么样的衣服款式才能跟大家不同，便成了洋洋的心事。

周六这天，洋洋在家无聊地拿着遥控器，不断地转换着电视频道，突然一个模特的造型让洋洋睁大了眼睛。这是一位时装大师的时装发布会，这些模特个个穿着个性鲜明，绝不雷同于社会上那些粗制滥造、庸俗无比的衣服，而那些随身摆动的流苏更是体现了女性的雍容娇媚。洋洋看得简直入了迷。

这时，妈妈正好叫洋洋跟她去超市买东西。平时总是懒得陪妈妈逛超市的洋洋，今天却一反常态，马上关了电视，快速穿好

鞋，连妈妈也对今天洋洋的表现感到意外。洋洋随着妈妈出了家门，她的小脑袋就开始打开了转转：去超市，那里除了吃的东西和日用品以外，根本就没有我想要的东西，不如让妈妈改去商场。

于是，洋洋借着和妈妈聊天的机会，说出了要去商场的打算。妈妈本也是闲逛，就答应了女儿。母女二人来到繁华的大商场，洋洋一头扎进服装专卖区，可是儿童服装那些大同小异的样子，让满心欢喜的洋洋大失所望。事有凑巧，就在洋洋无聊地陪着妈妈看服装的时候，一件长抹胸衣引起了洋洋的注意，她赶紧走上前去，一看，这件黑色抹胸的上边都镶着闪亮的水钻，下摆飘缀着蕾丝花边，特别醒目，这不由得让洋洋想起了电视上模特穿的衣服，很相似，只是没有流苏。洋洋拉过妈妈说要买这件衣服，妈妈一再告诉洋洋这是大人的衣服，她不能穿，可是洋洋却拿出了哭闹的法宝，毫无招架之功的妈妈不得已买下了这件衣服。

回到家里，洋洋就开始试装，可毕竟这是成年人的衣服，就算是最小号的，洋洋穿着也不合身，没办法只好拿到裁缝那里改，洋洋顺便就将自己的想法一并加了上去，在抹胸的上边加了一条长长的单肩流苏垂带。

周一，洋洋就迫不及待要穿上这件新衣服上学，尽管妈妈百般阻拦，但洋洋一再坚持，妈妈也只有无可奈何地默许了。由于洋洋个子比较矮，这件成人长款抹胸刚好遮住洋洋的臀部，对于洋洋来说就是一条超短的小抹胸裙，而那长长的流苏从前胸搭在肩膀上一直垂到后背，并超出裙摆，洋洋走起路来，后面的流苏就会随着身体的走动一摆一摆的。

这身令人咋舌的装扮，简直惊呆了学校里所有的人，大家好像只有在颁奖晚会上那些炫目的明星身上才能看到这种服装的影子。而洋洋看到大家睁大眼睛看着她，心里却说不出地高兴：这回功夫总算没白费，再也没有比这更炫的衣服了，我看那些女生

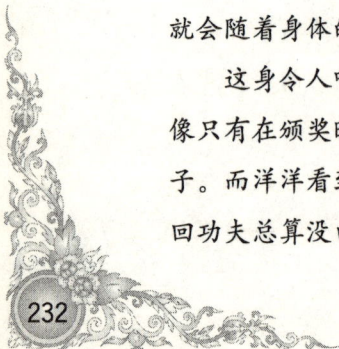

还怎么学？

孩子穿着不符合其年龄特点和身份的衣服出现在校园里，这种现象当下并不少见。随着时代的发展，时尚、潮流早已成为孩子们追逐的目标，很多学生甚至把追逐潮流当成一项重要的生活内容，大家在校园里相互攀比，用与众不同的服装凸显个性，在校园中形成了一股爱慕虚荣、哗众取宠的不良风气。这就需要引起家长的高度重视，正确看待这一现象，分析孩子的心理，引导孩子树立正确的审美观，杜绝奇装异服。

🕊 分析着装心理，认清"猎奇"危害

要更好地帮助孩子解决着装问题，树立正确的审美观，家长首先要分析孩子的着装心理。

有些孩子在着装方面刻意求新，标新立异，模仿成人打扮，主要是虚荣心在作怪，希望自己的穿衣风格能够得到同学的认可和赞扬甚至羡慕，从而提高在同学中的地位，满足自我物质欲望；有些孩子则是由于"追星"，对那些着装"前卫"、标新立异的名人、明星怀有崇拜心理，因为对他们的喜爱而对他们那些服饰更是追捧效仿；有些孩子是一味追"新"，随心所欲挥霍，见到自己喜欢的东西就买，而那些新奇的服饰最能引起他们注意，甚至到了"不奇不爱，无奇不买"的地步；有些孩子追求"奇装异服"则是为了满足自己的攀比心理，为了区别于其他同学，在攀比中获"胜"，他们漠视传统和常规，追求所谓的特立独行，千方百计地打造与众不同的服饰风格；而对于那些刚刚迈入青春期的孩子来说，穿着奇特，追求标新立异，实际上是为了博取异性同学的注意，希望通过与众不同的"漂亮"服装来展示自己的魅力。

然而由于孩子的认知程度有限，正确的审美观还有待确立，他们只知道一味地按自己的意愿行事，并不了解不适当的着装所带来的危害。甚至有些家长也对孩子不当着装的危害认识不清。

其实孩子盲目地追逐潮流，对人对己以及社会和家庭都会造成危害。一旦孩子的注意力都集中在服饰打扮上，那么学习自然会受到严重影响；

孩子作为一个"消费群体"，既没有收入，又没有独立经济能力，如果再把过多的金钱花费在穿衣打扮上，那无疑加重了父母的经济负担，孩子的这一做法，正是缺乏家庭观念的自私行为；孩子盲目追求时尚的服饰，一旦钱财不济，很可能会铤而走险，采取不正当手段获取金钱，从而酿成大错。因此，家长一定要对孩子过度着装的行为给予及时的纠正，保护孩子的身心健康发展。

规范着装行为，老师率先垂范

孩子的心理和生理都未完全发育成熟，容易受到不良风气的影响，这就需要家长和老师共同努力纠正孩子穿奇装异服的不良行为。

在学校里，要尽量让孩子穿着校服之类的统一服装，这样不但可以培养孩子朴素、勤俭节约的美德，更可以防止同学之间在服装上的相互攀比，抑制学生着装的两级化倾向；而统一的服装还会让孩子感觉自己是集体的一员，代表着集体形象，有利于增强孩子的责任感和集体荣誉感。

而老师更要为同学们树立良好的榜样，规范自己的行为，时刻注意自己的言行。老师在要求学生不能穿奇装异服的同时，自己的穿着打扮也要符合教师的身份，要以身作则，率先垂范，避免自身的不当穿着打扮给孩子带去不良的影响。

提高审美水平，发挥家庭教育

对于孩子来说，服装就应该整洁大方、朴素文雅，不应盲目追求标新立异。但家长一定要注意，规范孩子的着装行为，并不是否定孩子的爱美之心，抹杀孩子的审美力和个性化着装，而是通过各种方式，培养孩子正确的审美观点并提高孩子的审美能力，引导孩子正确分辨"美"、"丑"，正确认识"时尚"与"流行"，从而使孩子自觉规避不良的社会风气，主动改变自己不良的着装风格，让孩子在追求服饰美的同时，更注重加强自身的道德修养，培养健康的审美情趣，追求外在美与心灵美的统一。

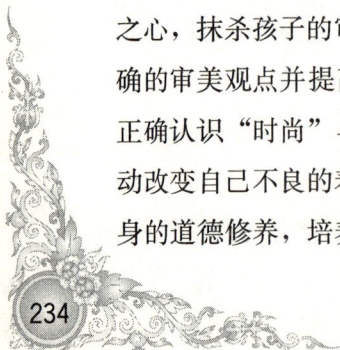

家长更要对孩子的不良着装行为负责。因为，孩子的着装习惯和行为都与家庭密切相关，有些家长自己在着装上就常常追新求异，而家庭成员之间的话题也常常围绕时尚和潮流，更有些家长出于虚荣心态，希望自己的孩子与众不同，特意给孩子买那些"新奇特"服装，以突出孩子的"特别"。这些都潜移默化地影响了孩子的服饰观念和审美情趣，造成审美取向的扭曲。所以家长一定要在日常生活中对孩子的着装习惯加以正确的引导和指点，培养孩子形成正确的审美观；要多与孩子沟通和交流，将孩子在服饰上的注意力引导到学习上；家长还要与老师沟通交流，共同探讨、解决孩子穿"奇装异服"的问题，合力促进孩子的身心健康和发展。

5. 男孩好 "红装"

近年来，我国开始出现中性化的潮流。这种男孩和女孩在妆容和穿着上不分彼此的"中性化"现象，已演变为一种文化思潮，且愈演愈烈。这导致很多严重的后果，如男孩缺乏阳刚之美，表现出阴柔有余的娘娘腔。其实对男孩子来讲，所谓的中性化，更多表现的是男性女性化，其危害非常之大。因此家长要从小培养男孩子的阳刚之美，不要因自己的喜爱或者好玩的心理给男孩穿女孩的服装，让男孩错误地把自己与女孩画等号。

小寒虽然已经上小学了，但他却有个鲜为人知的秘密——那就是依然迷恋女孩的衣服。他经常私下里穿上妈妈的服装，在镜子面前摆着各种 pose，来回地自我欣赏。

其实，小寒从小就想当个小女孩，他一直觉得自己不应该是个男孩子，一想起妈妈总是说"将来男子汉应该如何如何"心里就很烦，觉得自己要是个女孩子该有多好，不仅能穿好多漂亮的衣服，而且长大了也不用像男孩子那么有压力。

这天，小寒趁着妈妈在卧室里休息，就偷偷跑到阳台上，把妈妈晒的裙子拿下来，回到自己的屋里，穿上裙子，精心打扮一番，然后跑到自己衣柜的镜子前来回地照，并对着镜子做着各种女孩的身姿和表情。

这时妈妈醒了，她起来看到小寒没在客厅，就开始满屋子找儿子。而小寒正沉浸在自己的世界里，并没有注意妈妈的动静和呼唤，直到妈妈推开他的房门。

"小寒，你这是干什么呢?"妈妈看到儿子在镜子前搔首弄姿，简直是惊呆了，"你怎么穿着妈妈的裙子?"

"妈妈，我……"小寒此时窘得已经不知所措了，"妈妈，我错了。"

妈妈并没有像小寒想象的那样大发雷霆，而是拉过小寒，温和地说："儿子，妈妈只是没有想到你会喜欢这样的打扮。能告诉妈妈，你为什么喜欢女装吗?"

"妈妈，"小寒咬着牙说出了埋藏在心里已久的话，"我不想当男孩子，我想当个女孩。"

此话一出，妈妈的心里着实吃惊不小，但她依然没动声色，而是让小寒把为什么要当女孩子的心里话统统倒了出来。

在听完了儿子的话后，妈妈并没有批评儿子，也没有多说什么，只是告诉儿子不必为男孩的性别难过，而且告诉儿子，男孩子也有许多优势。之后像往常一样跟儿子游戏、吃饭，直到儿子熟睡了之后，才拨通了远在外地的爸爸的电话，并把儿子的这一心理告诉了爸爸。爸爸也感觉这件事情非同小可，决定等出差回来和妈妈一起去咨询心理医生，以便解开儿子想当女孩的心结。

无独有偶，小寒是个想当女孩的男孩，而小猛的妈妈也非常喜欢女

孩，便千方百计地想把小猛变成女孩。

这不，小猛的妈妈又把一件裙子套在儿子身上，一边给儿子梳头发，一边看着镜子中的小猛，"儿子，你要是女孩该多好啊！看，穿着裙子多漂亮啊！"年幼的小猛似乎并不明白妈妈的意图，冲着妈妈眨眨眼睛，笑了。

妈妈把儿子收拾停当，就带着身着漂亮连衣裙的小猛走出了家门，参加好友聚会。一进好友家的们，大家就高兴地相互问候，小猛跟在妈妈身后也不停地说"阿姨好"。大家起初都把穿着裙子的小猛当成了女孩，上来又是抚摸又是称赞，夸小猛长得漂亮。而妈妈也不分辨，任由好友们把小猛当女孩。

大家正在聊天，妈妈最要好的小徐阿姨风风火火地进了屋，屋里一下子更热闹起来。小徐阿姨这次带来了自己的女儿，大家又是一阵子夸奖。小徐阿姨一转身正好看见小猛，"哟，小凡，你怎么把孩子打扮成这样了？哈哈。"妈妈当时有些尴尬，但大家也没有因此多问，继续着她们的话题。

平静后，大人们聊天，而孩子们自然在一起玩耍。于是小徐阿姨就叫女儿跟小猛一起玩，"燕燕去跟小哥哥玩去。"说着把女儿领到小猛面前。

"她不是小哥哥，她是小姐姐。"女儿认真地纠正着。

"哈哈，傻丫头，他就是小哥哥。"小徐爽朗的笑声和说话声惊呆了所有的人。

"她就是小姐姐，"女儿执拗着，"你看，她穿着裙子呢。"

"你才是小女孩呢！"在一旁的小猛还没等小徐阿姨说话，就着急地表白自己。

大家的眼睛齐刷刷地看向小猛的妈妈，妈妈表情极不自然地冲大家笑了笑。

"你说谎，"小徐阿姨的女儿不依不饶，"只有女孩才穿裙子呢，你怎么证明你是男孩？"

"我就是男孩子，我有小鸡鸡。不信，你看！"小猛说着把裙

子撩起，拉下内裤，露出了小鸡鸡。

在场所有的人都为眼前的情景不知所措，还是妈妈反应快，赶紧上前帮儿子提上内裤，然后尴尬地带着儿子坐到了一旁。这时，小徐阿姨上前安慰妈妈，"小凡，不是我说你。干嘛非要把小猛打扮成女孩子，这样对孩子以后的成长和身心健康可不好啊！"大家也都随声应和着，小猛的妈妈惭愧地点了点头。

在当今社会中，尤其是某些选秀的电视节目造成一种"中性化"现象，使男孩子的自身形象发生了很大的变化，他们不再阳刚，而是越来越"娘娘腔"、越来越缺乏多阴柔气质。而这种男孩女性化的表象，如果任其发展下去，不仅会使男孩子丢失了男性气质，失去了强健的体魄，更会使其长大后逐渐缺失对社会、家庭的责任感，因此，家长切莫把自己的男孩当成女孩教养。

正确认知性别，还原男孩本色

对于生理上的性别认知，可以说孩子在 5 岁之前就已经完成了对性别的认知，虽然他们很可能对男性和女性的真正意义并不明白，但已能基本了解男孩和女孩的区别。而在孩子成长初期，则需要父母帮助他们建立正确的性别观念。家长要抓住所有的机会来肯定孩子的性别，培养男孩子喜欢跟父亲一起玩耍，参加体育运动，培养女孩子从母亲身上继承女性特有的温柔细致。在孩子 5 岁前，家长要尽量做到父亲多带男孩玩儿，而母亲则注重陪着女孩，以使孩子顺其自然形成自己的性别特质。而千万不要把男孩当女孩养，即使家长非常喜欢女孩，也不能把自己的儿子打扮成女孩模样，这样会混淆孩子对性别的认知能力。试想，一身女孩打扮的男孩子，肯定不会受到男孩子们的欢迎，而如《红楼梦》中的宝玉一般，长期在女孩堆里长大的男孩自然也会慢慢沾染女孩的特质和习性，最终产生男孩女性化特征，失去男人特有的阳刚之美。

因此，家长一定要注重培养男孩子的男性气质，使他们拥有男性的生理和行为特点，热爱运动，有强壮的体魄和保护弱小的责任感。社会最基

本的构成就是男人和女人，而在以男人为主导的现代社会中，男人更要发挥自己的强健优势，主动肩负起社会的责任。

父亲不可或缺，避免不良倾向

虽然我们谈的是着装问题，但从男孩喜爱或穿戴女孩服装这件事情上看，这不仅仅是着装取向这么简单。男孩身上的一件花衣、一条裙子，很可能导致他将来的性别或性心理的取向问题，因此值得所有的家长关注。

为了更好地避免男孩女性化倾向，父亲要担当起重大的责任。有研究表明，由父亲带大的孩子会更加勇敢，适应环境的能力也会相对较强。因此，父亲对于男孩子的培养来说可是至关重要的。在教育男孩子时，父亲要身体力行地告诉儿子什么是真正的男子汉；在日常生活中，父亲要注重培养儿子的运动习惯，虽然女孩也需要运动，但男孩需要强度更大、难度更高的运动，即使父亲不擅长运动，也要鼓励孩子运动，并带头和孩子一起运动。而那些由于父母离异等原因不能长期和父亲一起生活的男孩子，母亲可以给他找个男性成人，如舅舅、外公、异性朋友等作为"代理父亲"，与男孩子交流、玩耍，有助于孩子形成男性气质。

我国的孩子在成长过程中与女性接触较多，幼儿园和中小学校的老师多为女性，这不利于男孩子男性气质的形成；也有些妈妈希望孩子听话，不喜欢男孩子淘气等等，妈妈的养育方式也会使男孩子缺乏男性气质形成的"土壤"。因此父母在男孩子成长的过程中，应该多让他与男性接触，多运动，从小懂得尊重和爱护女孩，增强责任心。

对于那些敏感细腻的男孩子，父母更要注重培养他们的男孩气质，多让他们与同性小朋友一起玩耍，哪怕是淘气、弄脏了衣服、打翻了花瓶，也不要太在意，这正是男孩身上所特有的顽皮。

6. 服装也追星

在物质生活极大丰富的今天，娱乐、传媒也不断吸引着人们的眼球，成年人的追风浪潮扑面而来，不但已波及少男少女们，就连那些上幼儿园或是小学的孩子也被卷入浪中，而那些明星们靓丽、炫目的着装更是他们所追捧的对象。把自己打扮成明星模样，也是孩子们追逐潮流的表现，而家长们大多对此也似乎并没有多加制止，因为不知其害，故不为所动。

小暖的妈妈从事服装行业，对穿衣打扮很是在行。再加上小暖天生一副漂亮可爱的模样，让妈妈怎么看都不比那些小明星差。正是由于妈妈的职业敏感，小暖从小就被妈妈"包装"得靓丽光鲜，与众不同。

这几天，眼看天气逐渐热了起来，妈妈就琢磨着给小暖准备夏装了。什么样式好呢？妈妈不断地翻看那些时尚杂志，突然一个著名的小明星的裙子引起了妈妈的注意。林妙可那件火红的连衣裙，是那样的打眼，对，就选这个。于是妈妈着手买材料制作，当然妈妈是专业的，大可不必像当初林妈妈那样满世界给孩子找衣服。

很快，小暖就穿着妈妈为自己做的和林妙可那件一模一样的红裙子，去了幼儿园。大家看到后，都说漂亮，都夸小暖很像林妙可，小暖的心里美滋滋的。因此，对这条裙子备加珍惜。因为怕弄脏了裙子，她既不跟大家一起玩游戏，也不跟大家一起做体育活动，独自站在一旁扮淑女，还时不时地跑到穿衣镜前欣赏自

己的衣服。

　　这以后，妈妈更是发挥了自己的长处，把许多小明星们的服装copy到小暖的身上，而原本就漂亮的小暖也渐渐成为那些小明星们的复制品，经常受到老师和小朋友们的羡慕和赞扬。然而这些美誉却并没有给小暖带来快乐，增强她和大家的亲和力，小暖在一片赞誉声中，渐渐觉得自己似乎有些与众不同了，看着那些邋里邋遢的小朋友，小暖不再愿意靠近他们。

　　有一次午休，同班的小秦因为喜欢小暖的裙子，就趁小暖午睡，偷偷穿上小暖的裙子臭美，没想到却被小暖发现了。小暖不依不饶地要小秦赔裙子，说裙子被小秦穿脏了，最后还是在老师的调和下，小秦给她道了歉才算完事。但这以后，小朋友们仿佛都不像以前那样喜欢小暖了，也不再注意她的"明星"穿着，而小暖也在这些包装下渐渐远离了小朋友们。

　　也许孩子们起先对那些明星的认可，除了他们靓丽的容貌以外可能就是他们那引领潮流，不落俗套的穿着打扮，而这些感官刺激渐渐在孩子的心中形成一种对其的依恋，使孩子开始对某位明星特别关注，以至于对他们的喜好、性格、吃穿住行都发生了浓厚的兴趣，在着装打扮上力求与他们接近，成为他们忠实的影迷或听众，甚至认为他们是自己生活中不可分割的一部分。这可能就是人们所说的"追星族"。

　　小城是个十足的"追星族"。他从小就喜欢李连杰，别说他所有的片子都看过，就连李连杰的生日、爱好等等都能细数家珍，并声称一定要拜李连杰为师，跟他学功夫。家人都称小城是"李连杰迷"。

　　小城的床头挂满了李连杰的照片、海报，平时只要看到那些电影杂志里有关于李连杰的报道和图片，就把它们剪下来收藏，光李连杰的剧照和明星照就攒了两大本，是个名副其实的李连杰的"粉丝"。

　　最近，小城渐渐开始留意李连杰的打扮，剪了一个跟他很似的发型，穿着T恤加衬衫，戴一顶棒球帽。要说李连杰在众多

男星里并不是个穿着很特殊的人物，不仅如此，可以说他的穿着很得体、很随意，除了特殊的重大场合外，平常出席记者招待会、采访时，总是一身随意的休闲装束，打扮并不像其他年轻男星们那般张扬。因此，小城的打扮也算是符合学生的打扮，从来没有引起特别的争议。

但最近小城的一身打扮却惹来了同学们的炮轰。周五的早上，小城上课有些晚，同学们已经开始上早自习了。当他急急忙忙走进教室时，安静的教室立刻哗然，原来小城一身白色的"中华立领"装束，"雷"倒了在场的所有同学。

"哈哈，小城，你这是要干嘛啊?"同桌小豪大笑不止，"你是打算当陈真啊，还是打算出席颁奖仪式啊?"

同学们也随着小豪的话语"哈哈"大笑起来。

"你们懂什么?"小城急赤白脸的辩白着，"这可是'柒牌'服装，李连杰在里面做广告的那个，穿着多有气质!"

"那是人家有气质，"前桌的晓莉也笑着说，"就你这小身板，还想穿'中华立领'? 省省吧，哈哈。"

大家又是一阵哄堂大笑，此时的小城又羞又恼，恨不得赶紧找个地缝钻下去。

在当今信息化时代，娱乐、传媒充斥着整个经济和市场，家长想要孩子与铺天盖地而来的"明星"完全"隔离"，几乎是不可能的事情。这些影、视、歌明星的出现，无疑标志着一种社会的时尚，他们的穿着、打扮令风潮浪尖上的人们纷纷效仿，为人们搭建起时尚的桥梁。而对涉世尚浅的孩子来说，这些明星更是他们疯狂追逐的对象，他们的声音、他们的相貌以及他们的举动，都深深打动孩子的心，而那些光鲜亮丽的打扮更是吸引孩子的眼球，因此他们在服饰上刻意地与明星保持一致。作为家长，对孩子的这一行为和心理一定要正确认识，不要让"追星"伤了孩子，毁了他们的前途。

了解崇拜心理，追逐为吸眼球

倾慕名人、崇拜偶像，是学生中普遍存在的一种现象。他们不仅关注明星们的成就，更注重他身上的"时尚"元素，对他们的服饰、装扮都十分关注，甚至通过"粉丝团"，表示对他们所喜爱明星的崇拜之情。由于喜爱明星，就想和他们一样，但是人的相貌、声音都是与生俱来的，无法改变，为了力争和明星们保持一致，在"追星"中最突出的表现，就是明星们穿什么，就学着穿什么，所以在学校里经常能看到一些穿着仿制的NBA球星的队服，或是由明星代言的名牌服装的学生。其实这些孩子并不完全明白明星的本原，而只是盲目地模仿，目的就是为了吸引他人的眼球，取得轰动效应，从而使自己引人注目。

因此，家长老师在了解了孩子追逐明星穿着的目的后，就要有的放矢地对孩子进行教育，转移他们注意力的焦点，把孩子的追星转化为对成功的自我激励，不仅仅是模仿明星们的光彩外表和时尚服饰，更重要的是追求明星们的理想和人格品质，将明星作为人生道路上的楷模、榜样，自我奋斗的动力和目标，从而让追星成为孩子进取的助推剂。

提高鉴赏能力，崇拜转化激励

针对孩子的衣着追星这一现象，家长和老师应该多跟孩子交流，引导他们的审美情趣，提高孩子的鉴赏能力和文化品位。家长要正确对待孩子的这一行为，当孩子衣着模仿明星"范儿"时，家长不必大惊小怪，也不要责斥打骂，要告诉孩子这种装扮并不适合孩子的年龄和身份，学生在学校里还要以学习为主，不要把太多的精力放到穿着上，衣服只要整洁舒适就很好了，当然不妨加入一些流行元素，但并不是把自己打扮成与众不同的小明星。

就像我们上面所说的，既然孩子喜欢明星，家长不妨用明星的艰苦成功历程激励孩子。比如告诉孩子，刘德华从小家境贫寒，小时候凌晨四五

点钟就要帮助父母卖炒面，晚上也要帮父母干活，直到晚上 10 点才开始做作业，但资质并非上乘的他却凭着勤奋成为天王；而苏有朋也曾对记者说，自己很遗憾曾经的学生生涯，因为他的迅速走红导致他在大三的时候就休学了，不能同别人一样享受完学生生活，他曾经说过，"休学之后我去了英国，我特别想去补那个洞，去找回我不完整的青少年生活"。

由此可见，这些耀眼的明星们也有他们艰苦奋斗的过往岁月，家长可以此教育和引导孩子艰苦奋斗，喜爱明星，不能只是模仿他们的穿衣打扮，更要学习他们努力奋斗和吃苦耐劳的精神。每一个明星成名都不是偶然，都有着鲜为人知的艰苦奋斗史，而这些正是那些只注重他们美艳外表的孩子们更应该学习的。家长要善于利用这一点将孩子引领到正常的学生和生活状态中，让孩子将精力放到学习上，从而取得自己人生的成功。

7. 珠光宝气的 "小富人"

"珠光宝气，有没有搞错，这是在说孩子吗？"当提到孩子的这一倾向时，很多人会有这样的疑问。其实这一现象在物质丰富的今天好像已经很普遍了。细想那些刚出生的小宝宝就戴上了金锁、金手镯、玉佩之类的饰物，这难道不是我们周围很常见的现象吗？然而，这些贵重的饰品又会给孩子带来什么呢？

小宝从出生就穿金戴银的。不用说当然是家境殷实了。这个公主级的小宝真可以称得上是个"小富人"。刚刚满月的时候，外公外婆就给她买了金锁、金项链、金手镯等等一套金饰，而爷爷奶奶更不能甘拜下风，不管怎么说，也是自家的孙女，那碧绿

的翡翠挂件，可是花了二老不少银子。

随着小宝的不断长大，她的首饰也越来越多，甚至超出妈妈的首饰。小宝虽然只是个上幼儿园的小朋友，但她却时常戴着各种漂亮首饰出入幼儿园，令小朋友和老师都为之惊叹不已。

这天，小宝穿着漂亮的衣服来到了幼儿园。她一进门小朋友们就看见小宝的脖子上挂着一条亮闪闪的金项链，这条金项链直垂到胸前，精致的小花和形态各异的圈链组成了层层叠叠的链条，非常时尚。老师一眼就看出这条项链是一个首饰大品牌今年推出的新款，价格不菲。

惊讶过后，老师开始为小宝这条项链的安全操起了心，这么贵重的东西万一丢了可怎么办啊？老师想来想去，觉得还是先把东西放到安全的地方比较好，于是老师走到小宝身前。

"小宝，老师想跟你商量点事情好吗？"老师温柔地对小宝说道，"能把你的项链借给老师戴戴吗？"

"好啊，"小宝倒是挺大方，"送给你吧。"

老师哪里是要戴啊，老师是怕小宝不肯把项链摘下来，但没有想到小宝对这么贵重的物品并不在意。老师拿过小宝的项链，细心地装在一个小袋子里，小心翼翼地把它锁在了自己的抽屉里。

家长接孩子的时间到了，老师拿出了那条金项链，带着小宝来到了小宝妈妈面前，"您好，我是小宝的老师。"

"哦，你好！"小宝的妈妈赶紧跟老师打招呼，"小宝今天怎么样啊？"

"挺好的，我找您，是为了这个。"说着老师拿出了那条项链，"我想小宝年龄太小了，不应该戴这么贵重的饰物。"

"哦，是吗？"妈妈不以为然，"我们只是觉得孩子戴着好看，没想那么多。"

"我想这条项链价格不低吧？"老师把项链交到了妈妈手里。

"啊，还可以吧。"妈妈有些许炫耀，"小宝类似这样的东西

有好几条呢。"

"作为老师，我觉得让这么小的孩子戴着这么贵重的饰品来幼儿园，不仅不安全，对孩子的成长也不利。"老师想跟小宝的家长好好谈谈。可是小宝的妈妈却认为老师是小题大做，"嗨，我还以为是什么大事呢！老师您放心，就是丢了我们也不会让你赔的。"

老师看到小宝的妈妈曲解了她的原意，本想解释，但小宝的妈妈却没有给她机会，"那好，明天我不让小宝戴了。"说完就带着小宝向轿车走去，"跟老师说再见。"

老师呆呆地看着小宝的妈妈就这样带着孩子走了，心里很不是个滋味。

小宝妈妈的这一态度和对孩子的宠爱行为，体现了现代一些富有家庭在孩子成长教育等问题上的弊病。这些富有的家长们有意无意地把孩子打扮成一个服饰"模特"，以显示他们的富有和奢华。其实，这些父母恰恰忘记了一点，那就是对孩子的教育问题。试想，一个孩子只知道享受荣华富贵，是否还能像其他孩子那样富有进取精神和面对困难的勇气？奢华的饰品和衣物只能带给孩子享受的快乐感，养成他们娇纵、挥霍、好攀比的不良习惯，沉迷于物质享受，而并不能带给他们创业、奋斗的精神和勇气，从而降低了他们的生活能力，更会影响孩子的身心健康。

孩子不宜戴首饰，避免带来伤害

现今很多家长都会在宝宝出生之后给佩戴上金银玉器等饰品，一来是因为遵循民间习俗，图个吉利；二来孩子虽小，但佩戴上这些叮当作响的首饰，不仅感觉好玩，而且看着比较贵气。然而正是家长的这种虚荣意识，却很可能给孩子带来隐患。

孩子很小的时候就戴饰物会对孩子造成伤害。由于孩子的皮肤非常娇嫩，长时间和这些饰物进行摩擦会导致皮肤受损，如果刮伤了皮肤还很可能造成病菌的入侵，引发疾病；而孩子天生好动，尤其是在长牙的阶段，

为了磨牙很爱咬东西，一旦孩子把这些饰品放到嘴里，不仅可能造成孩子金属中毒，更可能由于误吞饰品卡在喉咙而造成窒息；由于这些金属和天然石材很可能存在微量的放射性元素，对孩子的身体更是不利，而对于体质敏感的孩子来说，这些首饰无疑就是过敏源。

这些贵重的饰品不仅可能给孩子的身体造成伤害，还可能因此给孩子的人身安全带来隐患。小小年纪就披金挂银、招摇过市，无疑是给那些社会不法分子提供犯罪机会。一些不法分子见财忘义，不惜以身试法，他们巧取豪夺，甚至不惜绑架儿童以要挟父母。因此，对家长来说，在孩子年幼的时候一定不要为图一时的高兴或者虚荣，给孩子带来意想不到的灾难。

不求荣华富贵，安心学习知识

至于那些已经上学的孩子，更不应该佩戴首饰。因为他们正处在成长阶段，主要任务是学习文化知识，而不是把精力放在打扮上。有些孩子喜欢佩戴首饰，是为了好看，显示自己有个性，希望引人注目；而有些孩子佩戴首饰纯属于"露富"，用这些贵重的金属和石头显示自己的身价不菲和生活的富贵；更有那些脖子上戴着"大金项圈"，穿着"各色"衣服的男孩，在人群和校园中招摇过市，他们无外乎感觉这样自己很"酷"，极具个性，彰显自己的与众不同。

有些家长对此也是不以为然，觉得孩子戴首饰是富贵的象征，再说了，那些少数民族的孩子从小不都戴首饰吗？甚至有些家长主动给孩子买首饰，鼓励孩子佩戴。家长的错误定位和判断更加助长了孩子这一不良习气，渐渐养成了孩子虚荣、攀比、贪慕荣华富贵的不良心态，导致孩子不安心学习，脱离正常成长轨道，离成功越来越远。试想，如果天天只关心和研究如何搭配首饰，如何穿着打扮，怎么还能认真踏实地学习文化知识，怎么还能健康地成长？

因此，家长切莫忽视了孩子的这一不良嗜好，孩子本来就应该如清莲一般纯净，而学生更应该肩负起学习的重担，为今后的成长和应对社会的

挑战打好基础。一个人的仪容仪表体现了一个人的品质和素养，良好、大方的仪容，不仅可以增强自己的自信，更展现了个人修养与品位，而这绝不是一条金项链、一枚钻戒所能体现的。而那些奢华的生活和所谓的"时尚"、"炫酷"都与孩子无关，孩子所需要的是一片纯净的天空，一个安静学习的环境，认真履行一个学生的职责和义务。

8. 非名牌勿扰

穿名牌，这可是时下最流行的趋势，无论男女老少可能都挡不住名牌产品的诱惑。虽然名牌服装在质量、款式、面料等方面都有着突出的优势，但最让人倾慕的还是它的品牌效应，尤其像耐克、阿迪达斯等等这些耳熟能详的大品牌，可以说是无人不晓。然而这些名气十足品牌的另一大特点，就是价格昂贵，因此对于没有经济收入的孩子来说，想要穿名牌无疑是给父母增加经济负担。但社会风气和孩子们的虚荣心、相互间的攀比，造成有些孩子非名牌不穿的不良习惯。

小冉从头到脚一身的名牌，这当然是妈妈的功劳，身为私企老板的妈妈自然要让女儿随时显示与众不同，从而也造就了小冉的名牌穿着观念。

这不，就要上学了，妈妈又忙着带小冉逛商场，给宝贝女儿购买名牌家当。在这个问题上，小冉的爸爸一直持反对意见，他认为：这个时期的孩子正是长身体的时候，很多衣服穿不了一年就已经小了，买那些名牌产品给孩子，完全是一种浪费。但妈妈却不这么认为，因为那几个钱对于他们来说根本就不算什么，再

说了自己一个大老板，周围那些朋友们的孩子哪个不是名牌加身，要是自己把女儿打扮成个"平民"的模样，那还不让人笑话死啊！

开学了，小冉很快就和同学们打成了一片。很多同学也对小冉靓丽的服装产生了浓厚的兴趣，看到小冉总是一身名牌，很多同学既美慕，又对这些品牌的真假表示怀疑：她穿的那些衣服很贵的，到底是不是真的呢？

终于一个女孩忍不住问小冉："小冉，你这些名牌衣服到底是不是真的啊？"

"当然是真的了！"小冉对她的疑问有些生气，"我穿的都是从专柜买的。"女孩听后吐了吐舌头不再说话了。小冉这才明白原来大家都认为她穿的是假名牌，气不打一处来。

"哼，原来你们以为我穿的是假名牌啊！"小冉当着那些女孩子的面，气哼哼地说，"告诉你们，我从来都不穿假的。我妈妈有的是钱！你们买不起就说别人的是假的，真无聊！"

大家你看看我，我看看你，都默不作声地走了。从此那些女生有意地避开小冉，而小冉也不再理那些女生，只与家境跟她差不多的同学玩。

家境好的孩子自然很容易享受到名牌待遇，但对于那些普通工薪阶层家庭的孩子来说，如果非要与同学攀比，非要穿名牌的话，那无疑是给家长增加经济负担。

小牛非常爱运动，尤其对篮球等体育项目很是着迷，NBA赛事每场必看，他也因此渴望有一双耐克的篮球运动鞋。为了能得到这双鞋，小牛简直是绞尽了脑汁，为了让妈妈同意给他买鞋，他每天又是擦地又是收拾碗筷，殷勤地帮妈妈做家务。可是一双七八百元的运动鞋对于他们这个工薪家庭来说可不是个小数啊，但妈妈看小牛这么喜欢这双鞋，为了不让孩子失望，咬了咬牙，在小牛生日那天，终于让小牛如愿以偿了。

接到这双鞋，小牛那叫一个高兴，简直就是爱不释手，当天

晚上竟然抱着鞋睡了一宿。第二天，小牛穿着名牌新鞋来到学校，感觉与平时大不一样。那些跟他一样喜欢 NBA 的同学们看见了小牛的耐克鞋，都一个劲儿地称赞，这让小牛感觉有些飘飘然。而每每在运动场上，小牛也似乎感觉穿上这双鞋那叫一个威风，仿佛一下子高人一等了，名牌就是名牌啊，不一样啊。

此后，小牛越来越觉得那些名牌服装很"炫"，也越来越想穿名牌，于是一个劲儿地要求妈妈给自己买这个买那个。起先妈妈总觉得孩子也不容易，省吃俭用地满足小牛的心愿，但时间长了，那些名牌服装的昂贵价格的确让妈妈有些承担不起，不过每次看到儿子穿着那些名牌运动服，在镜子前美滋滋地照来照去的时候，又不忍心打消孩子的喜悦，更不忍伤了孩子的自尊心，但经济也确实有些不能承受，于是妈妈在下班后又找了一份兼职的工作，以补贴家用。没办法，一切为了孩子！

那些追求名牌的孩子，多数是受虚荣心的指使。许多孩子天真地把穿名牌当成家庭经济实力和审美标准的展示，他们认为只要穿了名牌，就可以抬高自己的身价，而这种心理也不断膨胀，他们不顾家庭的经济能力，一味地追求那些所谓的名牌效应，不但给父母造成经济压力，更形成了恶性的消费循环，陷入盲目消费的怪圈中。而虚荣的攀比心理，则严重扭曲了孩子的人生观和金钱观。因此，家长无论自己的经济实力是否能够达到一定标准，都不应该纵容孩子这种不良消费观和习惯。

理解名牌含义，正确看待名牌

孩子喜欢名牌，是因为他们曲解了名牌的真正意义，为了纠正孩子追求名牌的行为习惯，家长首先要让孩子了解名牌的含义，从而正确对待名牌效应。其实，名牌就是一种产品，由于质量优异，在市场宣传得当，深入人心，受到大多数人的追捧，从而被人们授予的名誉称号。名牌不能够代表身份，也不是地位的象征，只是一种对产品的赞誉。而各行各业中都有自己的名牌商品，但名牌也并不代表就是最贵的商品，因此对这些名牌

的过度崇拜是盲目的。

而所谓的名牌产品一般分为两类，一类是产品质量和信誉都有保障，属名优产品，性价比比较高，这样的产品是人们所推崇的，也是乐于选择的；而另一类则是奢侈品，它们不同于大众消费，它们的价格也会比同类同质量的商品高出数倍。拥有这些物品被潮流人士看作是所谓的身份象征，而这种产品常常只具攀比之功效，对于孩子来说，是否拥有对生活不会造成影响。因此，孩子也不必对这类昂贵的名牌盲目追逐。让孩子理解了名牌的真正含义，孩子就会对这些物品产生新的看法和正确的判断。

🕊 培养正确审美观，树立正确人生观

对于那些盲目追求名牌的孩子来说，提高他们的审美情趣、培养正确的审美观至关重要。家长要让孩子平时多学一些美学知识，通过提高修养让孩子了解美丽的概念和方法，孩子就不会再错误地认为只有穿名牌最美；引导孩子多读书、多看报、多参加体育活动，让孩子的德智体美全方面发展，从而摆脱名牌效应。

家长还要注重培养孩子正确的人生观和消费观。孩子追求名牌，不仅会分散孩子学习的注意力，更不利于孩子树立健康合理的消费观念。其实，消费的最佳方式是物尽其用，用最少的钱买到最优质的商品。名牌产品虽然在质量上有保证，但是价格却非常昂贵，这对于年幼且没有经济收入的孩子来说，并不是适宜他们的消费选择。

让孩子更加理智地选择自己的消费用品，树立健康积极的人生观，不但会使孩子拥有远大的理想，更能使孩子把精力投入到学习和提高个人能力上，摆脱对物质和名牌的沉迷和追求，健康快乐地学习和生活。

🕊 摆脱恶俗攀比，家长切莫纵容

孩子追求名牌的过程，实际上是助长了恶俗的消费观。孩子的虚荣与攀比的私欲通过这些名牌一一呈现，因此陷入盲目消费的怪圈。而有些家

长却恰恰助长了孩子这种不良风气。

有些家长溺爱孩子，加上具有一定的经济实力，因而千方百计地给孩子创造优越的生活环境、美服美饰，而忽略了对孩子正确人生观的教育；有些家长本身经济虽很拮据，但为了孩子，宁可自己省吃俭用、节衣缩食，也要尽力满足孩子的盲目追求。虽然孩子追求名牌从某种意义上说，也是对美的一种追求，但家长一定要善于利用孩子的这一特点，告诉他们并非名牌才是最美的、最适合的选择，更不可纵容孩子用穿戴名牌作为个人优势与他人攀比、显示自己的地位；正确引导孩子消费，让孩子从小就懂得勤俭节约、朴素大方是美德，远离名牌的困扰。

9. 不合时宜的"卷毛头"

提起"卷毛头"，一下就让我们想起秀兰·邓波那个满脑袋卷发、可爱至极的小姑娘。她那天真可爱、聪明懂事的形象早已深入人心，成为万千妈妈的挚爱，而她那一头弯弯曲曲的卷发，更成了众多孩子模仿的对象。

小叶长着一双大大的眼睛，非常可爱，她今年已经上小学三年级了，可以说是班里穿着打扮最漂亮的小姑娘。

时逢暑假，小叶无事可干，于是翻起了妈妈的时尚杂志，其中一幅图片吸引了她的注意，图片上的模特一头蓝色的爆炸式卷发，身穿一身飘逸的长裙，画着与众不同的妆容，显得非常另类和个性。

小叶一边看一边细细地琢磨，仿佛融进了画中。这时妈妈叫

小叶吃午饭，可是小叶好像有心事，胡乱地扒了两口，然后拿起那本时尚杂志，跑到还在吃饭的妈妈面前。

"妈妈，你看。"小叶把那幅照片放在妈妈面前，"看这个姐姐的头发多漂亮啊！"

"嗯，"妈妈一边吃着饭，一边看了一眼，"不错，很时尚啊。"

"妈妈，我也想弄一个这样的头发。"小叶眨着大眼睛认真地盯着妈妈。

"啊？"妈妈差一点呛着自己，"那可不行！你一个小孩弄成那样，哪行啊？"妈妈转过头对小叶说，"那是大人的打扮，不适合你的。"

"怎么就不适合了？"小叶撅起了小嘴，"我就要嘛！"

"不行，不行。"妈妈过来哄小叶，"妈妈什么都依你，但头发弄成这个样子可不行。"

"我就要嘛！"说着小叶竟然一屁股坐在沙发上大哭起来，"就行、就行！"

妈妈怎么哄都不行，没办法，心想：大热天的，别让孩子急出病来，烫就烫吧，反正离开学还早呢，实在不行，快开学了，再把头发拉直了。

于是，妈妈带着小叶去了美发厅。美发师热情地招待了母女二人，起初美发师还以为是妈妈要弄头发，当看到小叶拿的那张图片时，就满口答应了要求。谁想到坐到剪发台前的却是个小女孩，美发师一下子愣住了，"你们母女到底谁烫头发啊？"

"哦，"妈妈赶忙解释，"是我女儿要烫头发，她就要那个发型。"

"可是，她还是个小孩啊，"美发师有些不解，"小孩子怎么能烫头发呢？再说还要把头发染成蓝色。"

"我就喜欢那个式样。"小叶抢在妈妈前面说了话，"我也要把头发染成跟模特一样的颜色。"

"小姑娘，听叔叔说，"美发师终于明白了，他耐心地对小叶说，"你年龄还小，不能烫染头发，这对你的皮肤可不好，很容易过敏的。"

"不嘛，我就要那个！"小叶坚持着。

"你看，叔叔给你剪一个可爱的娃娃头，行吗？"美发师哄着小叶，"叔叔一定帮你弄得漂漂亮亮的啊。"

这时妈妈也在一旁帮腔，"是啊，叔叔手艺可好了，最会给小朋友剪头发了。"

"不行！我就要那个头发，除了那个我什么都不要！"说着小叶哭了起来。

这时，美发厅的经理见有事情发生，赶忙走了过来询问情况，得知孩子要烫头发，也赶忙制止，"对不起，这位女士，为了孩子的健康着想，我们从来不给小孩子烫染头发的，请您原谅。"

而此时，周围的顾客也纷纷谴责妈妈，"这么小的孩子就烫发，还要把头发染成蓝色，也不知道这做家长的怎么想的？""这孩子，就是家长给惯坏的！""也不知道是真关心孩子，还是假关心，孩子的皮肤那么娇嫩，如果弄坏了，可就得不偿失了——"

妈妈看见这种场面，真是有点无地自容。

由于亚洲人种基本上都是黑色的直发，为使头发变得像欧洲人一样卷曲、有颜色，就需要烫发和染发，而近几年染发风潮更是强劲，不仅是成年人，就是学生也开始花心思在头发上下功夫，不断追逐潮流的脚步。我想大家一定还记得，当年满大街的"公鸡头"吧，就是因为足球明星贝克·汉姆带动了这一潮流，细想起来，很多男孩由于脸型和气质等原因，留着这种发型并不美，甚至还有些怪异，而这种审美观点的缺失，正是盲目追风的青少年的弊病。

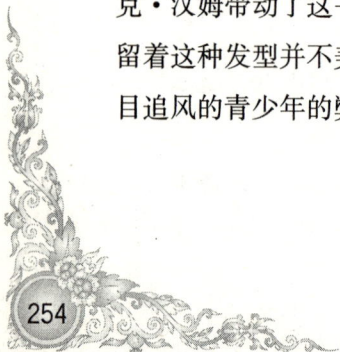

个性不是发型，健康才最重要

现在很多孩子由于受时尚风潮的影响，都很注重自己的形象，俗话说，从头装扮到脚。因此他们觉得发型很重要。这是突出他们个性的最有力的证明，那些标新立异完全可以体现在头发上，而不同颜色也更能使他们独树一帜。其实，孩子的这种荒谬的想法是错误的，殊不知，个性是一种人格的力量，是人们在日积月累的生活中磨炼出来的一种勇气和力量，它所表达的是一个人的修养与智慧，阅历和经验，这些都不是一个与众不同的发型所能体现的，仅靠"做头发"是无法实现个性的。

再有，不管什么样的美，都离不开健康，一旦健康受损，那美也就无从谈起了。而小小年纪就烫发染发，很容易导致皮肤受损或过敏，而现在众多的研究和报道也说明染发剂里含有有害的物质，对人的皮肤有很大的伤害，长期染发还可能发生皮肤癌。因此，这种以健康为代价的美，称不上是美，甚至可以说是一种伤害，那么所谓的个性就更无从谈起了。家长要把烫、染头发的危害告诉孩子，让孩子明白没有人阻止他们的个性发展，但没有健康，就等于没有个性，让孩子了解烫染头发对于他们这个年纪来说太早了些。

老师紧抓教育，家长不能娇纵

受潮流的影响，美发行业近年来快速发展，大街小巷布满了大大小小、档次不一的美发厅，而学生则是他们的大客户，发型师们普遍认为只有中学生才会尝试时下流行的"前卫"发型，他们往往要求发型师模仿各种各样的发型，而大部分发型师都不会拒绝，除非孩子年龄太小，为了安全考虑才会提出警告。而很多学生都会花重金摆弄自己的头发，为了免受老师批评，他们常常利用暑假、寒假、春节等假期烫染头发，而等到快开学再拉直，为了一时的美，从不吝惜钱财。

虽说爱美之心人皆有之，但这种美并不应该为一个学生所爱。因此，

学校在广泛的宣传教育中，更要增加对学生审美情趣和审美观的培养，让孩子们从小就懂得，外表的美永远没有心里美那么透彻、完美，而学生主要的任务就是学习，如果把精力全部放在头发上，那么在学习中自然而然就会分心，更不可能取得好成绩，就算是孩子打算将来在美发业求发展，也要先学好文化知识，才能在各行各业发挥他们的能量。

而家长更不能娇惯孩子，要从小教育和引导孩子的审美情趣，帮助他们树立正确的审美观；通过书籍和真实的事例，告诫孩子烫染头发的害处，让他们懂得什么是美、什么是一个学生的责任，从而把孩子的注意力从发型上转移到学习上；在孩子的个性追求上也要时时给予正确的引导，不能纵容孩子烫染头发，做不符合孩子年龄特点，所谓"特立独行"的发式，从而引导孩子健康发展。

10. 穿耳洞，而且不止一个

女性自古以来就有戴耳环的习俗，而在过去，女孩从小会被扎耳洞，但那个时候并不像现在这样一针了事，而多是用两粒小豆子，在孩子的耳垂上研磨，等到孩子的耳垂麻木了而且肉也磨薄了，再用针穿过，然后用茶叶梗之类的东西穿在眼中避免耳洞长合。而男女的一大区别就在于是否扎耳洞。

现今可是大不相同了，不止是女生，男生也开始扎耳洞，而且不止一个，有些孩子甚至在一只耳朵上扎三四个洞，佩戴长短不同的各色耳环。而这样的孩子，多打扮另类，因此他们无论走到哪里，都是人们关注的焦点。

小齐是个追星族，而且特别喜欢谢霆锋。刚出道时的谢霆锋不仅相貌英俊，着装另类，而且还在耳朵上打了耳洞，佩戴耳环，这在当时的娱乐圈男士中也不多见。正是这种标新立异的"酷"，让小齐对他如痴如醉。也正是出于对明星的崇拜和好奇心理，小齐也背着家人偷偷到外面穿了耳洞。为了不让家人发现，他故意留长了头发不剪，以便遮住耳朵。

这天是个周六，为了剪头发的事，妈妈已经催了小齐一个星期了，小齐总是以学习忙为借口不去，而今天妈妈看见小齐在悠闲地看电视，就又想起了剪头发的事情。

"小齐，你的头发够长的了，怎么还不去剪啊?"妈妈又开始催他。

"哦，我不是没时间吗?"小齐似不经意地答道，"等有时间就去。"

"那你现在不是没事吗?"妈妈瞟了小齐一眼，"有时间看电视，没时间剪头发?"

小齐无言以对，只好在妈妈的一再催促下，不情愿地走出了家门。

剪过头发回到家，小齐像做贼一样，在爸爸妈妈面前躲躲闪闪的，由于小表妹的到来，爸爸妈妈并没有在意他的表现，这让小齐暗暗地舒了一口气。

吃晚饭的时间到了，小齐一家围坐在圆桌旁吃饭聊天，这时眼尖的表妹突然好像发现了新大陆，"哥哥，你耳朵怎么了?"说着伸手上前去摸小齐的耳朵。

"没事，什么事都没有。"小齐赶紧拨开表妹的手，"赶紧吃你的饭。"

爸爸妈妈此时也没往心里去，以为是小孩子大惊小怪，可是表妹却不依不饶，非要弄个清楚，"你让我看看嘛。"说着把头凑向了小齐的耳朵。小齐一再躲闪。

"哦，哥哥戴耳环了!"表妹兴奋地叫着，"我说他的耳朵上

怎么会闪亮呢，原来哥哥戴耳环了。姑姑、姑父你们快来看，哥哥戴耳环了!"

随着表妹的呼声，爸爸妈妈先是一愣，然后放下碗筷，不顾小齐的躲闪，一看究竟。果然，正像表妹说的，小齐的左耳上戴着一只小小的金属耳环。这一发现着实把爸爸妈妈吓了一跳。

"小齐，你跟我说，这是怎么回事?"妈妈再也没有心思吃饭了。"你一个男孩子，不好好上学，没事扎什么耳朵眼，你吃饱了撑的!"爸爸在一旁生气地说道。

"我就觉得好玩，我——"小齐低着头辩解着，"我没想什么，就是觉得好玩。"

"好玩?"妈妈一听气也不打一处来，"那你干吗不玩别的啊?偏偏扎耳朵眼。你这到底是怎么回事，啊?"

小齐没想到为了扎耳洞还惹出这么一出，赶紧解释，"妈，我没别的意思，我就是觉得好玩!"

然而，这在父母眼里毕竟不是一件小事，于是父母一通唇枪舌战，说得小齐有口难辩，他真是后悔自己为什么一时冲动扎耳洞，要不就不会招来爸妈的训斥了，真是悔不该当初啊。

对于当今一些时尚青年来说，穿着前卫帅气的衣服，在耳朵上佩戴一个小耳环，走在马路上感觉很酷，尤其会招来路人注视的目光，但对一个未成年的学生来说，扎耳洞无疑是个错误的选择。就健康而言，打耳洞隐藏着若干的隐患，再加上这种不符合学生的打扮更会分散孩子的学习精力，因此家长和老师对这一行为，应该及时制止并加以引导和教育。

提防安全隐患，莫让美丽成灾

其实，孩子穿耳洞早已经不是什么新鲜事了，他们为了显示自己张扬的个性，不仅打耳洞，而且觉得一个太稀松平常，甚至在一只耳朵上打三四个洞。其实，孩子打耳洞往往存在着极大的危害。首先，耳朵是人体的

器官，耳朵上的神经密布，很可能会因为打耳洞造成神经的伤害，影响耳朵的功能。有些孩子为了追时髦，穿耳洞一穿就是好几个，而且不止是耳垂，甚至在耳朵的软骨上穿洞。据报道，台北的一个女孩子在右耳上穿了七个洞，结果造成严重的感染，软骨溃烂，出现耳鸣、疼痛等现象，并造成耳朵变形，严重伤害了身体的健康。再有，由于学生基本上都是背着家长穿耳洞，所以越便宜越好，经常光顾那些无证小店，而打耳洞实属创伤性美容，需要到具有卫生和技术条件的专业美容机构完成，而那些小店却根本没有这样的条件，因此很容易造成感染，而不经消毒的工具，在交叉使用后，还可能造成血液或病毒的交叉感染，给孩子的健康带来重大的隐患。而那些本身就对金属等物质过敏的孩子更不适宜打耳洞，戴耳环。因此，为健康着想，孩子尽量不要打耳洞，戴耳环。

避免盲目追风，做回学生本色

孩子穿耳洞，无疑很大的成分是追风，因此老师和家长不要把穿了耳洞的孩子当成坏孩子看待，他们很可能是一时兴起，鲁莽轻率地做了这个错误决定。家长和老师应该了解孩子正处于成长阶段，对新鲜事物好奇，对潮流敏感，因此会不自觉地犯这样那样的错误，这也正是孩子的特性。

老师和家长一旦发现孩子的不良行为，不要大加斥责，要分清事实，耐心教育，帮助孩子分清事物的好坏、对错，认清事实的真相。告诉那些喜爱穿耳洞的孩子："如果你是一个社会青年，你的这种行为和穿戴只要不影响市容，就不会引起非议，你可以自由选择自己的着装。但作为一个学生，在学校里就要遵守校规，需要有学生的气质和仪表，不能穿着奇装异服、烫染着头发、戴着耳环出现在校园里，这会给校园生活带来不和谐的音符。虽然有勇气尝试、大胆追求是件好事，但是这种勇气和追求却用错了地方，它们本该应用到学习上，那样才能使你更加进步。穿了耳洞戴上漂亮的耳环，你很可能会因此而分散注意力，把有限的精力投入到打扮上，而忽略了学习，这将会使你遭受重大损失。耳洞可以等到成人了再

穿，耳环也可以以后再戴，但宝贵的学习的机会和时间却是稍纵即逝，再也无法找寻的。"

　　相信这些肺腑之言一定会触动孩子，令他们深思自己的行为，从而放弃那些无谓的事情，重新投入到学习中，回归自己的学生本色。